假装生活在唐朝

长安生活指南

张东海

著

图书在版编目（CIP）数据

假装生活在唐朝：长安生活指南 / 张东海著. —
哈尔滨：哈尔滨出版社，2023.6
 ISBN 978-7-5484-6976-6

Ⅰ.①假… Ⅱ.①张… Ⅲ.①社会生活—中国—唐代
Ⅳ.①D691.9

中国版本图书馆CIP数据核字（2022）第242394号

书　　名	假装生活在唐朝：长安生活指南
	JIAZHUANG SHENGHUO ZAI TANGCHAO：CHANGAN SHENGHUO ZHINAN
作　　者	张东海　著
责任编辑	尉晓敏　孙　迪
版式设计	书情文化
封面设计	末末美书
出版发行	哈尔滨出版社（Harbin Publishing House）
社　　址	哈尔滨市香坊区泰山路82-9号　邮编：150090
经　　销	全国新华书店
印　　刷	三河市兴达印务有限公司
网　　址	www.hrbcbs.com
E-mail	hrbcbs@yeah.net
编辑版权热线	（0451）87900271　87900272
销售热线	（0451）87900202　87900203
开　　本	710mm×1000mm　1/16　印张：16　字数：277千字
版　　次	2023年6月第1版
印　　次	2023年6月第1次印刷
书　　号	ISBN 978-7-5484-6976-6
定　　价	56.80元

凡购本社图书发现印装错误，请与本社印制部联系调换。
服务热线：（0451）87900279

序

我们为什么爱唐朝？

一

记得曾经有人问我："如果你有机会到过去的某个时代，你希望去哪儿？"我当时回答："唐朝，因为大唐盛世，文采风流。"

后来我读到了宋代王安石的一首诗《凤凰山》，诗里写道："愿为五陵轻薄儿，生在贞观开元时。斗鸡走犬过一生，天地安危两不知。"王安石主持变法，一生几起几落，经历了宦海沉浮、人世沧桑。在他暮年时，也只是希望能够做一个贞观开元时候的市井小人物，不需要忧国忧民，也不需要变法图强，只需要在唐朝盛世的庇佑下，安稳地活着就好。

即使在几百年后至今仍被人们津津乐道的经济文化繁荣的北宋，唐朝气象依然如此让人神往。王安石此心，似乎与我自己也有所相通了。

二

首先我想讲两个故事。

第一个故事。据《资治通鉴》记载，贞观七年（633年）十二月，唐太宗李世民和太上皇李渊在汉未央宫摆酒设宴。席间，太上皇觉得不够尽兴，命令突厥颉利可汗跳舞助兴，同时让南蛮酋长冯智戴咏诗。太上皇高兴地说："胡、越一家，自古未有也！"

而这个在宴席上跳舞的颉利可汗，可不是什么"萌萌哒"舞蹈家，他是东突厥汗国的可汗。据《通典》记载，突厥在隋末唐初时："东自契丹，西尽吐谷浑、高昌诸国，皆臣之。控弦百万，戎狄之盛，近代未之有也。"即使后来突厥分裂成东西突厥，颉利可汗手下也有百万人口。七年前的武德九年（626年），颉利可汗和侄子突利可汗率领十余万骑南下，一路进军直逼长安。刚刚继位的唐太宗被迫在渭水与颉利可汗订立城下之盟，这就是"渭水之盟"。

七年前还能率军打到长安城下的突厥可汗，七年后怎么就沦落到给人家跳舞助兴的地步呢？这七年间发生了什么呢？

其实也没什么，只不过是在贞观四年（630年）正月，唐太宗派李靖率军灭了东突厥汗国而已。

第二个故事。贞观四年（630年）三月，就在大唐灭亡东突厥汗国两个月后，四方诸国的君主都派使者来到长安，他们有一个共同的目的——尊奉唐太宗为天可汗。他们的上表报到唐太宗那里，唐太宗说："我是大唐天子，还能代管可汗的事？"群臣及四夷都山呼万岁，唐太宗于是接受了"天可汗"的尊号。从此，西北诸国君主都以天可汗之命为最高指示。据《资治通鉴》记载："四夷君长诣阙请上为天可汗，上曰：'我为大唐天子，又下行可汗事乎？'群臣及四夷皆称万岁。是后以玺书赐西北君长，皆称天可汗。"

天可汗，不是一个简单的称呼，它其实代表的是以大唐为核心的一种国际体系。在这个体系中，得到大唐的认可，各个同盟国都可以维持自己的安全。各国君主均需要由天可汗下诏册立，未得到大唐认证的君主则为不合法。各国之间的争执，需要由天可汗派人进行仲裁。如果成员国被人攻击，天可汗需要出兵援助。最重要的是，天可汗可以调动各国军队，攻击违反同盟利益的国家。

那么，如果对天可汗不敬，会造成什么后果呢？那就可能要尝尝大唐军威的滋味了。唐太宗贞观四年（630年），灭东突厥；贞观九年（635年），征服吐谷浑；贞观十四年（640年），灭高昌；贞观二十年（646年），灭薛延陀；贞观二十二年（648年），灭龟兹；唐高宗显庆二年（657年），灭西突厥；显庆五年（660年），灭百济；总章元年（668年），灭高句丽。傲视群雄的军事实力，就是天可汗权力的强大背书。

三

据宋人的《南部新书》记载：在唐朝长安城西北角的安远门外，有一座石碑，上面写着："西去安西九千九百里"。意思是说，从这里到安西都护府，不远不远，也就九千九百里，不到一万里。

而实际上呢？据《资治通鉴》记载："是时中国盛强，自安远门西尽唐境万二千里，闾阎相望，桑麻翳野，天下称富庶者，无如陇右。"意思就是，从安远门到大唐帝国的边缘有一万两千里，大概相当于现在5500公里。长安城往西5500千米，大概已经到现在伊朗了。也就是虽然嘴上说"不远不远，不到万里"，其实大唐疆土早就已经覆盖到安远门外万里之遥了。

大唐的疆土最大时是唐高宗在位时期，大约1200多万平方千米，东至吉林通化，西至乌兹别克斯坦，南至越南，北至俄罗斯贝加尔湖以北。根据官方历史统计，唐朝人口峰值出现在天宝十三年（754年），大概达到6000万。其中还要考虑到古代户籍统计不够细致。有学者认为唐朝天宝年间的人口峰值要达到8000多万。国土广大，人口众多，盛唐之盛，可见一斑。

四

唐朝的文坛，灿若星辰。名家辈出，常年"霸占"我们的语文课本。唐朝的气象孕育了唐诗的辉煌，无论是初唐的王勃、杨炯、卢照邻和骆宾王，还是盛唐的李白、杜甫、孟浩然、王昌龄、王维、岑参、高适，以及中唐的李贺、白居易、刘禹锡，还有晚唐的李商隐、杜牧，个个都留下了动人的华彩诗篇。或是仰天长叹，或是高歌对酒，或是怜民疾苦，或是恬淡山居，或是醉卧沙场，或是西出阳关，唐朝诗人，不断地拓展着诗歌意境和题材的边界，描绘着大唐的时代风貌和高远情怀。

诗已经无比辉煌，文亦千古流芳。有"文起八代之衰"的韩愈，他与柳宗元共同发起古文运动，一扫六朝华丽奢靡的文风，将唐朝文学重新拉回到"文以载道"的大道上来，从而为后世树立了文学的正确价值观。韩柳二人也作为唐朝散文的代表，名列"唐宋八大家"。

艺术上，唐朝更是异彩纷呈。论画，擅长画马的韩干，擅长画牛的戴嵩，以及"吴带当风"的吴道子都是绘画史上具有里程碑意义的画家。论书法,唐朝更是大师辈出。楷书四大家中有三位都是唐朝人,即欧阳询、颜真卿和柳公权三位,他们风格各异,欧体险峻,颜体雍容,柳体瘦硬,历代不乏研习者。再有,唐朝并称"颠张醉素"的张旭和怀素,都是草书大家。

唐朝文化艺术的博大精深,也是大唐气象的一种反映。

军事上的绝对优势,和文化上的博大精深,这种各方面都表现出来的极度强大为大唐所带来的自信,就反映在大唐开放包容的时代之风中。

在唐朝,你可以品尝到各地的美食、美酒,见到各地风格的服饰,以及周边各国的人。饿了,来一份西域的胡饼、毕罗,酥脆可口;渴了,来一壶西域的三勒浆或者葡萄酒,甘甜醇美;累了,有胡姬为你献上优美的胡旋舞。穿的是胡人的翻领袍,戴的是西域的浑脱帽,总之在长安人生活的方方面面,都充斥着异域风情。

在唐朝,无论你是来自何方,只要你够优秀,甚至可以在大唐做官。比如下面几位都是在大唐做官的外国人中的佼佼者:阿史那思摩,突厥人,官拜右武卫大将军,化州都督;契苾何力,铁勒人,官拜左骁卫大将军,封凉国公;阿倍仲麻吕,日本人,官拜三品秘书监;高仙芝,高句丽人,官拜安西节度使。在唐朝历史上,在大唐做官的外国人比比皆是。大唐这种绝对的自信所带来的开放包容的程度,在我国古代历史上是独具一格的。

当时,大唐是国际体系的主导者,所以也形成了独特的大唐文化圈。周边各国无不以获得大唐的认可,加入大唐文化圈为荣。为此,周边各国争先恐后地往中国派遣使者和留学生,其中新罗、百济和日本无疑是最积极的。有很多留学生都参加了大唐的宾贡科考试,并且还进入了大唐官僚体系,这为大唐文化圈的巩固,起到了重要作用。而日本对大唐更是进行了全方位立体式的学习,直到如今日本文化中还留有浓厚的大唐文化气息。

六

在西方学者眼中，公元 7-9 世纪唐朝无疑是世界的中心。斯塔夫里阿诺斯在《全球通史》中写道："唐朝被中国和西方许多历史学家称为辉煌的朝代。"唐朝塑造了中华文明的文化认同，以至我们中国人现在海外聚居的地方依然被称作"唐人街"。作为中国人，我们应该知道，唐朝的强盛，以及在当时世界上的崇高地位。

我们为什么爱唐朝？因为唐朝的文治武功，因为唐朝的开放包容，因为唐朝的繁荣昌盛。

在这本书里，不讲那些帝王将相王公贵胄，而是把视角放在大唐的腹心——长安，放在长安的每一个普通人身上。如果你是一个长安人，你的生活会怎样？有什么美食，有什么美酒，有什么美景，有什么美人？在长安，你可以进士登科一日看遍长安花，也可以高歌对酒笑入胡姬酒肆中，还可以策马奔驰逐将白日驰青汉，更可以仰天大笑我辈岂是蓬蒿人。

本书以正史作为基础，结合唐朝的笔记小说等相关资料，对唐朝长安人生活的方方面面尽可能地还原。这些普通的长安人，他们是辉煌时代的基础，盛世长安的注脚。时光荏苒，大梦千年。打开本书，让我们一起走入大唐盛世的长安，感受大唐昂扬向上的时代风貌，关注盛世之下普通人的柴米油盐，来一场穿越千年光阴的旅程。

目 录

第一章　生活在天下第一城是怎样的感觉

一、大唐长安——名副其实的天下第一城　　001

二、太极宫、大明宫、兴庆宫，皇帝到底住哪啊？——三大内　　004

三、百千家似围棋局，十二街如种菜畦——长安城的坊市　　011

四、居之不易，我想在长安有个家——房奴、牙郎、炒房客　　018

第二章　长安城里规矩大

一、晚上没事别出门，出门就要打屁股——宵禁　　022

二、唐朝长安城市卫士——金吾卫和巡使　　025

三、靠右行驶，礼让行人，减速慢行，唐朝交规——仪制令　　028

四、暴雨时节，长安城里能不能看海？——长安城排水系统　　030

第三章　天下长安，万国来朝——外国人在长安

一、外国人打官司，长安衙门怎么判？——涉外案件审理　　036

二、哪个国家的留学生最多？日本？新罗？　　040

三、山川异域，风月同天，漂洋过海的遣唐使，到底给日本带回了什么？　　045

　　四、慧眼识宝？法力高强？胡僧胡姬胡商胡奴，那些唐朝的胡人记忆　　051

第四章　春风得意马蹄疾，一日看尽长安花——唐朝科举

　　一、大人，请您看看我的简历吧！——干谒　　058

　　二、"三十老明经，五十少进士"，填空 OR 作文，唐朝科举到底考什么？
　　　　　　　　　　　　　　　　　——明经科与进士科　　063

　　三、道高一尺，魔高一丈，作弊高手在民间——科举作弊　　068

　　四、偷走别人的人生很容易？唐朝如何处理冒名顶替事件？　　071

　　五、考上了怎么能不请客？曲江宴、鹿鸣宴、烧尾宴
　　　　　　　　　——唐朝"升学宴"　　077

　　六、考试通过就完了？——官场之路漫漫　　083

第五章　弓背霞明剑照霜，秋风走马出咸阳——尚武大唐

　　一、唐刀破甲，人马俱碎——唐刀四制　　090

　　二、跃马执槊，所向披靡——唐朝的槊　　096

　　三、将军角弓不得控，都护铁衣冷难着——唐朝弓弩　　098

　　四、相逢意气为君饮，系马高楼垂柳边——唐朝马文化　　103

　　五、战士披甲，仗剑出征——唐朝铠甲　　110

第六章　做整条街最靓的仔——唐朝时尚达人

一、花钿、斜红、口脂、面靥——唐朝美妆博主种草的时尚单品　　117

二、发髻那么高,其实是假发——唐朝义髻　　125

三、时尚风格最流行——"胡风"　　128

四、腰带能带多少东西?蹀躞带:东西随便挂,保证不拉胯　　134

五、男子的"首要"问题——幞头　　142

第七章　舌尖上的大唐

一、穿越到唐朝吃面条?——原来面条叫"饼"啊　　150

二、黄米饭、糯米饭、胡麻饭、青粳饭……长安有米饭,粗粮好消化　　156

三、吃罢主食,来些点心——唐朝点心　　160

四、李白斗酒诗百篇,长安街上酒家眠——唐朝人喜欢喝哪些酒?　　164

五、药?粥?汤?——唐朝人喝茶为何这么非主流　　169

六、吃饱喝足,来点水果?唐朝人爱吃的那些水果到底有什么寓意?　　174

第八章　长安人的快乐你想象不到——娱乐活动

一、逐将白日驰青汉,衔得流星入画门——唐朝马球　　181

二、唐朝开个桌游吧,哪些游戏是必选?——樗蒲、双陆、叶子戏　　189

三、生儿不用识文字,斗鸡走马胜读书——唐朝斗鸡　　197

四、相声小品，魔术杂技——唐朝百戏　　　　　　　　　200

五、唐朝人喜欢的戏，到底什么样子——参军戏　　　　208

第九章　唐朝的婚丧嫁娶红白喜事

一、结婚不是你想结就能结——唐朝结个婚有多麻烦？　　213

二、结婚不容易，嫁妆是女方的——唐朝嫁妆　　　　　　220

三、离婚：唐朝也有协议离婚？　　　　　　　　　　　　225

四、唐朝白事怎么办？　　　　　　　　　　　　　　　　233

参考文献　　　　　　　　　　　　　　　　　　　　　　　240

第一章

生活在天下第一城是怎样的感觉

> 大唐长安,名副其实的天下第一城。在这座如同棋盘一样规整的长安城里,有皇帝居住的"三大内",也有老百姓居住和交易的坊市,还有无数的"房奴""租房客"漂在长安。顾况的那句名言说得好——"长安居,大不易啊!"

一、大唐长安——名副其实的天下第一城

618年,唐高祖李渊称帝,定都于关中龙首原南麓的长安。在此后的近300年中,这座城市作为世界文化的中心,统治了中国古代一个辉煌的时代。

考古发掘和现存文献表明,唐长安城面积约87.27平方千米,是现在西安城墙内面积的9.7倍,北京故宫的117倍。比同时期西方拜占庭帝国都城君士坦丁堡面积大7倍。唐朝的长安人口过百万,是世界上第一个人口突破百万的城市,同时也是世界上最繁华、最先进的城市,是当之无愧的"天下第一城市"。

1. 两个长安——不是有一个长安城吗?为什么还要建个新的?

长安最为辉煌的时期是汉朝和唐朝。人们常以为,唐朝长安与汉朝长安是一脉相承的,是同一个地方两个不同的历史阶段。其实不然。汉长安城是在今西安城北龙首原的西北麓,以龙首原为基地向北延伸至渭河边;而唐长安城则是在龙首原的南麓,向南延展至曲江池畔。也就是说,汉长安城在唐长安城的西北方向。

汉长安城始建于高祖七年(公元前200年),到汉武帝时基本确定了汉长安城的格局。西汉灭亡以后,曾经也有几个朝代在此定都。581年,隋文帝代周称帝,

建都关中时,因为战乱而废弃几百年的汉长安城只剩断壁残垣了。隋文帝派太子左庶子宇文恺负责新都的选址和营建工作。

开皇二年(582年)六月,隋文帝杨坚下旨在龙首原南麓开工,新都建造正式开始。隋文帝杨坚希望这座新都城能够成为大隋朝定鼎中原、千秋伟业的证明。他为这座新都城命名为大兴城。

617年,李渊攻占了隋大兴城。次年,李渊称帝,改国号为唐,年号武德,改大兴城为长安城。

2. 周易六爻,星象三城——以地法天营造盛世长安

唐长安城的城市规划是按照周易的六爻格局营建的。原来龙首原并不是一马平川,而是有高低起伏的六条高坡。

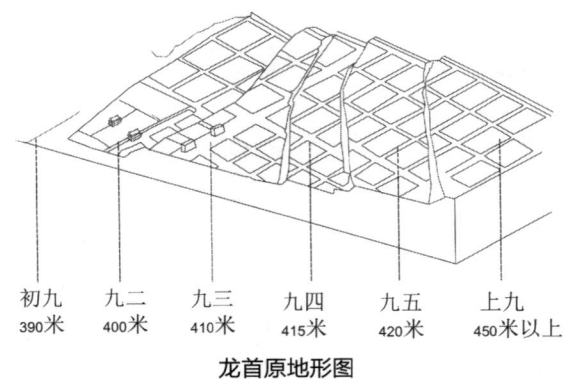

龙首原地形图

这六条高坡沿东北—西南方向平行分布,形成了一个六爻,很像六十四卦中的乾卦。

据《元和郡县图志》记载：宇文恺在进行大兴城（长安城前身）城市规划时，结合龙首原的地形，将都城建筑的规划位置与乾卦的卦辞进行结合。

自北向南第一道高坡即初九，也称九一，为龙首原，跟初九的卦辞"潜龙勿用"相合。第二道高坡即九二，九二的卦辞为"见龙在田"，即真龙出现在土地上，这里只适合建皇宫，不适合别的建筑。第三道高坡是九三，九三的卦辞是"君子终日乾乾，夕惕若厉，无咎"，意思是说要勤奋工作，这里适合建政府办公机构——皇城，让大臣们在这里勤奋工作。九四没什么可说的。第五道高坡也就是九五，一听这词，九五之尊，卦辞是"飞龙在天"，地方太过尊贵，一般人不适合在这里待着，只适合神仙居住。所以在这里建了玄都观和大兴善寺。

宇文恺按照《周易》来进行城市规划，还利用地形，将皇宫、国家办公机关、寺庙等大型建筑都规划在了城市中的制高点，这样在城市安全和城市管理方面都更加便捷。

唐长安城创新性地采用了三城分区方式。在汉以后，至隋唐以前，都城规划主要采用两层城市结构，即皇帝居住的宫城和外郭城。将皇帝所居住的宫城与居民区域加以分隔，更有利于皇帝的安全。而城市进行初步分区后，也便于城市管理。

可是这种分区方式，仍然没有解决行政机关办公区域与居民区域的分隔问题。在古代信息沟通不够通畅，行政机关如果规划得过于分散会影响行政效率。此外，行政机关办公区域与居民区域混合，大大增加了皇帝管理行政机关的成本，不利于社会管理秩序的建立。

因此，宇文恺建造大兴城时，采用了三层城市分区，将皇帝居住区、大臣办公区以及居民居住区加以分隔，在城市安全和城市管理上，增加了便捷性，提高了效率。

长安城的三层城防结构由皇帝居住生活的宫城、国家行政机关办公所在的皇城以及最外层的外郭城组成。这样的三城分区方式，体现了"官民不相参"的原则，还形成了与天象暗合的格局。皇帝居住的宫城位于整个长安城最北端。古人认为皇帝就像高悬在天空正北方的北极星，所以北极星也称帝星。宫城位于整个长安城正北，与北极星众星拱卫的地位相匹配。靠近北极星的是紫微垣，对北极星形成拱卫之势。所以百官办公的皇城与紫微垣相匹配。而其他星星围绕着紫微垣，与外郭城内的居民居住区相匹配。这种"天上的星星参北斗"的三层结构，反映了长安城与天象的暗合。

3. 汉唐两长安——跨越几百年的文化连接

李渊为什么把大唐的首都由大兴改名为长安呢？主要有两个原因。首先从国家政治制度上来看，一个新政权，在各个方面还沿用前朝称呼，不利于新朝统治，也无法彰显新朝推翻旧朝的道德优势和制度自信。所以李渊将大兴城改称长安城，也是一种废旧立新，彰显权力正统性的政治需求。

其次从文化连接上看，将大唐的国都命名为长安，还有一部分原因是为了接续秦汉所创造的文化传统，而使作为地理关系接近的汉长安和唐长安，在空间上和时间上前后承接。从此，人们将对那个"犯强汉者，虽远必诛"时代的梦想，映射在这座新的长安城和这个新的帝国上。而后来的历史也证明，大唐没有辜负人们的期望，没有辜负长安这座城市的赫赫英名。大唐的历代帝王，就是在这座城市里，统治了中国将近300年。这座城市在大唐的治下，终于成为真正光芒万丈的天下腹心。

二、太极宫、大明宫、兴庆宫，皇帝到底住哪啊？——三大内

唐朝皇帝的宫殿有不少，但是在长安最为重要的有三座，合称"三大内"。分别是：太极宫，也被称作"西内"；大明宫，也被称作"东内"；兴庆宫，也被称作"南内"。

1. 太极宫：大唐初兴，万物炽盛

"三大内"中建造最早的是"西内"太极宫。前文提到隋文帝建造了大兴城，位于大兴城中的皇宫叫大兴宫。李渊称帝后，大兴宫改名太极宫，成为大唐帝国的权力中心。

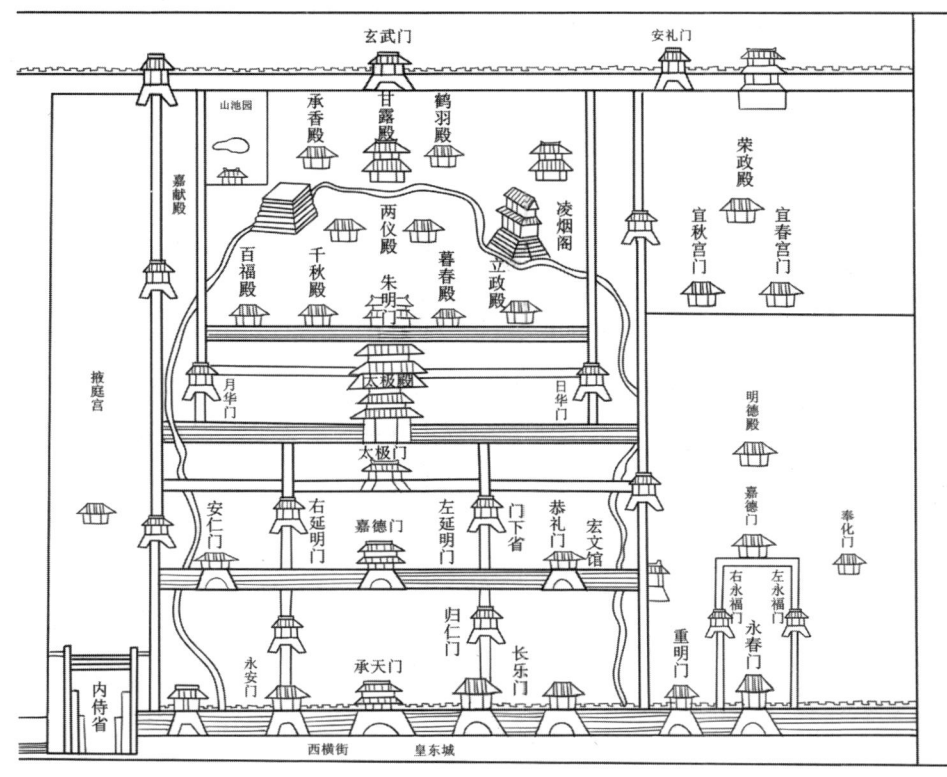

太极宫基本布局图

太极宫位于长安城中央的最北部,北墙是外郭城。北抵西内苑,南接皇城,宫殿区域面积远远大于北京故宫。太极宫采取了典型的"前朝后寝"建筑格局。宫殿区域北部为皇家居住区,南部为国家办公区。

太极宫里的建筑有很多,但是最为著名的建筑是玄武门、太极殿以及凌烟阁。

玄武门是太极宫的正北门,后来为了避讳曾改为元武门或者神武门。玄武门处于整个太极宫的制高点,是唐朝历代禁军的驻防要地。因为位置重要,所以它就成为历次政变首要拿下的位置。

大家都知道"玄武门之变"。通常这个名词的解释是指在唐高祖武德九年(626年),秦王李世民在玄武门发动政变诛杀了太子李建成、齐王李元吉。其实,整个唐朝,在玄武门发生的政变有四次。第一次玄武门政变是李世民发动的。第二次是神龙元年(705年),由宰相张柬之发动政变,剪除武则天男宠张易之兄弟,也称

"神龙政变"。不过这次政变不是在长安玄武门发生的，而是在洛阳玄武门发生的。第三次是景龙元年（707年），中宗太子李重俊发动政变，除掉了武三思，历史上称"景龙政变"。第四次是景龙四年（710年），临淄王李隆基率兵入宫，诛杀毒死中宗的韦后，扶他爹睿宗李旦复位，历史上称"唐隆政变"。一座玄武门，不知见证了几多刀光剑影，血雨腥风。

太极殿是太极宫中的第一大殿，一般是皇帝举行大典的地方。据统计，唐朝20个皇帝中，有12个皇帝的丧礼和即位典礼在太极殿举行。此外太子元服礼、祭祀先农礼等典礼也经常在太极殿举行。

凌烟阁，位于太极宫东北角，是唐太宗贞观十七年（643年）为表彰功臣而建，由褚遂良题词，阎立本绘像，画了长孙无忌、魏徵、尉迟恭、程知节（程咬金）、秦叔宝、李勣（徐懋功）等24位开国功臣的画像挂于阁中。其中李勣由于在太宗朝和高宗朝两朝的功绩而获得了两次绘图凌烟阁的殊荣，可以说是唐朝褒奖功臣的一个佳话。

后来随着大明宫和兴庆宫的修建，唐朝各位皇帝的住所一直在三大内中来回转移。直到天祐元年（904年）军阀朱温挟持昭宗迁都洛阳，尽毁长安。秀丽宏伟的唐长安城，连同这些气势恢宏的宫殿，自此成为废墟。

2. 大明宫：九天阊阖开宫殿，万国衣冠拜冕旒

太极宫里的后宫生活区域正好是个低洼地。当时，为了使皇家宫苑更加美观，特意引水入城，设计了人工水体景观。但是，这也导致太极宫后宫区域非常潮湿，夏天更是潮湿溽热。唐太宗即位后，每年夏天都得到九成宫避暑。

太宗去避暑了，可是70多岁的太上皇李渊还待在偏僻的大安宫内。有人看不下去了。贞观八年（634年），监察御史马周上书奏请为太上皇新建清暑新宫，太宗同意。于是在长安城外北郊开始选址修建新宫，最初叫永安宫。后来因刘备去世的住所也叫永安宫，不吉利，所以改名为大明宫。

遗憾的是，大明宫刚开始修建，贞观九年（635年）五月，唐高祖李渊驾崩于大安宫寝殿，大明宫因此停工。后来高宗即位，还是住在太极宫。高宗李治本来身体就不太好，在太极宫潮湿的环境里住了13年后，得了"风痹"（中医学指因风寒湿气侵袭而引起的肢节疼痛或麻木的病症）。高宗实在受不了潮湿环境，下旨继续

修建大明宫，同时改名为蓬莱宫。

皇帝要得急，工程自然干得快。高宗是龙朔二年（662年）下的旨，龙朔三年（663年）四月就完成了搬家工作，十个半月搞定。新宫位于郭城的东北部，南接都城之北，西接宫城的东北隅，据龙首原高地。据考古实测，大明宫周长7628米，面积3.5平方千米，平面为南宽北窄的楔形。西墙长2256米，北墙长1135米，南墙为郭城北墙东部的一段，长1674米，东墙的北部偏西12°，由东墙东北角起向南偏东1260米，转向正东，再304米，又折向正南长1050米，与宫城南墙相接。

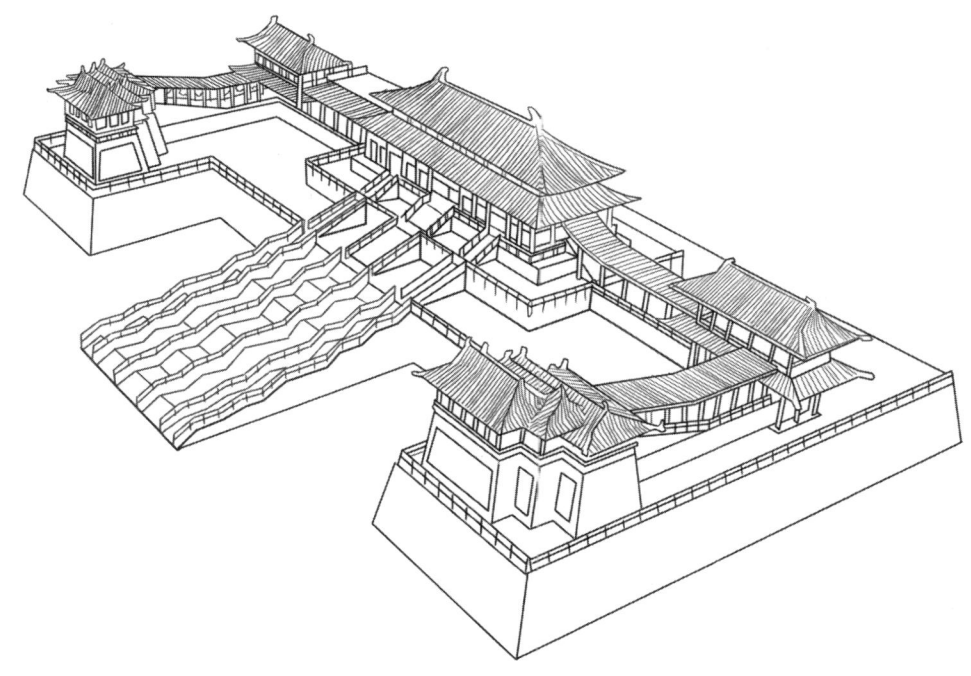

含元殿3D建模复原图

跟太极宫一样，大明宫也采用了前朝后寝的格局，其中在前朝部分，含元殿是当之无愧的核心建筑。含元殿为大明宫正殿，是举行重大朝会的场所。位于丹凤门以北约600米处。实测殿基高于平地15.6米，视野开阔。据史书记载，当时登上正殿可俯瞰整个唐长安城。含元殿左右分别有两座高出地面15米的翔鸾和栖凤两阁，宫殿主殿与两阙成"凹"字形结构，正殿两侧延伸出飞廊，连接了翔鸾和栖凤两阁。整体建筑庄严肃穆，气势磅礴。唐朝诗人李华在《含元殿赋》中写道："（含元殿）左翔鸾而右栖凤，翘两阙而为翼。"就充分描绘了含元殿的宏伟气魄。

后寝部分，以太液池为中心。太液池又名蓬莱池，分东西两池。东池较小，面积约3.3万平方米。西池较大，面积约14万平方米。水池的形状接近椭圆形。白居易在《长恨歌》中写道："太液芙蓉未央柳"，说明太液池中荷花非常茂盛。

这次修建大明宫，工匠吸取了之前制造太极宫的教训，将后宫居寝区域安排在了太液池岸边的高处，这样既让皇帝不再受宫殿潮湿之苦，又不耽误皇帝欣赏后宫园林美景。据文献记载，太液池中曾经有"一池三山"，即在池中曾经堆出三座岛屿，分别是传说中的三座仙山——蓬莱、方丈、瀛洲。

可惜的是，高宗在这座新宫殿待了11年就奔洛阳了。后来武则天登基以后，基本上常驻洛阳，不回长安。后来的继任者中宗和睿宗都住太极宫，再后来的玄宗则主要住在兴庆宫。所以，高宗辞世以后70多年大明宫格局没啥大变化。唐宪宗即位后，对大明宫进行了大规模装修，新建了很多建筑，改善了前朝办公条件和后宫居住环境，这才让大明宫重新焕发了光彩。

将大明宫的恢宏气象描写得最为淋漓尽致的，无疑是王维的那首《和贾舍人早朝大明宫之作》：

绛帻鸡人报晓筹，尚衣方进翠云裘。
九天阊阖开宫殿，万国衣冠拜冕旒。
日色才临仙掌动，香烟欲傍衮龙浮。
朝罢须裁五色诏，佩声归到凤池头。

王维诗中的大唐气象，是高耸入云的宫殿，是万国来朝的盛世。其实，王维写这首诗的时候，唐朝已经历了"安史之乱"，早已不复盛世的辉煌。可即便如此，我们仍然可以从这首诗中，感受到当时大明宫的巍峨宏伟，和当年大唐的豪迈气象。

到了晚唐，唐朝陷入了藩镇割据和宦官专权的恶性循环。此时的唐朝皇帝们可能并没有什么心思来整修这座两百多年的宫殿。随着唐朝末期的黄巢起义，再加上后来的军阀混战，唐朝皇室在风雨飘摇中岌岌可危，大明宫也历经多次焚毁。最终在天祐元年（904年），大明宫和太极宫一道，成为军阀朱温权势下的牺牲品，被彻底毁灭。

3. 兴庆宫：解释春风无限恨，沉香亭北倚阑干

太极宫和大明宫都有很多位唐朝皇帝居住，而兴庆宫却从始至终只有一位皇帝居住。他就是一手创建了开元盛世，又间接制造了"安史之乱"，毁掉盛唐气象的唐玄宗李隆基。

兴庆宫原来所在的位置属于隆庆坊。武则天称帝后，在大足元年（701年）将五个孙子赐宅隆庆坊，时称"五王宅"。这五王分别是睿宗李旦的五个儿子：长子宁王李宪（李成器）、次子申王李㧑（李成义）、三子临淄王李隆基、四子歧王李范、五子薛王李业。

后来李隆基即位成了唐玄宗，剩下四个王就不好继续在隆庆坊五王宅住下去了，毕竟这算是玄宗的龙兴之地。于是在开元四年（716年），宁王、申王、歧王、薛王共同上书，请求献出他们的王府为玄宗修建宫殿。唐玄宗非常感动，答应了四王的请求，同时下旨为四王在新宫周围修建新王府。此外，隆庆坊因为避李隆基的讳，改名为兴庆坊。这座位于兴庆坊的新宫殿就取名为兴庆宫。《资治通鉴》（卷211·唐纪二十七）中记载："宋王成器等请献兴庆坊宅……始作兴庆宫，仍各赐成器等宅，环于宫侧。"开元十四年（726年），玄宗下旨把邻近的永嘉、胜业两坊的一半也扩入宫内，增建兴庆宫朝堂。后来又经过不断的修缮和扩建，最终形成了比较大的规模。

兴庆宫跟太极宫、大明宫在布局上也有明显区别。太极宫和大明宫都采用了南宫北苑的布局，而兴庆宫却采用了北宫南苑的布局，园林宫苑布局在南半部分，而政事宫殿位于北半部分。这可能与玄宗最初并没有把兴庆宫当作处理政事的地方，而是当作"离宫"有关。

兴庆宫面积虽然没有另外两大内大，但是由于玄宗长期在此居住生活，兴庆宫的建筑以富丽堂皇著称。其中最为著名的是两楼一亭。两楼指位于兴庆宫西南角的"花萼相辉楼"和"勤政务本楼"，一亭则指兴庆宫龙池边的沉香亭。

花萼相辉楼，位于兴庆宫西南隅，始建于开元八年（720年）。这个有点香艳的楼名，取自《诗经·棠棣篇》，意即花复萼，萼承花，相互辉映之意，其本意是歌

颂兄弟深情。因为兴庆宫是由玄宗的兄弟们捐地修建的。对于李唐王朝而言，自从玄武门事变起，手足相残就几乎成了皇室宿命，后世代代效仿，宫廷政变不断。玄宗的皇位也是几经政治斗争、血雨腥风中而来。他最希望的当然就是手足相残的局面能到此终结。

花萼相辉楼主要是作为庆祝玄宗生日的场所。唐玄宗于开元十七年（729年）将自己的生日（八月五日）定为国家法定节假日，全国放假三天，取名"千秋节"。每逢千秋节，举国同庆，唐玄宗在这一天要在兴庆宫的花萼相辉楼前大宴群臣和番邦使臣。

勤政务本楼位于兴庆宫西南隅南墙处。《唐会要》记载："……后于西南置楼，西面题曰花萼相辉之楼，南面题曰勤政务本之楼。"勤政务本楼始建于开元八年（720年），取"励精图治"之意。玄宗以勤于政事取名为勤政务本楼。此楼相当于兴庆宫正殿，凡颁发诏令、举行宴会、会见外国使节、欢送将帅出征及改元、大赦、收俘等大典以及重大活动都在此楼进行。此外，每逢上元之夜，玄宗在此楼设乐观灯，贵臣戚里，都能一睹龙颜。

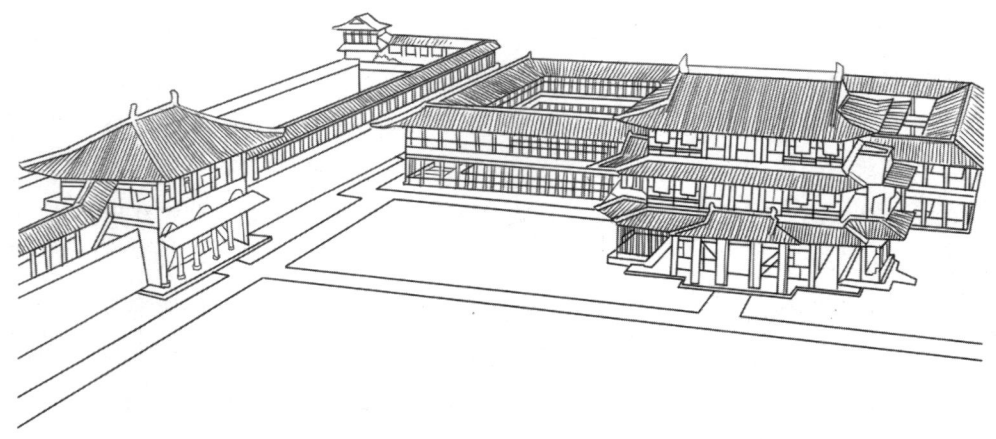

花萼相辉楼和勤政务本楼的3D复原图像

除了这两座楼，兴庆宫最为著名的地方就是龙池边上的沉香亭。沉香亭是唐玄宗与杨贵妃置宴赏花娱乐之处。据《开元天宝遗事》记载，沉香亭前遍植名花异草，最具传奇色彩的是一种四色牡丹。相传其一枝花茎分开两朵花，上午是深红

色,下午是深碧色,傍晚深黄色,夜里变粉白色,玄宗戏称为"花木之妖"。李白也曾在此赋诗《清平调》三首,其中第三首曰:

> 名花倾国两相欢,长得君王带笑看。
> 解释春风无限恨,沉香亭北倚阑干。

有大唐第一"大V"加持,沉香亭也因这首诗而名垂千古。

在兴庆宫居住了27年后,随着"安史之乱"的爆发,玄宗退走蜀中,太子李亨在灵武称帝,是为唐肃宗,遥尊玄宗为太上皇。直到至德二年(757年),郭子仪、李光弼挥师收复两京(长安和洛阳),九月,迎太上皇李隆基自蜀中回到长安。

太上皇回到长安,发现兴庆宫再也没有了盛世的辉煌气象,而是变成一座阴冷破败的宫殿。白居易的《长恨歌》中曾这样描述玄宗重返长安的生活:"西宫南内多秋草,落叶满阶红不扫。梨园弟子白发新,椒房阿监青娥老。"没有了自己的爱人,也没有了身边曾经前呼后拥的臣子,只有一位白发苍苍的老人,和他身边的太监高力士。玄宗虽然是太上皇,可是,他不得随意走出兴庆宫,不得会见宾客,简直跟软禁差不多。

即便如此,仅仅过了三年,玄宗仍然被迫离开了兴庆宫。至于原因,有人说是因为肃宗,有人说是因为李辅国,但是不论如何,玄宗最终还是离开了自己曾经醉生梦死的安乐之地,走向了另一个囚禁之地——太极宫。他身边的陈玄礼、高力士等忠心耿耿的臣子都被贬谪外地。唐肃宗上元二年(761年)四月,李隆基这位半生英明、半生昏庸的大唐皇帝,孤独地死去了,终年78岁。而兴庆宫辉煌华丽的盛世气象,也随着玄宗去世,终究化为过眼云烟。

三、百千家似围棋局,十二街如种菜畦
——长安城的坊市

作为大唐帝国的首都,当时世界经济文化的中心,唐长安城给我们的第一印象就是两个字——规整。因为整个长安城是由一个个小格子组成,密密麻麻,好像棋

盘一样。难怪唐代诗人白居易会写下这样的诗句："百千家似围棋局，十二街如种菜畦。"

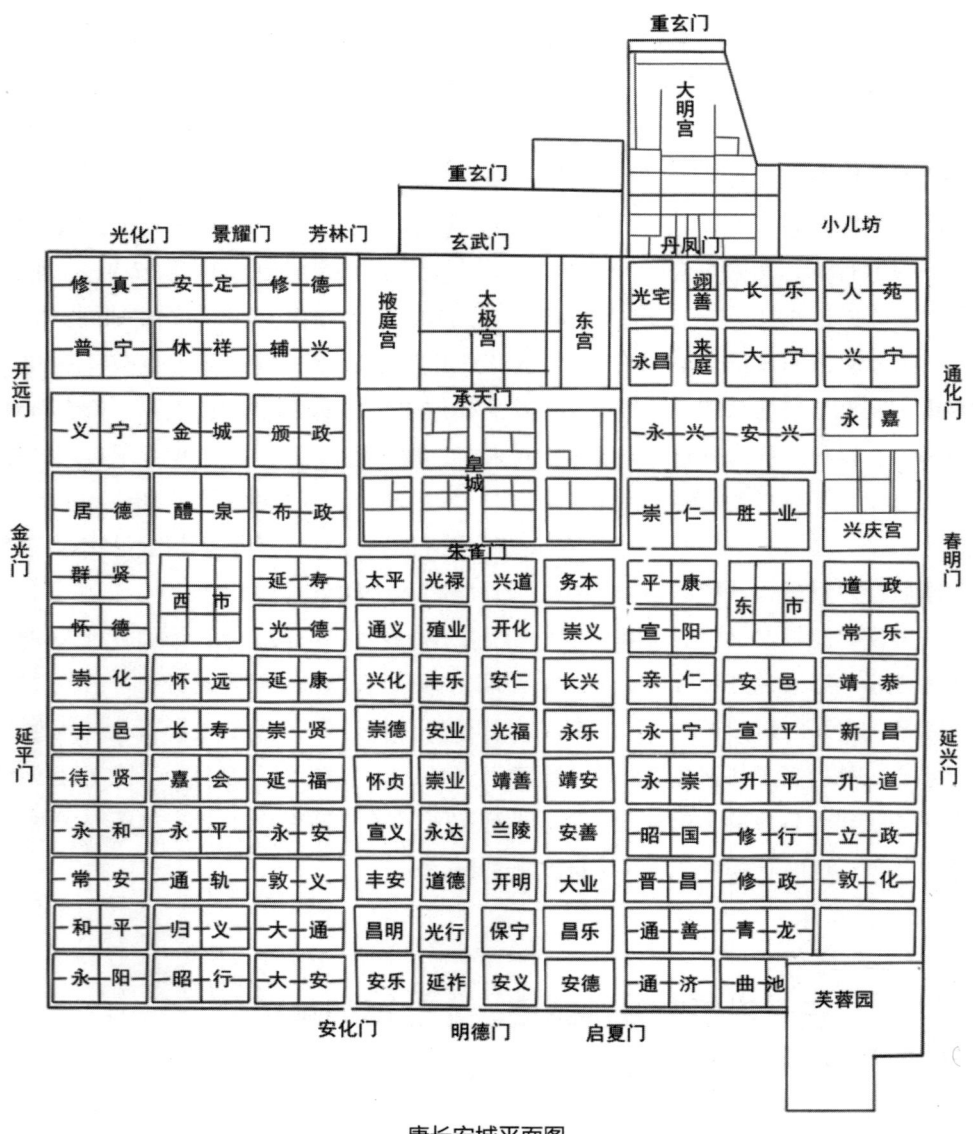

唐长安城平面图

1. 唐长安城的整体结构——三城、两县、两市和一百多坊

唐长安城的整体结构用一句话概括就是：三城，两县，两市和一百多坊。

三城，指皇帝居住的皇城、国家行政机关办公的宫城、居民居住的外郭城。

两县，指长安县和万年县。唐长安城以朱雀大街为中轴线。朱雀大街北起皇城南门朱雀门，南到外郭城南门明德门，总长达5000多米，宽度达到150米。以朱雀大街为分界线，东边半个城属于万年县管辖，西边半个城属于长安县管辖。《长安志》记载："坊市总一百一十区，万年、长安以朱雀街为界，街东五十四坊及东市，万年领之；街西五十四坊及西市，长安领之。"

两市指东市和西市。市就是市场的意思。唐长安城设有东西两市，各自占了两个坊的地方。东市和西市以朱雀大街为轴对称，各自离朱雀大街都隔三条街。东西两市是长安城最为繁荣的商业中心，也是唐朝购物首选。根据《长安志》记载："四方奇珍皆所积聚。"

一百多坊，指长安城里有一百多个坊。坊是长安城城市管理的基层单位。长安城南北有11条大街，东西有14条大街，这25条大街将长安城分成了一个个小格子，每个小格子就是一个坊。至于长安城到底有多少坊，这个说法不一，有说108坊的，有说109坊的，有说110坊的。根据唐代不同时期长安城建筑的多少以及格局变化，坊的数量都会发生变化。自唐玄宗开元时期修建了兴庆宫以后，长安城基本保持了109坊的构造。

唐长安城将居民居住的区域"坊"和从事经商贸易的"市"区分管理的制度，被后人称为"坊市制"。

2. 坊：居民区

坊是唐长安城的城市居住组织的基本单位。其实这个单位一直都有，先秦时期称作里，到了隋唐叫作坊。坊除了是居住单位，还是城市管理的基本单位。

坊的造型基本上如下面所示。每个坊的四面都建有坊墙，只在东南西北四面各开一个门。朱雀大街两列的四列小坊，只开东西坊门。原因是当时人认为，这四列坊在宫城南面，如果要是南北开门容易把宫城的"龙气"给散掉。《长安志》记载：

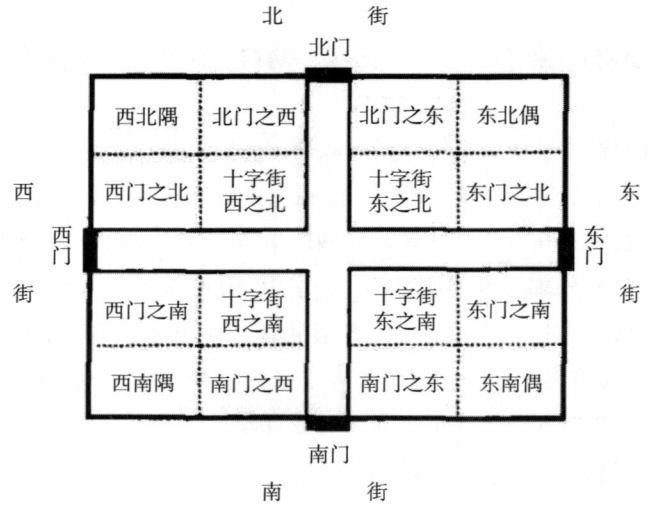

坊的结构图

"皇城之东尽东郭东西三坊,皇城之西尽西郭东西三坊……每坊皆开四门,有十字街,四出趣门;皇城之南东西四坊以象四时,南北九坊取则《周礼》'王城九逵'之制……每坊但开东西二门,中有横街而已,盖以在宫城直南,不欲开北街泄气,以冲城阙。"

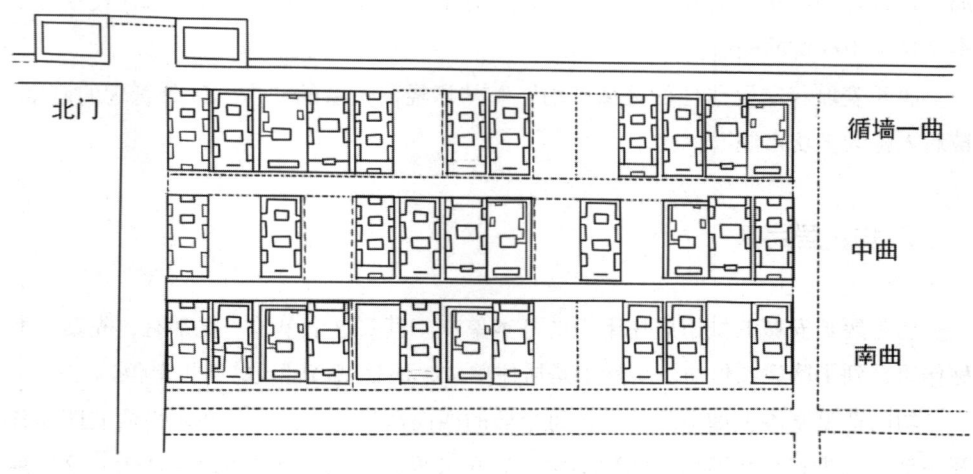

平康坊南曲地形

住在坊内的住户，无论你是多大的官，想回家都得走坊门。每个坊都有专门的坊正，管着坊门开关的钥匙。坊门早晚都要定时开闭，以击鼓六百下为信号，听到鼓声就得赶紧开门或者关门。这样一来，晚上鼓声响完，所有坊门关闭，那大街上也就没啥人了。所以有一句诗这样写道："六街鼓歇行人绝，九衢茫茫室有月。"说的就是这种情况。

坊里面一般都有十字形的街道，将一个坊分成了四个区，而这四个区之内又有一些小巷穿插在各户的周围，这些小巷就称作"曲"。比如孙棨《北里志》中记载："妓中有铮铮者，多在南曲、中曲。其循墙一曲，卑屑妓所居，颇为二曲轻斥之。"就是说当时最好的名妓都在平康坊南曲或中曲。这个南曲就是南边的小巷。

随着大明宫和兴庆宫的相继建成，整个长安城的政治中心由原来位于中轴线上的太极宫，转移到偏东方向的大明宫和兴庆宫。由于政治中心发生了变化，导致长安城原有的东西轴对称结构出现了东移的现象，这就使得整个长安城出现了"东贵西庶，南虚北实"的情况。

所谓东贵西庶，指的是由于皇帝居住的地方东移，导致王公贵族的宅邸纷纷往皇帝跟前凑。这就导致东边兴庆宫附近居住的大部分为王公官员，而西边剩下的大多是普通老百姓。而南虚北实指的是居住密度。《长安志》中记载："自朱雀门街南第六横街以南，率无居人地宅。""自兴善寺以南四坊，东西尽郭，虽时有居者，烟火不接，耕垦种植，阡陌相连。"就是说朱雀大街第六横街以南没有什么人住，兴善寺南边都有人种地了。可见南边住宅密度是偏低的。

导致这种现象的原因是城市规划。长安城将市场和官员办公的地方都规划在了城市的北半部，这就导致老百姓无论是出门上班，还是去东西二市做生意，都有在城北居住的客观需求。如果住得太靠南，每天出门是个问题。用现在话来说，南边城市配套设施不足，所以居住密度比较低。

3.市：商业区

坊是住宅区，市就是商业区。也就是说，坊区内是没有商店的，市场中是没有住宅的。

长安城里主要有东西两市。据《唐两京城坊考》记载，东西两市的建立可以追溯到隋朝："西京长安，隋设都会、利人二市。"东市也就是隋朝的都会市，地方占了两个坊，东西南北各600步，四面都有开门，市场中有一百二十行，店铺林立。西市即隋朝的利人市，格局跟东市差不太多。据《长安志》记载：西市"四方奇珍皆所积聚""市内店肆如东市"，看来东市西市基本格局差不多，都是封闭型的市场，四面有围墙，东西南北四个方向有门。

据考古发现，长安城的东西两市面积差不多，布局也基本类似。两市中都有两条平行的东西和南北大街，四条主干道路将整个市场分为九宫格结构。

其实，除了东西二市，还有一个南市也叫中市，是在唐高宗时期建立的。据《长安志》记载，高宗时期在安善坊和大业坊建立中市署，"领口马牛驴之肆"，主要买卖牲口。但是，由于南市是在长安南城，住的人不多，人们为了买卖牲口专门跑一趟，也不值当，"然已偏处京城之南，交易者不便"。于是，武则天时期南市干脆改成了军队训练场。

看来，南市没有了，想买点啥就得去东西市，"买东西"的说法就是由此而来。

在唐朝，官方对于商业的管控比较严格。为了保障交易秩序，政府出台了很多法令。

首先，对市的开放时间有严格规定。《唐六典》中规定："日午击鼓三百声而众以会，日入前七刻击钲三百声而众以散。"意思是说，中午击鼓三百声开市，日落前七刻击钲（一种乐器，像摘下来的编钟）三百声关市。由此看来，东西两市主要

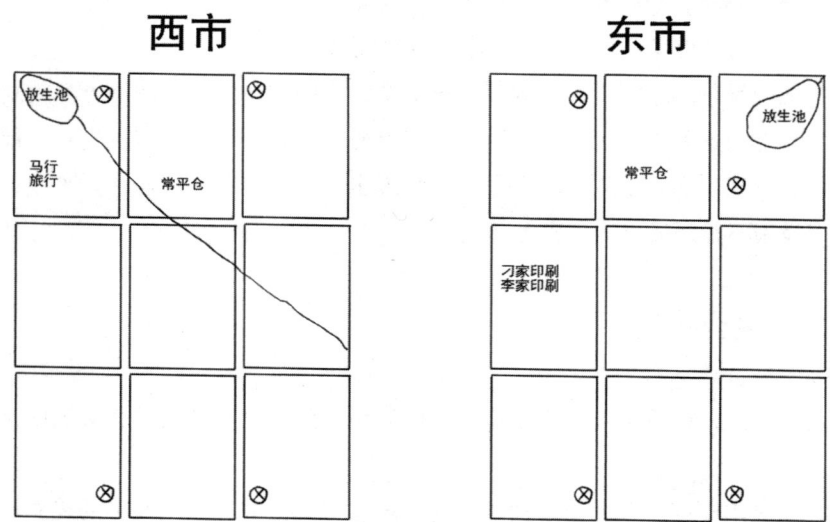

东西二市的格局

是在下午开门。

其次,为了便于管理市场,官方在市场设立了市门监。如果市场没有按时开关门,会被处罚,按照《唐律疏议》记载:"若擅开闭者,各加越罪二等"。此外,如果有人不走门,翻墙头进入市场,也要被杖七十。

再次,对交易公平的管理。《唐六典》规定,"建标立候,陈肆辨物"。意思是所有商品都必须树立标签明码标价,防止欺诈。同类商品要尽可能摆放在一起,便于交易和管理。

虽然东市西市格局差不多,但是定位还是存在区别的。这是由唐朝城市居住格局的改变所决定的。前文提到长安城居住的格局是"东贵西庶,南虚北实"。所以,王公贵族基本上居住在东边,普通老百姓居住在西边,这就导致西边的长安县的人口要远远多于东边的万年县,也形成了西市和东市的不同定位。

据《长安志》记载:"万年县户口减于长安,又公卿以下居止多在朱雀街东,第宅所占勋贵,由是商贾所凑,多归西市。"这就是说西市周边流动人口比较多,所以这里人口稠密,商贾云集。相比之下,东市在客流量方面就差点了,但是因为东市周围居住的都是官宦人家,所以东市的商品应该要比西市的商品奢侈。

一句话概括,西市比东市流量大,东市比西市档次高。他们的区别大概相当于批发城和"SKP"。

随着长安城中工商业的不断发展,东西两市也逐渐扩展到了临近的坊。其中东市西北边的崇仁坊,和西市东北边的延寿坊甚至出现了夜市,比东西两市更加热闹。据《长安志》记载,崇仁坊"一街辐辏,遂倾两市。昼夜喧呼,灯火不绝。京中诸坊,莫之与比"。

夜市的出现,标志着唐朝坊市制管理的日渐宽松。坊市制发展到唐中晚期时,其封闭束缚的缺点越来越跟不上居民日益增长的消费需求。越来越多的人开始在坊墙上直接临街开门做买卖,不再跑到东西二市开店,这种现象称作"侵街"。日益普遍的侵街现象反映了政府无力对城市进行严格管控的事实。在此消彼长之下,坊市制名存实亡,最终到了北宋被街市制所取代。

唐长安城的坊市制,其核心是以相对封闭的坊市,将城市居民生活和商业活动限制在一定区域内。无论是定时开启和关闭的坊门,还是市中交易管理的诸多规则,都体现了唐朝政府对于城市民众进行统治和人身管理的需求,看起来似乎封闭而保守,但是也符合当时的社会实际。

然而，官方的管理规则与老百姓的自主选择总是存在一些差异，而城市居民的居住和商业选择也体现了对于规则边界的不断探索。在执行过程中，坊市制由于不能适应时代的发展而最终被淘汰。商品经济的发展也已经突破了城市规划的界限，时代的潮流滚滚而来，最终在唐末五代时期，坊市制的藩篱被打破，新的城市管理制度——街市制随之应运而生。

然而，现在回看唐朝坊市，我们仍然能从整齐划一、星罗棋布的坊市中感受到一种庄重严谨的美感。这也就是独属于长安的唐朝风貌。

四、居之不易，我想在长安有个家
——房奴、牙郎、炒房客

在唐朝，要想买个房子也不是容易的事情。不光是房子本身价值高昂，还得交纳房产税，这更是一笔不小的负担。那么，唐朝人怎么解决居住问题呢？

1. 买卖房——有"房奴"也有"炒房客"

据《唐摭言》记载，唐朝大诗人白居易年轻时，带着自己的诗文去拜会当时的大名士顾况。顾况起初也没太当回事，一看白居易的名字，就开玩笑说："居易，长安居，大不易啊！"

然后顾况开始读白居易的诗，当读到《赋得古原草送别》里的那句"野火烧不尽，春风吹又生"时，长叹道："能写出这样的诗句，想在哪里居住都没问题！刚才我就是开个玩笑罢了。"

可是，顾况的称赞却没有改变"长安居大不易"的现实。如果他知道白居易后来在买房上的坎坷，一定会懊悔自己这张乌鸦嘴的。

白居易生于唐代宗大历七年（772年），在唐德宗贞元十六年（800年）考中了进士。一直到唐穆宗长庆元年（821年），白居易50岁时，才终于在长安新昌坊买下一所宅院。工作20年才攒够买房钱，真是不容易。

白居易终于摆脱了一直租房的命运，在长安有了自己的产业。他为此激动地写下了一首诗《卜居》："游宦京都二十春，贫中无处可安贫。长羡蜗牛犹有舍，不如硕鼠解藏身。且求容立锥头地，免似漂流木偶人。但道吾庐心便足，敢辞湫隘与嚣尘。"堂堂一个大诗人，居然要去羡慕蜗牛和老鼠。最起码它们都有个窝啊。可见买房这事把白大诗人给折腾成啥样了。

在唐朝长安，房价居高不下，这无疑是由唐长安城的政治核心地位所决定的。无论是来往官员、赶考举子，都以在长安城有一套房子为荣。在如此旺盛的需求之下，房屋的价格自然水涨船高。房价上涨，不光催生了像白居易这样的"房奴"，也催生了一些"炒房客"。

《太平广记》里记载了商人窦乂（yì）的故事。此人是一位非常有眼光的"炒房客"。在西市南边，有一块十来亩的臭水池。窦乂发现这个地方是在西市的交通要道上，位置绝佳。于是他买下了这块地，把臭水池用土填平，在上面盖了二十间店铺，"日收利数千"。

太尉李晟府前面有一处小宅院，窦乂将其买下。过了两天，李晟想用这块地方来建个马球场。人家虽然是太尉也不占你便宜。李晟于是托人找窦乂想买这房子，窦乂当时没直接回复，而是等到某天李晟在家时，窦乂把房契直接白送给了李晟。窦乂的这次投资获得了李晟的认可，这也让他在商场上更加左右逢源。

窦乂的两次"炒房"，第一次是经济投资，第二次则是政治投资。从窦乂的两次"炒房"来看，他的房产买卖无疑是给自己带来了丰厚的利润和政治回报。

2. 房产税——征收一年刚过半，百姓逼得要造反

房子属于不动产，要是买卖就要征税。房产税能够起到平抑房价的作用。唐朝有过一次征收房产税的举动，但是这次收税所带来的后果十分惨重。所以只能算作一次失败的实验。

中唐时期，战事四起，四方叛乱，军费吃紧。唐德宗建中四年（783年）六月，大臣赵赞给德宗皇帝提了一个建议——收间架税，也就是房产税。

间架税如何计算呢？据《新唐书·食货志二》记载："其法：屋二架为间，上间钱二千，中间一千，下间五百；匿一间，杖六十，告者赏钱五万。"两道梁构成一间屋，分等级收，上等房屋2000钱，中等1000钱，下等500钱。如果有人藏匿不报，要打60板子。告密者赏50000钱。

唐德宗最初设立这个制度，确实也是因为实在没钱了。当时大唐境内有4个藩镇叛乱。要想平叛，就得给士兵多发工资，激励一下。据《旧唐书·德宗纪》记载："月费钱一百三十万贯。"打仗很烧钱，国库很快就见底了。这个间架税并不是像有些资料所说的那样主要坑害老百姓，其实富豪王侯也得交税。只不过富豪王侯毕竟底子厚，扛得住。而让普通老百姓一下子拿出好几千钱，这可就要了命了。

不过最悲催的是那些祖上曾经阔过的士族子弟。要说富吧，他们也没什么收入；要说穷吧，手头还有点儿祖产祖宅。本来就是靠祖宅勉强过日子，这一收间架税，他一算，得掏几十万钱，真是雪上加霜。据《唐会要》记载，"人不胜其苦"。

间架税的弊端，除了上面说的税率过重之外，还有一点就是重复征税。这是因为在唐朝虽然没有单独的房产税，但是有一种对家庭总财产收税的税种，叫作"率贷"法。据《通典》记载："籍其家资，所有财货、畜产，或五分纳一，谓之率贷，所收巨万计。"率贷其实就是老百姓的家庭总收入，包括财物、牲口、房产、田地都在内的五分之一。其中已经包括了房产，如今又有间架税。一套房子收两次税，这无疑就是明抢了。

这样的苛捐杂税，很快就被废除了。而废除的契机，是一场突发的兵变。

建中四年（783年）十月，唐德宗为了平定淮西叛乱，调泾原军队前去平叛。泾原节度使姚令言带五千士兵路过长安。本来士兵们路过长安满心希望德宗能给点赏赐，结果唐德宗只是派人给他们送了点粗茶淡饭，赏赐更是免谈。泾原士兵顿时暴怒，掉头攻入了长安。德宗吓得仓皇出逃，一路跑到奉天（今陕西乾县）。这些哗变的士兵在宫中大肆抢劫财物，还拥立了一个新皇帝叫朱泚。此事史称"泾原兵变"。

据《资治通鉴》记载：有趣的是，这些哗变的士兵，为了收买人心，在进入长安以后，对着四处奔逃的百姓大喊："你们别害怕，我们不抢你们的商铺，还免除你们的间架税！"废除房产税，居然被叛军当作收买人心的口号，可见老百姓对此有多么痛恨了。

跑到奉天的唐德宗，改元兴元，下诏免除了间架税等各种苛捐杂税。间架税从建中四年（783年）六月收到十二月，也就维持了刚半年，就快把老百姓逼得去支持叛军了。这间架税真是收得得不偿失。

3. 买不起房咋办？那就租房呗

这么高的房价，买不起怎么办？那就只能租房了。

唐朝不光有房地产，还有房屋租赁行业。唐朝长安城租客的阶层可谓五花八门，官僚商人、士子百姓、刺史节度使等，为了不同目的都在长安城租房子。

唐朝地方官员，在任期结束后需要来长安参加调选，这就是唐代官员考核的"铨选制"。在古代，官员考核不可能一两天就出结果。在等待出结果的这段时间，很多官员只好去租房住。据《太平广记》记载，官员程彦调选入长安，"税居新昌里"，官员李素伯"兴道里假居"。这里"税居""假居"都是租房的意思。

另外，古代交通不发达，赶考的士子到了长安，也需要找个地方好好复习，租上一个小院还是很有必要的。还有一些地方上的刺史、节度使，为了能够及时了解朝廷动向，安排给皇家进贡等相关事宜，也会在长安设立一个办事处，这些办事处称为"留后院"，留后院一般也是租房。

那么，长安城租房需求这么高，房源从哪里来？房源主要来自官方提供、官员提供和寺院宅院三个方面。

唐朝官方手头有很多房源，比如无主的房子，大臣犯罪后被没收的房子等，官方会拿出来一部分房子用来出租。此外，有的官员也会买好多房子，这些房子也是现成的房源。还有大量的寺院，寺里除了僧侣住的房子之外，也会拿出剩余的房子来出租。

为了规范租房市场，政府专门设立了中介机构来解决房屋租赁中的具体问题。这些中介，叫牙人，也叫牙保。在签订房屋租赁契约时，牙人也会在契约上签名，这是为了避免发生欺诈或者打官司。可以说，唐朝政府在租房管理方面做得还是挺不错的。

杜甫在诗中写道："安得广厦千万间，大庇天下寒士俱欢颜。"能够有房子住，是人们的一种向往。但是，在唐朝，房产的价格非常昂贵，并不是所有人都能买得起房。

第二章

长安城里规矩大

长安城的管理非常严格，规矩非常大。如果晚上宵禁以后还出门，被巡街的金吾卫抓到会打屁股。如果不遵守交通规则，超速的话也会被打屁股。既然城市管理这么细致，那么长安城下雨时，能不能"看海"呢？

一、晚上没事别出门，出门就要打屁股——宵禁

宵禁，顾名思义，主要是在晚上禁止人员出门的一种制度。这项制度在中国有着悠久的历史。

1. 宵禁——最早上溯到周朝

宵禁，其实是古代"日出而作，日落而息"生活习惯的一种体现。在最早的农耕文明时期，手工业还没有从农业中分工出来，商品经济还没有产生，更别提什么民间娱乐了。从周代开始，为了保护百姓安全，防止盗贼出没，维护正常治安，同时也是为了维护国家的统治，避免有人在夜间从事叛乱活动，禁止百姓夜间外出。

秦汉时期，宵禁制度依旧得到了坚决的贯彻。据《史记·秦始皇本纪》记载："宿卫郎官分五夜谁呵，呵夜行者谁也。"意思是，晚上有专门的宿卫郎官在城市中进行夜间巡逻警戒。

2. 唐朝：宵禁制度最巅峰——出门要被打屁股

自汉朝以后，宵禁制度一直被历代统治者重视。一直到唐朝，宵禁制度迎来了发展的一个巅峰。这里的"巅峰"指的不是宵禁的严格程度，而是因为唐朝长安城为城市管理所制定的层级分明、切实有效的制度体系，使得唐朝的宵禁制度无论是制度细则还是执行力度都达到了历史上的一个巅峰状态。

唐朝的宵禁制度也经历了一个渐进的发展过程。唐朝初年，到了夜晚还得靠人喊来提醒，这可真是"通信基本靠吼"了。后来太宗时期，中书令马周提出了一些关于城市管理的建议。在街道上设立街鼓，这样到时候直接击鼓就可以，大家听到鼓声就知道宵禁开始了。据《旧唐书·马周传》记载："先是，京城诸街，每至晨暮，遣人传呼以警众。周遂奏诸街置鼓，每击以警众，令罢传呼，时人便之，太宗益加赏劳。"

唐朝的宵禁制度是基于长安城的坊市制结构而制定的，因此有着坊市制所特有的管理方式。一到了黄昏时刻，长安承天门的街鼓就被敲响，作为宵禁开始的信号。承天门击鼓四百下，整个京城城门就会关闭。再敲六百下，城内的各个坊门也必须关闭，而且行人必须尽快回到自己所在的坊中。唐高宗时期编纂的《唐律疏议》规定："昼漏尽，顺天门击鼓四百槌讫，闭门。后更击六百槌，坊门皆闭，禁人行。"

如果坊门关了，你还在外头转悠，没来得及回去，那么你可能要遭殃了。《唐律疏议》规定："违者，笞二十。"就是要打二十板子。唐朝对于宵禁的执行非常严格，不管你是官员还是百姓，只要被抓住就打屁股。

唐朝的宵禁，不仅有一套非常严格的制度，而且有一套行之有效的执行系统，主要由两个层次构成，即负责"坊"一级管理的坊正和负责坊外街道巡逻的左右金吾卫。

在宵禁制度下，长安的每个坊都在夜晚成了独立的封闭区域。在坊内负责宵禁管理的是坊正。唐朝对于坊正的规定是："诸两京城及州县郭下，坊别置正一人，掌坊门管钥，督察奸非。"坊正的主要工作包括以下三个方面。

第一，"掌坊门管钥"。听到长安城宵禁开始的鼓声信号，在鼓声完毕时立刻关闭坊门，并且上锁，使坊内与外部周边区域隔离。第二天，听到宵禁结束的鼓声信号，开锁并打开坊门。如果坊正没有及时开关坊门，影响宵禁，将会受到非常严厉的处罚。《唐律疏议》规定："余门，谓县及坊、市之类，官有门禁者。……若擅开闭者，各加越罪二等……"

第二，为有急事必须外出的人签发通行证。虽然宵禁制度非常严格，但是也不排除有人晚上有急事需要出去。比如家里有人生病需要请医生时就需要拿着由坊正签发的通行证才能通行。宵禁期间，在街上行走时，如果没有通行证，就会被巡逻兵丁抓住打屁股。《唐律疏议》规定："但公家之事须行，及私家吉、凶、疾病之类，皆须得本县或本坊文牒然始合行。"

第三，在本坊中巡逻、值夜，确保本坊的夜间治安。坊内，由坊正负责宵禁制度的执行。坊外，由左右金吾卫在大街巡逻，负责宵禁制度的执行。

虽然唐朝的宵禁制度很严格，但还是有一天允许大家晚上娱乐的，那就是上元节（也就是元宵节）。这一天，宵禁解除，老百姓在夜间也可以尽情欢乐，这也可以算是一点小确幸吧。

随着社会经济的发展，中央政府对民间的控制能力下降，宵禁制度到中晚唐时期基本上日趋松弛。比如，据《唐会要》记载，唐文宗时期长安坊门就出现过"或鼓未动即先开，或夜已深犹未闭"。这就是说坊门定时关闭的制度已经形同虚设。再比如，大诗人杜牧在《太常寺奉礼郎李贺歌诗集序》中写道："太和五年（831年）十月中，半夜时，舍外有疾呼传缄书者。"居然半夜还有人给杜牧送信，可见此时宵禁已经很松弛了。

3. 唐晚期：宵禁制度的低谷

唐朝城市构造的基本结构——"坊市制"到了唐晚期已经面临土崩瓦解的局面。所以，基于坊市制的宵禁制度也就逐渐失去了存在的土壤。唐中晚期侵街现象日渐普及，虽然唐朝政府曾多次对侵街现象进行治理，但是，商业的日益蓬勃发展已经无法阻止了，坊市制也由于侵街现象的泛滥而逐渐名存实亡。

宵禁制度由唐朝初年的严格到晚期的宽松，表面上看似乎是政府对民间管制的力度改变了，实质上是唐朝的城市结构随着时代发展发生了根本性的变化。唐朝的"坊市制"在唐朝初年对于加强民间治安管理、营造安全有序的社会秩序有着重要意义，但是同时也暴露了对百姓人身的禁锢，给百姓生活带来诸多不便等问题。坊市制最终在北宋时期被街市制所取代,宵禁制度也最终消失在了历史深处。

二、唐朝长安城市卫士——金吾卫和巡使

唐朝长安城,是一个拥有百万人口的大城市,社会秩序井然有序,这和"城市卫士"的辛勤付出是分不开的。

1. 治安的管理者,皇帝的贴心人——金吾卫

谈到长安城的治安管理,得先从唐朝京城卫戍部队的军制说起。

唐朝京城卫戍部队有南北衙之分。南衙军负责宫城外长安城的治安管理,也就是指驻守在宫城外面,皇城以内的军队,共有十六卫。分别是:左右卫、左右骁卫、左右武卫、左右威卫、左右领军卫、左右金吾卫、左右监门卫和左右千牛卫。

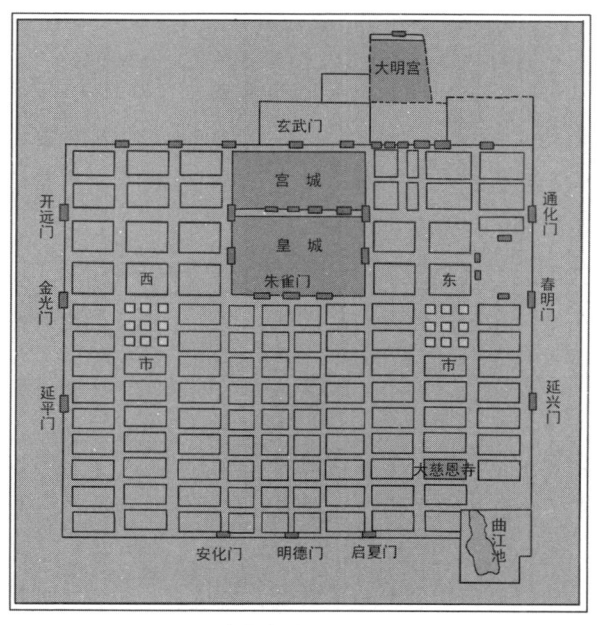

唐朝长安平面图

北衙军主要保护皇宫核心区域的安全，也就是指驻守宫城里的禁军。北衙军共有十军，分别是：左右羽林军，左右龙武军，左右神武军，左右神策军和左右神威军，总称北衙十军。跟南衙军相比，北衙军更加靠近皇帝。北衙军最高的领导是左右羽林军大将军。北衙军的主要工作是保卫宫城的核心区域，平时也可以当作皇家仪仗队来使用。据《新唐书·兵志》记载："南衙，诸卫兵是也，北衙者，禁军也。"这就说明了南衙北衙的区别。

宫城外长安城的治安管理，具体来说，是由南衙的左右金吾卫负责。金吾卫最早起源于秦朝的中尉，负责国都的巡查警备工作。唐代的《通典·职官十》中写道："秦有中尉，掌徼循京师。"汉武帝太初元年（公元前104年），将中尉改名执金吾，职责还是负责京师巡查。唐朝保留了金吾卫的编制。据《旧唐书·职官志》记载，左右金吾卫的职责是："掌宫中及京城昼夜巡警之法，以执御非违。"意思就是，直接负责整个京城的巡查警卫任务，对违法犯罪行为加以纠察。

之所以说金吾卫是皇帝的贴心人，是因为金吾卫往往由皇亲国戚、功勋重臣及其子弟和皇帝的心腹亲信担任。如果你做过金吾卫，那么将来出去做官就方便了很多。

金吾卫所承担的维护治安工作主要就是一件事，那就是宵禁。金吾卫主要负责以下三方面的工作：

敲鼓。唐太宗贞观时期，在长安城的六条主干大街上设置大鼓，也叫六街鼓。并且规定：傍晚时候，敲鼓八百声，关城门和坊门，大街小巷进入宵禁状态，人不能随便出入。早上五更二点敲三千声鼓，开城门和坊门，宵禁结束，大家开始出门。金吾卫的士兵负责在大街小巷敲鼓。

巡逻。在暮鼓响后，金吾卫就开始实施宵禁，关闭坊市大门，禁止居民外出。为了加强管理，在城门和坊角处设立武侯铺，相当于现在的巡警值班室。据《新唐书·百官志》记载："凡城门坊角，有武侯铺，卫士、矿骑分守。大城门百人，大铺三十人，小城门二十人，小铺五人。"宵禁期间，金吾卫在大街小巷巡逻，对可疑人物进行盘查。如果金吾卫玩忽职守，会被打五十板。唐玄宗开元时期，又在金吾卫体系下单独设立了负责巡查街道、处理事务和案件的官员，称街使。

抓人打屁股。唐朝的宵禁制度非常严格。据《旧唐书》记载，唐宪宗元和年间，有一位内廷中使郭旻因为酒醉犯了宵禁，被杖责，负责夜晚巡逻的金吾卫也被贬逐。由此可见当时唐朝宵禁极其严格。

2. 监督城市管理，处理治安案件——巡使

金吾卫和街使都是出自军队体系，但是金吾卫只有执法权，没有审判权，只能抓人，不能处理案件。治安案件，一般交给长安县或万年县县令处理，或者交由巡使过问。

巡使的权力之所以比金吾卫还要大，是因为其隶属御史台。御史台是唐朝的最高监察机构。据《通典·职官六》记载，御史台是"弹纠不法，百僚震恐"，所有官员都敬畏御史台。御史台的主要工作就是给百官的工作挑毛病，顺便审理一些刑狱案件。

御史台的官员，除了监督京城百官，还经常被派往各地巡视，类似现在的巡视组。巡使，就是御史台中负责巡视都城的官员。巡使跟南衙北衙各军一样，也分左右。据《唐六典》记载："凡两京城内则分知左右巡，各察其所巡之内有不法之事。"也就是说，巡使负责区域内的所有违法事件，都可以直接上奏皇帝，或者自行处理。

据《新唐书·百官志》记载："分左右巡，纠察违失，左巡知京城内，右巡知京城外，尽雍、洛二州之境，月一代，将晦，即巡刑部、大理、东西徒坊、金吾、县狱。"

巡使分为左右巡使，并且左右巡使一个月换一次人，巡使会对刑部、大理寺和金吾卫等各个机构逐一巡视一遍。据《新唐书》记载：左巡使管京城内，右巡使管京城外。可是《通典》记载：左右巡使以朱雀大街为界，东边为左，西边为右。

那么，左右巡使到底怎么划分势力范围呢？《资治通鉴》记载了唐宪宗元和十一年（816年）的一件事，京兆尹柳公绰把冲撞仪仗的神策军军将杖毙了。唐宪宗问，他为什么不上奏就杀人。柳公绰说："这不是我的职权范围。如果是在街上死了，金吾街使应该上奏。如果是在坊内死去，左右巡使应该上奏。"

这说明，左右巡使主管坊内事务，坊只有城里有，城外没有。这说明左右巡使不是一个城里一个城外，而是都在城里。所以《通典》所载左右巡使以朱雀大街东西分界，是比较有可能的。

因为左右巡使的职位比较重要，往往由御史台官员兼任。据《唐语林》记载："左右巡，皆负重事也。不常备，有兼领者。"比如《旧唐书·代宗纪》记载，唐代

宗大历八年（773年），东市发生一起案件。当时，殿中侍御史杨护，兼职左巡使。皇帝认为他有隐瞒不报的行为，就把他贬官了。连辖区内发生案件没有及时上报都会被贬官，可见这左右巡使不好干。

无论是南衙所属的金吾卫，还是御史台下属的巡使，都是古代城市治安的有力维护者。他们保护居民安全，维护社会稳定，是长安城的"城市卫士"，正是有了他们，长安城才是真正的"长治久安"。

三、靠右行驶，礼让行人，减速慢行，唐朝交规
——仪制令

唐朝路上有行人、马车、轿子，还有驴、马、骡等各种牲口，如果没有交通规矩，那肯定会乱成一锅粥。为了方便管理，唐朝也针对古代路况制定了交通规则和法律。

1. 交通右行

如今，我国的交通规则是靠右行的。中国靠右行规则的历史，最早可以追溯到唐朝。

唐朝人要靠右行，源于古代军队。古时候，士兵往往是右肩扛着长矛等兵器，如果靠左边走，两支队伍相遇时，兵器很容易互相碰撞。为了避免这种情况，军队行走往往是靠右行走，把左边让给对方。久而久之，就成了行路的规则。

正式把这条交通规则以法律形式固定下来的，是唐太宗贞观时期。当时，中书令马周向唐太宗提出了"右侧通行"的建议。唐人刘𬩽（sù）的《隋唐嘉话》记载："中书令马周，始以布衣上书，太宗览之，未及终卷，三命召之。所陈世事，莫不施行。旧诸街晨昏传叫，以警行者，代之以鼓，城门入由左，出由右，皆周法也。"由此可见，靠右行的交通规则在唐初贞观年间就已经施行了。

2. 超速要打屁股

唐朝没有汽车，这里的"超速"指的是跑马或者马车。唐朝长安城，人口上百万。城市人口密集，很难做到人车分流。如果在大街上跑马，十有八九会伤到路人。为了保证城市的正常交通秩序，保护老百姓的生命和财产安全，唐朝对于在同市区跑马"超速"或者"飙车"有着严格的规定。

我们现在对于开车超速行为一般是扣分罚款。在唐朝，超速要被打屁股。据《唐律疏议》记载："诸于城内街巷及人众中，无故走车马者，笞五十。"走车马，是指骑马或驾马车高速行进，要被笞五十，就是打五十鞭子或者板子。最初这个五十板子是打脊背，后来唐太宗听说脊背是经脉汇聚所在，就改成打屁股了。

现在有一些特殊情况是不受交规限制的，比如救护车、消防车、警车在执行任务时可以不受交规限制。古代也有这种例外的情况，比如公文传递，朝廷命令发布，有病求医等情况，可以适当"超速"。我们常在电视剧中看到"六百里加急"之类的快马在街道上奔驰，不受交通规则的约束。如果因此伤人，不需要挨板子，只需要交罚款。

然而，古代的交规并没有现在这样健全，经常出现"人治代替法治"的情况。一些有权势的人往往会无视法律，恣意妄为。唐玄宗天宝年间，杨国忠、杨贵妃兄妹恃宠而骄，常在长安城区"挥鞭走马"，路上群众无不惊骇躲避。

3. 出门谁让谁？

唐朝对于路上的避让规则，也做出了详细规定。这从我国最早的交通法规就能够看出来。

唐贞观十一年（637年）颁布的《仪制令》，是学者公认的我国最早的交规。其中规定了很多关于避让的规则，比如："诸官人在路相遇者，四品已下遇正一品、东宫官四品已下遇三师，诸司郎中遇丞相，皆下马。"也就是说，品秩低的官员碰到品秩高的官员要下马避让。

《仪制令》还对交通避让规则作出了原则性概括："凡行路巷街，贱避贵，少避老，轻避重，去避来。"这个规则虽然看起来比较简洁，但是执行起来比较困难。

假如地位高、空手的甲遇见了地位低、负重的乙,应该谁让谁呢?如果按照"贱避贵",那就是地位低的避让地位高的,也就是乙让甲。如果按照"轻避重",则应该是空手的避让负重的也就是甲让乙。这种不明确就给实际执行造成了一定困难。

仪制令

《仪制令》所规定的这四条,除了"贱避贵"之外,其余三条"少避老、轻避重、去避来"基本上与现在的交规精神一致。从这些规则中,我们依稀还能够感受到古人的智慧。

 ## 四、暴雨时节,长安城里能不能看海?
——长安城排水系统

每当进入雨季,暴雨降临,往往会导致城市排水系统不堪重负。在雨季,许多城市饱受内涝之苦,纷纷进入"看海模式"。大唐长安城,早在公元7—9世纪就已经拥有百万人口。城市人口这么密集,总看海可受不了。为此,唐长安城建立了一套完整的排水系统,以此解决城市内涝问题。

1. 唐长安城排水系统——层级分明,多管齐下

唐长安城的排水系统按照区域可以分为道路、城里和城外三类。

道路——找坡层和排水沟

我们现在的马路往往是中间略高,两边略低,这样便于雨季将雨水排到道路两侧的下水道中。其实,早在一千多年前,唐朝长安城就有类似的排水系统了。唐长安城的道路,往往都会在路面上铺设找坡层,使得路面自中间到街道两侧形成一定坡度。

在长安城西市遗址的南大街东侧的考古发掘中就发现了距离地表1.3米左右的唐朝路面,该道路通过填石子夯打的方式铺设而成,这层路面很有可能是路面表面的找坡层。找坡层既能加强道路的抗压能力,又能够便于排除雨水。

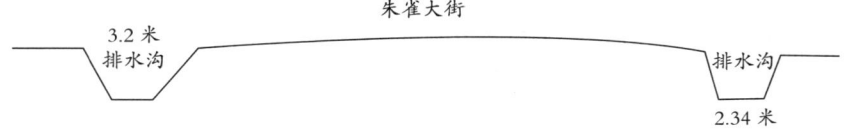

唐长安城朱雀大街路面结构示意图

从路面找坡层流下来的雨水,进入道路两边的排水沟。在长安城主要街道的两边,都挖有开阔的排水沟,即杨沟,也叫御沟。据唐人的《中华古今注》记载:"长安御沟谓之杨沟,植高杨于其上也。"

以发掘的朱雀大街西侧水沟形制为例,沟的上口宽3.3米,下底宽2.34米,呈上宽下窄的梯形截面。沟的两壁很光滑,沟底很平,底部有沙子和淤土。找坡层和杨沟的设计,保证了城区路面的排水顺畅。

城里——水渠

隋朝规划大兴城时,为了保证城市供水,在城中开凿了龙首渠、永安渠和清明渠三条水渠,水源分别引自城外的浐水、洨水和潏水。后来唐朝又开凿了黄渠和漕渠。这五条水渠构成了长安城的主要水源。

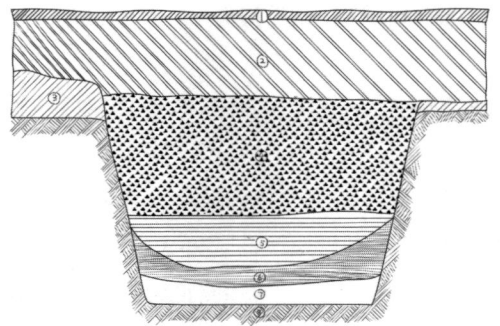

朱雀大街西侧水沟断面图

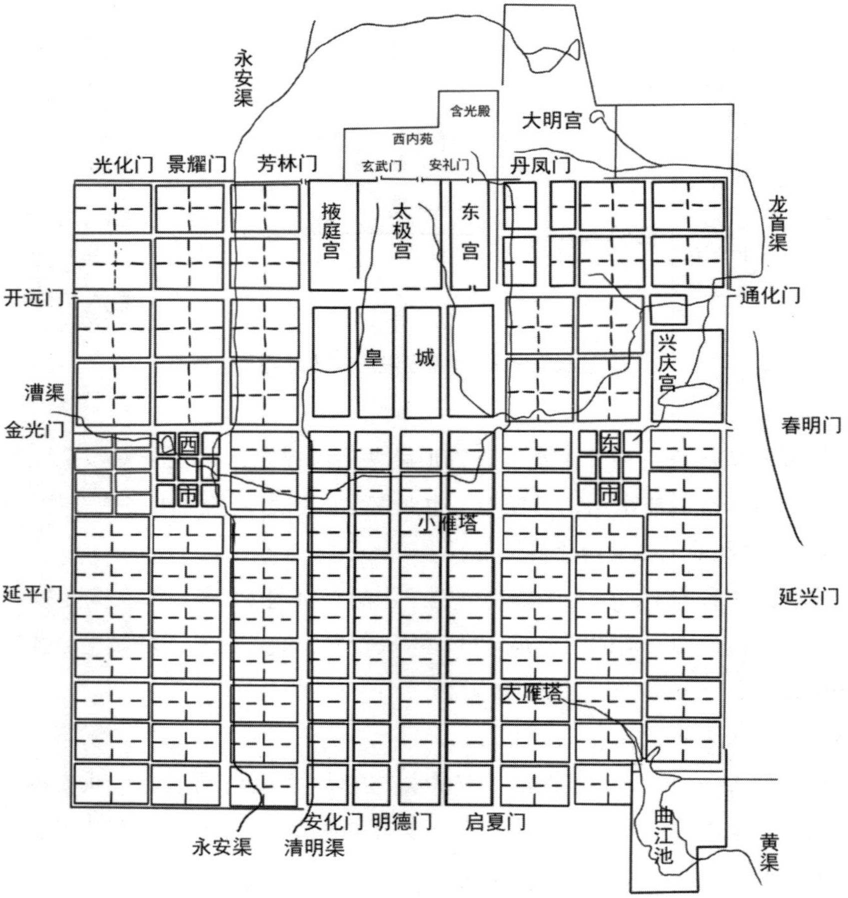

长安城水系图

一般来说，永安渠和清明渠主要供应长安城西半边和皇城宫城用水，龙首渠主要供应长安城东北部和大明宫用水，黄渠主要负责满足长安城东南部用水，漕渠则主要满足城市运输需要。这些水渠，平时主要作为城市饮用水源，同时也具有着防洪排涝作用。当洪水来临时，洪水就可以沿着五条水渠，流入各大园林的池沼或者直接汇入渭水。这就大大减少了城市中的积水量，避免了洪水灾难。

城外——城壕

城壕也就是护城河，古代城市外面都有护城河。护城河的作用主要是体现在三个方面：第一，是军事上的，护城河可以人为地将敌军隔离开来。有了护城河，敌军很难靠近城墙，攻打城市。第二，是消防上的，如果城门或城墙上面着火，可以从护城河里汲水灭火。第三，就是防洪，当洪水来临时，护城河就能够起到分流洪水的作用。

总体来看，唐长安城的排水系统先是由街道两边的排水沟将雨水和积水排到水渠中，再经由水渠排到天然河流、池沼或者护城河等。这套完善的排水系统充分体现了古人的聪明智慧。

那么，有了这么庞大而复杂的排水系统，在暴雨来临时真的有效吗？长安城里到底能不能"看海"呢？

2. 长安城里"看海"

唐长安城有一套层级分明、十分完善的排水系统。可是当暴雨来临时，这些系统能够有效地起到排水作用吗？——答案是：用处有限。

唐朝史书中曾经多次出现长安城内涝的记载。比如唐玄宗开元八年（720年）夏天，一场暴雨，长安城中兴道坊一带，一夜之间就成了池塘，整个坊五百多家人大多数没跑出来。据《旧唐书·五行志》记载："京城兴道坊一夜陷为池，一坊五百余家俱失。"

再比如，唐高宗永淳元年（682年）夏天，连日大雨，"长安城内平地水深四尺以上，国中大饥"。唐宪宗元和十一年（816年）六月，"京师大雨，街市水深三尺，坏庐舍二千家，含元殿一柱陷"。连宫殿的柱子都被洪水泡坏了，可见内涝有多严重。这绝对是可以"看海"了。

为什么长安城有一套这么完整的排水系统，还能"看海"呢？难道是"豆腐渣"工程？其实并不是。唐代长安城内涝的原因大概有天、地、人三个方面。

天——唐代气候温暖湿润，雨水多发

气象学家竺可桢在 1973 年发表的论文《中国近五千年来气候变迁的初步研究》中得出结论：唐朝所处的公元 7 世纪是我国气候温暖并且十分湿润的历史时期。竺可桢在《中国历史上气候之变迁》一文中对中国历代的旱灾和水灾做了一个统计，表明唐朝处于旱灾相对较少，水灾多发的历史时期。水灾多发当然与降水多有很大关系。

我们再来看一下长安城内涝的记录，内涝起于唐高宗永淳元年（682 年），而在唐宪宗元和十二年（817 年）以后内涝就比较少见了。这一段时间段恰好是我国气候较为温暖的历史时期，雨量也较大。所以暴雨多发，城里内涝，以至于"看海"，也就不奇怪了。

地——长安城的地势特点决定了部分地区确实容易存水

长安城的地势是什么情况呢？前文提到当年长安城是按照六爻的卦象来修建的，龙首原有六条高岗，从低到高依次是初九（海拔 390 米）、九二（海拔 400 米）、九三（海拔 410 米）、九四（海拔 415 米）、九五（海拔 420 米）、九六（海拔 450 米以上）。

从这个海拔数据上看，长安城的地形很像一个簸箕。九六和九五高坡落差在 30 米，九五和九四高坡、九四和九三高坡落差只有 5 米。比如唐玄宗开元八年（720 年）夏天长安城的那场暴雨，把兴道坊给淹了。兴道坊位于皇城外面朱雀门下东侧第一坊，从地形上看正好是九三和九四高坡之间的洼地，一下雨就很容易被淹。

人——城市规划有一定缺陷

另外，人为因素也是导致长安城内涝的主要原因。虽然长安城里有水渠、壕沟，应该足以应对内涝，可是遇到内涝，这些设施的防洪作用非常有限。以长安城的五渠为例，有这么多水渠，按说应该能够把多余的积水排走，起到一定的缓解内涝作用。但是，事实上，这五条水渠是入城的多，出城少。五渠之中出城的渠道仅有永安渠和漕渠两条，对缓解内涝的作用微乎其微。

再比如，长安城的地形是东南高，西北低，按道理应该从东南到西北直接修几条水渠，可以非常顺畅地导出积水。问题是，长安城的西北边是皇家禁苑，总不能把皇家禁苑刨开修水渠吧，所以最终还是没法彻底解决内涝问题。

因此，虽然长安城的排水系统非常完善，但是仍然可以"看海"。史籍中也多次记载了长安城内涝的惨状。

但是，长安城"看海"确实有着种种客观原因，我们也不能草率地说长安城的排水系统没有起到应有的防洪作用。

据史籍记载，从隋文帝开皇三年（583年）修建隋大兴城，到唐昭宗天祐元年（904年）朱温挟持唐昭宗迁都洛阳的321年间，这座城市有记载的严重内涝只有十几次，平均大概三十多年一次。这说明，在应对三四十年一遇的暴雨和洪水方面，长安城的排水系统还是发挥了重要作用的。只是在应对更大规模的强降雨时，长安城的排水系统确实有点儿捉襟见肘。对于一千多年前的古代城市，我们也确实不能要求太高，只能说长安作为当时世界经济文化的中心，在当时条件下，在遏制内涝方面已经做得比较不错了。

第三章

天下长安，万国来朝——外国人在长安

长安作为当时世界的经济文化中心，吸引了万国来朝。西域的胡人、东洋的日本人、塞外的突厥人等，他们在长安有人经商，有人从文，有人当垆卖酒，有人慧眼识宝……在大唐包容开放的文化环境下，他们可以自由地信仰自己的宗教，也可以学习中华文化，甚至可以参加科考入仕。

一、外国人打官司，长安衙门怎么判？
——涉外案件审理

盛世长安，万国来朝。来自天南海北的各国人士在长安进行商贸往来，难免会有一些冲突。那么，如果外国人打官司，唐朝官员会怎么处理呢？我们下面用一个在长安的外国人打官司的经历，来为大家形象地解读一下。

长安县衙门外，康阿达与留着大胡子的彪形大汉契苾庆郎互相揪着对方的衣领，谁也不想松手。

康阿达的右半边脸已经肿起来了，门牙也掉了一颗，看起来挺惨的。不过他也没让对方好过。对方契苾庆郎的鼻子也破了，一直流血，眼睛肿得像桃子一样，上下眼皮中间只有一个小缝儿能透点光。

事情的起因一两句话也说不清楚。本来康阿达只是想跟朋友去西市老康家来一壶地道的三勒浆，顺便看看他家新请的胡姬跳的胡旋舞。老康跟康阿达一样是康国人。大家喝得正高兴，旁边的另一桌人开始对跳舞的胡姬动手动脚，其中为首的就是契苾庆郎。敢在康阿达的老乡店里闹事，这还了得。康阿达当时就冲上去了。然后，他俩就成了这副样子。

打架打到最后，他俩互相扭住对方，谁也没力气了。这时候，围观的路人纷纷喊道："长安可是有王法的地方，有本事去长安县打官司吧！"打官司就打官司！他俩互相不服气。于是，他俩就到了长安县衙门。

康阿达有点得意地看着旁边的契苾庆郎："哼，长安可是有王法的，你当街斗殴，这顿鞭笞你是少不了的。"契苾庆郎吐出一口带血的吐沫，冷笑一声："咱俩在长安都是化外人，谁赢谁输还不一定呢！"

知识点1：什么是化外人？——泛指外国人

"化外人"这个词是出自《唐律疏议》，其中对这个名词是这样解释的："化外人，谓蕃夷之国，别立君长者，各有风俗，制法不同。""化外人"一方面指外国人；另一方面是指中华文化圈以外的人。

在唐朝，汉胡界限逐渐模糊，民族融合逐渐加剧，原有的以民族区分汉胡的方式已经有点落后了。"化外人"的"化"，就含有"教化"的意思。所以"化外人"可以理解成居住在中华文明教化范围之外的地区的人。而《唐律疏议》中又明确说明，"化外人"是指其他有君主统治的国家。那么这里的"化外人"大概可以理解成泛指外国人和其他民族的人。

早有差人进去通禀，长安县令升堂。康阿达和契苾庆郎拉拉扯扯地上堂。县令老爷看看他们，问："尔等俱是化外人？"

他俩异口同声地回答："禀明府，是。"

县令点点头，又问道："尔等都是何方人氏？"

康阿达抢着回答："某姓康，名阿达，西域康国人氏。"契苾庆郎说："某姓契苾，名庆郎，回纥人氏。"

县令又点点头："哦，这么说你们二人不是同族了？"

康阿达与契苾庆郎互相看了一眼，异口同声地说："不是，当然不是！谁要跟他同族啊！"

县令继续点头："那就好办了，那就依我大唐律令审理即可。"

知识点 2:"同类冲突按你的,异类冲突听我的"

县令为什么上来先问两位是否同族呢?这就涉及唐朝涉外案件审理的基本原则:"同类冲突按你的,异类冲突听我的。"

据《唐律疏议》记载:"诸化外人同类自相犯者,各依本俗法;异类相犯者,以法律论。"这句话什么意思呢?《唐律疏议》在这一条后面还加了一条解释:"其有同类自相犯者,须问本国之制,依其俗法断之。异类相犯者,若高丽之于百济相犯之类,皆以国家法律论定刑名。"

这就是说,如果冲突双方是来自同一个国家或者地区,属于"同类",那双方冲突应该按照双方所属国家、地区的法律来裁判。而如果冲突双方来自不同的国家和地区,那么就属于"异类",比如高句丽和百济在唐朝属于两个国家,就统一以大唐律法来作为审判依据。所以说叫"同类冲突按你的,异类冲突听我的"。

前者其实就是现在法律中的属人原则,后者就是属地原则。在唐朝,为了表示对各国各民族人民风俗习惯和法律制度的尊重,在外国人聚集的地方设立了蕃坊。有的蕃坊还允许坊内化外人信仰自己的宗教。比如,如果斗殴的两位恰好是"同类",案件就会移交给他们所居住的蕃坊坊正处理。

县令问完康阿达他俩是哪国人,确定他们是"异类",那就是按照大唐律法来审判。然后县令就要问一问他们具体的案情经过。他俩开始你一言我一语地给县令描述起来。

开始他们说的还是唐语,县令还能听懂。到后来他们嘴里叽里咕噜地开始说起本民族语言,县令就听不懂了。县令赶忙一拍惊堂木,大喊一声:"禁言!"然后唤左右:"去请译语人来。"

知识点 3:"译语人"是什么?——古代翻译

这里的"译语人",就是唐朝的翻译。大唐盛世,万国来朝,带来了民族发展和融合的繁荣景象,也带来了彼此语言文化的冲突和交流。在这个过程中,能够了解这些国家的语言,并在不同的文化族群中从事语言沟通和文化交流,这就是"译语人"所要做的工作。

为了能够更好地向"化外人"宣传大唐的国家政策和文书指令，以及在会见外国使节时能够保持顺畅沟通，唐朝在中央设立了专职"译语人"，主要分布在鸿胪寺和中书省两个机构。其中，鸿胪寺的译语人主要负责接待外宾的口译工作，中书省的译语人主要负责政策文书的翻译工作。

由于对外交往频繁，唐朝地方常常会接受涉外案件的审理。为了能够准确地表达双方的诉求观点，公正合理地调解纠纷，解决双方争端，在涉外案件的法庭审理中，往往需要译语人。

县令说叫译语人，不一会儿上来一位。康阿达一看，这不是经常和他一块喝酒的老石嘛，他一个西市牙郎改行当译语人了？不过，这也可以理解。牙郎是买卖中介人，可不各种语言都通嘛，干这个也正好。

可是老石一看到康阿达和契苾庆郎也有点愣神。康阿达心想："看这意思，老石是不是也认识大胡子契苾庆郎。如果是那样，这事就不好办了。"虽然康阿达经常跟老石一起喝酒，可是老石毕竟也是回纥人啊，跟契苾庆郎算是"同类"。这样一来，他到底是帮康阿达，还是帮契苾庆郎啊？康阿达和大胡子契苾庆郎叽里咕噜地说了一堆话。老石给他们翻译得倒也基本准确，不偏不倚。

县令听明白了，很快就宣判了："今有契苾庆郎、康阿达二人当街斗殴，致契苾庆郎眇一目（就是有一个眼睛肿了看不清东西），康阿达落一齿，依律所载，判双方各保辜十日。"

知识点 4："保辜"是什么？——受伤以后，加害者得给受害者治伤

什么是"保辜"？这是我国古代一项很有特色的法律制度。其把伤害案件发生后加害者对受害者所进行的弥补与所承担的刑事责任结合了起来。当发生伤害案件时，官府不是赶紧把加害者抓起来，而是在法律中规定了一个期限，在这个期限内，允许加害人为受害者治伤。在这个期限到期以后，视受害人伤势恢复或者生存状况，再来决定加害人所需要承受的刑罚。这个期限就叫作"保辜"。

换句话说，"保辜"期间，如果受害人恢复得好，加害人就有很大可能性减免刑罚。相反，如果受害人在"保辜"期限内伤势加重，甚至不治身亡，加害人则必然会被从重处罚，严重的甚至会被处以极刑。"保辜"制度鼓励加害人为被害人积极地提供救助、治疗和赔偿损失，主动弥补对受害人造成的伤害。在"保辜"期限

结束后，受害人所受伤害对以后生活影响越小，加害者所获得的惩罚力度就越小。

关于"保辜"期限，针对不同程度的伤害有时间长短之分。比如，双方因斗殴受伤，但是未见骨折等情况时，适用于《唐律疏议》中的规定："诸保辜者，手足殴伤人限十日。"如果双方斗殴，且都对对方造成了伤害，县令就会判双方各自"保辜十日"。

康阿达跟契苾庆郎一对视，就明白了：这么判决不就是看谁恢复得更快嘛。一方恢复得越快，另一方受到的刑罚就越轻。康阿达看到契苾庆郎的眼睛挨了一拳，肿得老高。康阿达再摸摸自己掉了的门牙。十天后，契苾庆郎的眼睛应该差不多能消肿，可是康阿达的门牙肯定长不出来。这么一来，契苾庆郎肯定恢复得快，康阿达因此受到的刑罚就比较轻。

契苾庆郎很快就明白了这事。康阿达看着他哭笑不得的表情，不禁想大笑三声。可是他刚咧开嘴想笑，牙床的疼痛瞬间提醒了他那颗门牙的离去。虽然契苾庆郎肯定比康阿达受刑重，可是康阿达少了一颗门牙，说话漏风，怎么找婆娘啊！唉，最重也不过是契苾庆郎徒一年（在固定地方做一年重体力义务劳动），康阿达杖六十，还是两败俱伤罢了。

（注：本文中出现的康阿达和契苾庆郎，均来源于史书上的记载。）

 二、哪个国家的留学生最多？日本？新罗？

现在很多条件好点的父母都希望让孩子将来能够出国留学。留学这事往往是跟着经济文化水平走。经济文化居于强势地位的国家容易吸引处于经济文化弱势地位的国家留学生前来学习，此事古来如此。唐朝经济文化水平高，有不少外国人来长安留学。大唐为了能够安顿好留学生，专门为他们制定了一套完善的培养制度。这些留学生学成归国后，为自己国家的建设作出了很大贡献。

1. 哪国留学生最多？你绝对想不到

唐朝最早开始接受留学生，应该是在唐太宗贞观年间。据《新唐书·儒学传》

记载:"贞观六年……广学舍千二百区……大抵诸生员至三千二百……于是新罗、高昌、百济、吐蕃、高丽等群酋长并遣子弟入学,鼓箧踵堂者凡八千余人。"贞观六年(632年)唐朝开始招收留学生,周边很多国家的王族都派遣子弟到大唐入学。

在这么多国家的留学生中,最为著名的是日本留学生阿倍仲麻吕。阿倍仲麻吕不光是自己官运亨通,他的朋友圈更是了不起。他跟大诗人李白、王维都有诗文往来。光是这光辉灿烂的朋友圈,就足够吹一辈子了。

很多读者朋友因为阿倍仲麻吕这个人太著名了,以为在大唐留学人数最多的是日本。可是,真实的史料告诉我们,这是一个误会。在大唐留学人数最多的国家,其实是新罗。

新罗在地理上属于现在的韩国范围内,当时在朝鲜半岛上与百济、高句丽呈三足鼎立之势。在这三个国家里,老大毫无疑问是高句丽,百济和高句丽基本上是同盟。新罗要想在高句丽和百济的夹击下存活,只有找一条更粗的大腿来抱,而此时的大唐就成为新罗的唯一选择。

早在贞观十四年(640年),新罗就已经派遣王族子弟来大唐学习。贞观二十二年(648年)新罗王族金春秋派遣质子来到大唐,以此争取唐朝对新罗的支持。从此,新罗隔三岔五就会派遣王子和留学生来到大唐学习。据《东史纲目》记载:"新罗自事唐以后,常遣王子宿卫,又遣学生入太学习业……又遣他学生入学者,多至百余人。"几乎每次都要派出一百多名留学生。

据《唐会要》记载,唐文宗开成二年(837年)新罗在唐留学生就多达二百多人。据严耕望先生考证:"自太宗贞观十四年(640年)新罗始遣派留学生起至五代中叶,三百年间,新罗所派遣之留唐学生,最保留之估计当有两千人。"

那么,同时期日本送来多少留学生呢?日本留学生往往都是跟着遣唐使来的。据《日本书纪》记载,日本大概是从舒明天皇二年(唐太宗贞观四年,即630年)开始到宇多天皇宽平六年(唐昭宗乾宁元年,即894年)期间,共派出遣唐使19次,实际上真正成行的是13次。据日本学者木宫泰彦考证,日本遣唐学生这几次加起来共计约有149人,其中实际到了大唐的也就118人。

日本遣唐使

一百多人与两千多人相比,这人数的差距也太大了。日本留学生的人数之所以比新罗少,其根本原因还是交通问题。朝鲜半岛跟中国接壤,无论是走陆路还是走海路都没多远,很方便。但是日本跟中国隔着汪洋大海,只能走海路,况且经常遇到风浪,往来非常不便。

比如阿倍仲麻吕就曾饱受旅途之苦。在他入唐37年后,天宝十一载(752年),日本又派来了遣唐使团。阿倍仲麻吕就想跟着使团回日本。当时李白、王维等各位大诗人纷纷给他送别。结果阿倍仲麻吕坐的船在海上行驶时遇上了风暴,大风把船吹到了越南。阿倍仲麻吕死里逃生,又返回了长安。从此,他再也没有回到日本。

既然日本往来大唐这么不容易,留学生人数少也就情有可原了。

2. 考"雅思",好做官——宾贡进士

这么多外国留学生,唐朝中央政府怎么安排呢?外国留学生一般都是安排在长安的国子监学习。据《东史纲目》记载,外国留学生"买书银货则本国支给,而书粮,唐自鸿胪寺供给"。意思是杂费由留学生自己的国家出,学费和伙食费由大唐的鸿胪寺负责供应。国子监所教授的主要还是以儒家典籍为主。可见,唐朝给外国留学生提供的学习条件还是挺不错的。

当然，学了好几年，水平怎么样，最好是有一个方式检验一下。在我国古代，学习成果最好的验证方式，就是科举考试。不过，外国留学生毕竟跟唐朝人不同，无论是语言文化和风俗习惯都不一样，让外国留学生和唐朝人参加一样的考试，这对外国留学生确实有点不公平。所以，唐朝专门为外国留学生单开了一门考试，这就是"宾贡科"。

宾贡科这个名词，在我国的唐朝史料里确实是没有，但是在唐人笔记小说和高丽史料里，都有这个名词。宾贡科这个词最早出现应该是在唐穆宗长庆初年，大概是821年前后。据《东史纲目》记载："长庆初，金云卿始登宾贡科。"这位金云卿就是第一位宾贡科录取的进士，新罗人。

相比正式科举而言，宾贡科考试相对还是门槛较低的，所以考试也会刻意地跟正式科举分开，对外国留学生单独进行考试。这大概跟现在出国留学考的"托福""雅思"考试差不多。而且，宾贡科如果通过了，也会张榜公布名单。为了跟正式科举区分，宾贡进士的名单往往是在进士名单的最末尾。

高丽名儒崔瀣在《送奉使李中父还朝序》中曾经提到："所谓宾贡科者，每自别试，附名榜尾。"指的就是这个意思。

那么，阿倍仲麻吕是否考中宾贡进士才当官的呢？答案是否定的，因为时间上不符合。阿倍仲麻吕在大唐生活的时间段大概是716年—770年，这个时间段宾贡科这个名词还没有出现。有学者考证，大概是唐玄宗开元十四年（726年），他曾经考过进士，考上进士后就担任了唐朝政府的公务员。如果是这样，阿倍仲麻吕参加的显然不是宾贡科，而是正牌科举考试。作为外国留学生，能够跟唐朝人一起竞争，还能高中进士，由此可见阿倍仲麻吕确实有能耐。

那么，对于外国人，宾贡科考试的结果重不重要呢？这是显而易见的，无论是考上考不上，都非常重要。如果考上了，宾贡进士可以跟正常科举进士一样做官。比如第一位宾贡进士金云卿，后来做到兖州都督府司马。再比如被誉为"韩国汉文学鼻祖""东国儒宗"的崔致远，唐僖宗乾符元年（874年）考上宾贡进士，后来做了宣州溧水县尉。

不过外国留学生中的大部分人终归还是要回到本国。宾贡进士回到本国，也是备受重视。这可是到大唐镀过金的人才，在当时是正儿八经的"海归"。

比如崔致远，回到新罗以后"为翰林学士、兵部侍郎，出为武城太守"，虽然在大唐只是县尉，一回国马上就成了兵部侍郎。可见在大唐镀过金的人才回国还是很抢手的。很多在大唐学习过的人，回国以后都取得了杰出的成就。比如入唐学习阴阳家的金岩，回到新罗以后成了司天大博士，后来还当过太守。

考上宾贡进士的，可以获得高官厚禄，就算回国那也是引进人才。那要是考不上宾贡进士怎么办呢？这个大可放心，就算考不上，回国也是高人一等。据《三国史记》记载，新罗元圣王五年（788年），新罗王准备提拔一位叫子玉的人当官。有人对此提出异议，说子玉不是文职出身，不能担任领导职务。这时旁边的侍中说："虽不以文籍出身，曾入大唐为学生，不亦可用耶？"新罗王一想也对，于是就听了侍中的意见。由此可见，别管你考上考不上宾贡进士，只要你去大唐留过学，镀过金，回国以后一般都会受到重用，被人高看一等。

3. 留学生管理彰显大唐文化自信

在经济文化上处于相对强势地位的国家会吸引处于相对弱势地位的国家留学生前来学习，其实在文化传播上也是一样的道理。只有国家的政治越稳定，经济越发达，才会更容易产生丰富的文化内容和文化产品，也更容易催生强势的文化地位。

在公元7—9世纪，经济政治文化的高地无疑是被大唐占据。大唐雄厚的国力和深厚的文化底蕴，吸引了很多国家的目光。他们都希望能够学习大唐的政治体制和文化知识，从而在文化上靠近大唐，获得大唐的认可和庇佑，进入由大唐主导的国际体系和文明圈层。正因为如此，周边各国纷纷将自己国家的精英送往大唐接受大唐的文化洗礼，新罗就是在这方面比较积极的国家。

唐朝政府也有意从外国留学生中招揽人才，甚至为外国留学生打开了科举的大门，设立了宾贡科，将外国留学生也置于唐朝公务员选拔的范围内。这一方面可以进一步让这些外国留学生能够熟悉大唐的政治体制运行方式，另一方面还能让这些外国精英都能够更深入地融入中华文明圈层中，从而在他们的内心深处，进一步巩固对中华文明的向往和认同。

而这些在大唐经过深入学习之后的各国精英，在回到本国以后，也往往会按照中华文明的处事方式，来处理国内的政治事务。这无形中在大唐周边形成了一个以大唐为核心，向外辐射的强大的文明圈。这个文明圈有着同样的典籍、同样的信仰、同样的文明因子、同样的思维习惯。而且经过大唐的文化洗礼，周边各国也往往不会对他们的"文化母国"流露出戒备和反抗的心理。因此，这对于大唐的国土安全也具有非常重要的意义。这大概就是大唐的"文化自信"所在。

三、山川异域，风月同天，漂洋过海的遣唐使，到底给日本带回了什么？

谈到在大唐的外国人，有一个群体不能不提。虽然他们一般不常来，但是每次远渡重洋，冒着生命危险，才能踏上大唐的土地。虽然他们来的人也不多，可是对于本国的政治和文化发展却起到了非常重要的促进作用。提到大唐与外国的交往历史，总是少不了他们的身影。他们就是日本遣唐使。

比如前一段时间很著名的一句诗："山川异域，风月同天。"就是日本长屋王所写，并且随遣唐使团传播到大唐的。遣唐使作为大唐和日本两国一衣带水的见证，文化交流的桥梁，在两国的历史上都留下了浓墨重彩的一笔。那么，这些遣唐使，到底给日本带回了什么？

1."我太难了！"——20年才来一回

所谓遣唐使，就是大唐的周边国家，吐蕃、高句丽、日本等，派往大唐的使者。虽然日本派出的遣唐使数量不是最多的，但是由于日本遣唐使给日本带来了翻天覆地的改变，其意义相比其他国家更为重大，所以后来一提遣唐使基本上就单指日本的遣唐使。

木宫泰彦在《日中文化交流史》中曾经做过统计，从唐太宗贞观四年（630年）日本第一次派出遣唐使，到唐昭宗乾宁元年（894年）日本宇多天皇废止遣唐使制度为止，这264年里，日本总共派出19次遣唐使，实际成行有13次。平均20年一次。为什么要间隔这么长时间呢？主要有以下原因。

首先主要是钱的问题。国家往来和朋友交往一样，派遣使者不能空手来，得准备点礼物，也就是贡品。据史籍记载，日本当时进贡主要是珍珠、玛瑙等宝物，以及日本的一些土特产，比如日本当时的布织得不错，经常作为贡品进献给大唐。另外，一个遣唐使团，怎么也得百十号人，人吃马嚼这可都是钱。问题是日本那时也不宽裕,天皇家也没余粮,为筹集遣唐使的船资路费也需要一些时日。这么一来遣唐使肯定不能年年派,不然天皇也扛不住。

另一个重要原因就是地理位置。日本与中国隔着汪洋大海,往返只能走海路,海上遇到暴风雨是家常便饭,经常会船毁人亡。很多遣唐使还没看见大唐是什么样子就已经葬身茫茫大海。人员损失也是有点高。

2. 学学学、买买买——除了学习,还做代购

一般遣唐使团到了长安,官方活动主要有两件事:觐见皇帝和进献贡品。遣唐使作为日本的官方使团,沟通大唐与日本两国政府的信息是首要使命,此外还有其他事情需要获得唐朝皇帝的批准,比如派遣留学生等。据《旧唐书·东夷传》记载:"长安三年(703年),其大臣朝臣真人,来贡方物……则天宴之于麟德殿,授司膳卿,放还本国。"日本遣唐使粟田真人被女皇武则天在大明宫麟德殿赐宴,还被授予司膳卿的官职。

进献贡品其实不是一个单向活动,并不是日本单方面给大唐宝物。大唐往往会赏赐比他们带来的东西价值多很多倍的物品。现在日本奈良的东大寺正仓院里就保存着大量的唐朝赏赐给日本的宝物。日本对这些宝物非常珍视,保存得非常完整。唐朝的有些东西现在我们已经失传了,要想看实物,有时候还得跑去日本。

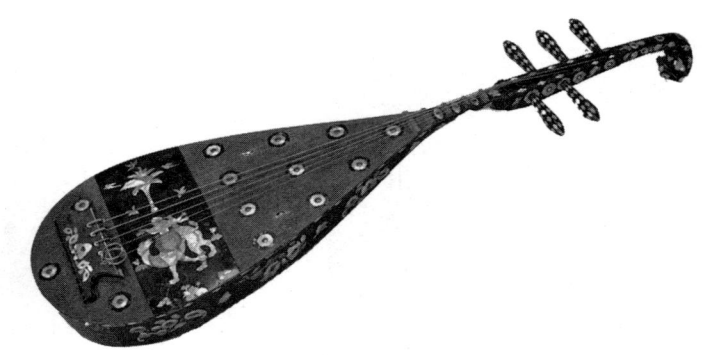

唐代嵌螺钿五弦琵琶(日本奈良正仓院藏)

官方活动结束后,日本遣唐使团往往也不会立刻回国,毕竟来一趟不容易。遣

唐使团还有两件大事要做，第一就是安排留学生，第二就是买买买。

3. 日本遣唐留学生——别看人不多，成才比例相当高

日本使节在觐见大唐皇帝时，往往都会趁机提出安排日本学生留学等事宜。日本留学生大部分会被安排进入长安的国子监学习。

不过，每次跟随遣唐使团来到大唐的留学生并不多，最多也就十来个人。据日本学者木宫泰彦考证，日本历次遣唐留学生实际到达大唐的总共118人。人数虽然不多，但是学习成就还是相当不错的。那么，日本留学生都学习哪些方面的知识呢？大致分为三个方面，一方面是学习儒学，另一方面是学习佛学，还有就是学习杂学，所谓杂学就是天文地理、医卜星象之类的学问。

儒学成就最高的，是阿倍仲麻吕。这可是上过历史课本的名人。

唐玄宗开元五年（717年），阿倍仲麻吕跟着第八批遣唐使团来到长安。唐玄宗赐他入学国子监。他十分仰慕中国文化，于是改名晁衡。阿倍仲麻吕很有学习天赋，经过一段时间的刻苦学习，他和大唐本国考生同场竞技，在科举考试中脱颖而出，中了进士。后来他历任左拾遗、左补阙、卫尉少卿、秘书监等职。

佛学成就最高的是电影《妖猫传》里那位总挂着神秘微笑的空海。唐德宗贞元二十年（804年），空海来到大唐，主要是为了学习密宗佛教。

当时，佛学知识最为渊博的密宗大师是青龙寺的惠果大师。空海于是就拜入惠果门下学习。

空海得到了惠果的灌顶，接受了惠果的"金胎不二"两部密法。在惠果圆寂以后，空海作为惠果的杰出弟子，受唐宪宗旨意为惠果撰写碑文。后来空海回到日本创立真言宗，也被称作"东密"。

另外，学杂学的留学生也有不少。据日本史料记载，有一位日本留学生叫作菅原梶成，唐文宗太和八年（834年）来到大唐学习医术。在大唐时，菅原梶成曾被获准进入太医署学习。菅原梶成后来学成回国，为日本医学的发展做出了很大贡献。

买买买——看见好东西，统统买回去

其实，遣唐使到达中国后，并不是使团里的所有人都能去长安。真正到达长安的遣唐使不到10%。据日本圆仁的《入唐求法巡行记》记载，唐文宗开成三年（838年），日本到大唐的遣唐使团，真正去长安的就是"大使一人、长岑判官、营

原判营、高岳录事、大神录事、大宅通事、别请益生伴须贺雄、真言请益圆行，并杂职已下三十五人"。

剩下的人往往就只能留在当地，一般主要是在扬州。去长安的遣唐使主要负责觐见皇帝，安排留学之类的事情。那么，留在扬州的这些人都做什么呢？那就是——买买买！

遣唐使都买什么呢？看见什么好东西，就买什么。当然这些东西也不单单是为自己买的，主要是给国内人带的，跟现在的代购差不多。除了遣唐使团"买买买"以外，很多在大唐完成学业后跟着遣唐使团回国的日本人，也在大唐"买买买"。比如空海在回国时带了很多大唐的文化典籍以及名人诗集等著作。比如《王昌龄集》等一大批诗文作品。就这他还嫌拿得少，他专门给越州节度使上书，要求再赠送各种书籍给他，比如"经律论疏传记，乃至诗赋碑铭、卜医五明"。据史料记载，空海回日本时带回各类书籍足有 905 卷。可见空海大师的"剁手"有多疯狂。

4. 遣唐使给日本带去什么？——带回全套大唐 Style

公元 7 世纪的日本，还处在由奴隶社会向封建社会的过渡阶段。在如何迅速发展国家的综合实力方面，日本需要一位老师。而繁荣鼎盛的大唐帝国，自然就成了日本眼中最好的老师。所以，这些从大唐学成归来的遣唐使在日本掀起了一场"大唐 Style"的改革风暴。

唐太宗贞观六年（632 年），日本派出的第一批遣唐使开始回国。回国后，这些遣唐使和日本留学生大力宣传唐朝文化和统治经验。受此影响，日本皇室和贵族阶层内出现了主张改革的新兴势力，其代表人物是中大兄皇子和中臣镰足。革新派发动政变，拥立孝德天皇即位。大化元年（645 年），中大兄皇子和中臣镰足仿"法式备定"的唐制，有步骤地实行改革，旨在从政治、经济、军事、文化等各个方面进行改革，使日本变为一个政章制度完备的封建国家。这场影响日本历史进程的大变革，史称"大化革新"。大化也成为日本天皇历史上的第一个年号。

大化革新的主要内容有三个方面：一是废除贵族世袭制，建立中央集权的政治体制，仿效唐朝的三省六部制和州县制，推行八省百官制和国郡里制；二是废除贵族私有土地制度和部民制，实行公田公民制度；三是学习唐朝的均田制和租庸调制，实行班田收授法与租庸调制。与此同时，还进行了婚姻、丧葬等方面的改革。

大化革新第一次确立了以天皇为中心的中央集权国家体制，促进日本完成了从奴隶社会向封建社会的转型，成为东亚强国。

除了政治制度改革，日本人对"大唐Style"的热爱还体现在很多方面。我们先来看看日本的都城。

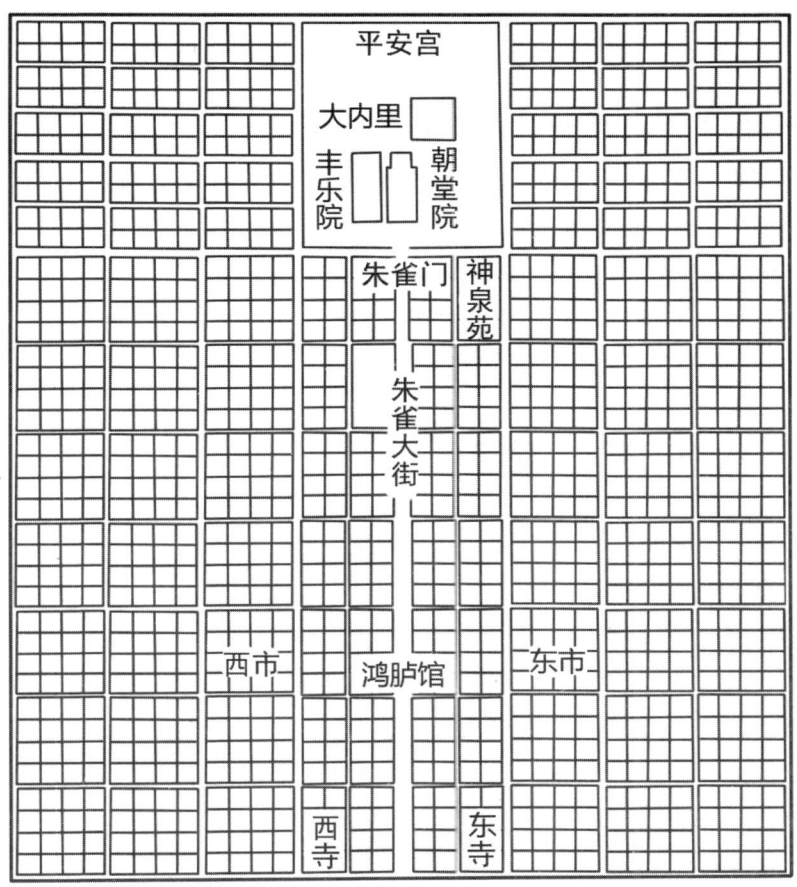

平安京平面图

唐德宗贞元十年（794年），日本恒武天皇从长冈京搬迁到新都城。在之后的四百多年，这座新都城一直被叫作平安京，也就是现在的日本京都市。看一看平安京的平面图，有点眼熟吧？平安京完全就是长安城的翻版，无论是划分东西城的朱雀大街，还是东西对称的东西两市，以及方方正正的布局，棋盘格子一样的结构，简直是一个模子出来的。据典籍记载，连日本天皇居住的平安宫，其建筑格局也与大明宫的麟德殿非常相似。而且，日本在此之前的平城京、藤原京，也是仿照长安城修建的。日本对于"大唐Style"的钟爱真是可见一斑。

为了加快向唐朝靠拢，日本的法律典章也充分学习了唐代法律。这一时期，日本先后编制了大量法典，比如《近江令》《天武律令》《大宝律令》《养老律令》《删定令格》《弘仁格》《弘仁式》等，其"参考文献"主要以唐高宗时期的《唐律疏议》为主。比如《大宝律令》的条文几乎原封不动地照抄唐律。连日本学者都说："我国大宝律大体上采用唐律，只不过再考虑我国国情稍加斟酌而已。"

遣唐使团经常在大唐买买买，购买的大多是大唐的儒家文化典籍，以至很多在中国失传的典籍在日本保留了下来。因为仰慕大唐文化，日本也开始拜孔子，修太学，兴科举，这学唐朝可以说是学习到骨子里了。

再比如日本和服就是源自中国的唐服，日本文字的平假名是源自汉字草书，这些文化上的影响和借鉴，更是数不胜数。

5. 遣唐使真正带回的，其实是一张入场券

从唐朝文化对日本的影响，我们可以看到，遣唐使真正为日本带回来的，是一个加入大唐构建的文化圈的入场券。

所谓"文化圈"往往是由文化领域比较先进的某一国家或者民族或者族群为核心构建的，从这一文化核心向外传播和辐射，继而在周边形成一个共同认可核心国家、民族或者族群文化的圈层。当时，大唐作为世界上最为强盛的国家，大唐的认可对于日本来说有着重要的意义。如果没有获得大唐的认可，对于日本的国际地位可能造成严重影响。在公元7—9世纪的世界格局中，只有获得大唐的认可，准许加入大唐文化圈，才能够学习当时最为先进的制度和科技。

因此，日本遣唐使刻苦执着地学习大唐的先进文化。他们并不只是学个皮毛，而是"灵魂深处闹革命"，全身心向大唐文化靠拢，将对大唐文化的认同简直刻在了骨子里。

遗憾的是，当初曾经让日本无比向往的辉煌的唐帝国，也在"安史之乱"后一脚踏入了军阀割据、宦官专权的死循环，国势日益倾颓，盛世不再。唐帝国的衰落，让大唐的光芒在周边国家的心中日益褪色。公元894年，宇多天皇接受菅原道

真的建议，不再派出遣唐使。十几年后，凋敝的大唐也走向了自己的末日。

其实日本停止派出遣唐使的原因，除了大唐的国力凋敝之外，还有一个原因是日本经过了二百多年对唐文化的吸收，已经有了一种"学得差不多了，再也学不到啥"的思想。总之，在多种因素的作用下，曾经在历史上对日本做出重要贡献的遣唐使终于成为历史。中日关系，也将随着民间贸易的蔚然兴起，进入下一个崭新的阶段。而日本也由对唐文化的吸收阶段，转而进入漫长的消化阶段。日本在充分吸收大唐文化养分的过程中，与本土文化相结合，形成了独特的日本美学和文化。而这些文化因素，一直到现在，还对日本产生着重要的影响。

四、慧眼识宝？法力高强？胡僧胡姬胡商胡奴，那些唐朝的胡人记忆

在长安城的宽阔街道上，你能够看到来自东西南北、陆地海上各个国家的人。其中不乏高鼻深目、浓眉大眼的，他们往往就是西域胡人。

那么，对唐朝长安人提起胡人，他会想到什么呢？胡僧、胡商、胡姬、胡奴，这几个词基本概括了唐朝长安人对胡人的全部印象。

1. 胡僧——法力高强的异域奇人

说到胡僧的这个"僧"字，人们往往以为是指佛教僧侣。这在大多数场合，也基本没毛病。可是在唐朝，"僧"这个字的含义要更加广泛。

唐朝的宗教政策总体上还是比较宽松的，来自各地的不同宗教都在长安城扎根下来。比如祆教、摩尼教、景教，都在唐朝的包容态度下，生存得很好。唐朝人一般把从西域来的佛教、祆教、摩尼教、景教等教派的修行者统称为胡僧。

正所谓"外来的和尚会念经"，当时很多唐朝人认为，这些胡僧能够翻山越岭，从遥远的西域来到大唐，必然有许多过人之处。所以在唐朝人的想象中，他们往往身怀秘法，法力高强，时不时憋着要跟人比试一下。因此，胡僧在唐朝的很多文学作品中被塑造成法力高强、四处找人斗法的愣头青角色。当然，在这些唐朝文学

作品中，胡僧法力再高，也不能高过唐朝的本土法师，斗法的最终结局都是胡僧失败。就好像金庸小说里的金轮法王，逮谁跟谁比，总是比不赢。

据《太平广记》记载，有一位胡僧施法念咒，使得海水日益减少。他打算用这种方法在海水枯竭时，夺取海中宝物。海龙王没办法，就向道士叶法善求救。叶法善跟胡僧斗法，最后胡僧因斗败而羞愧自杀。

除了斗法之外，唐朝人对于胡僧的另一个印象就是炼丹。比如有位大臣劝诫唐宪宗不要迷信长生不老，说："文皇帝（唐太宗）服胡僧长生药，遂致暴疾不救。"由此看来，唐太宗经常让胡僧炼制长生药丹，不过刚吃完就暴病身亡。这也太尴尬了。这长生药丹肯定是假冒伪劣产品。

大家对胡僧还有一个印象，就是幻术。早期胡僧来到长安，为了传播教义，总是要弄出一些怪力乱神的动静，这样才能让人相信。所以，有些胡僧就会弄一些类似魔术的东西，来吸引信众。这些魔术在唐代被称作幻术。

比如《酉阳杂俎》中记载，有一位天竺僧人叫难陀，懂得幻术，可以将三支竹杖变成尼姑，让她们给自己跳舞助兴。这大概属于那种"大变活人"的魔术。看来僧人的审美还是脱离不了宗教界，除了尼姑就不能变点别的？实在缺乏想象力。

值得一提的是，很多胡僧来到大唐，最初只是为了传教。为了传教，胡僧还可能会翻译经文，开坛说法。可是由于唐朝人对这些胡僧的固有观念和看法，导致胡僧身上无端地被蒙上了一层神秘的面纱，胡僧逐渐在人们的心目中树立了一种"法力高强"的异域奇人形象。不过，有些胡僧发现，这种误解会让不明真相的群众对他们产生强烈的好奇，反而更加有利于他们的传教工作。所以很多胡僧基本上默许了这种误会，有时甚至还要添油加醋地发挥一下，这无疑更让胡僧的形象板上钉钉了。

2. 胡商——慧眼识宝的"砍价大师"

公元 7—9 世纪的长安，商贾云集。其中经由西域来到长安的胡商，就成了对外贸易的主要角色。长安城里，西市的流量比东市大，再加上胡商是由西域而来，货物卸在西市比东市更方便，所以西市就成了胡商活动的主要区域。

胡商身上有两个最为显著的标签，一个是"慧眼识宝"，另一个是"砍价大师"。

在唐传奇中，胡商往往是以珠宝贸易商人的角色出现。这可能一方面是因为历史上西域盛产宝石，比如蓝宝石、红宝石、祖母绿、和田玉之类的宝石都产自西域。另一方面西域的胡商千里迢迢来长安做生意，只有易携带且价值不菲的奢侈品才能够带来足够高的利润回报。要做珠宝生意，首先要有鉴别珠宝的独到眼光。这样一来，做宝石贸易的胡商就往往被认为有着辨别宝物的慧眼了。

比如《太平广记》中记载了这样一个故事，唐睿宗曾施舍给大安国寺一个宝珠。僧人想把宝珠在西市卖了，结果没人买。后来有个胡商来西市进货，见到宝珠大喜，花四千万贯买下。僧人很是奇怪，这个宝珠有什么珍贵之处呢？胡商告诉他："此水珠也，每军行休时，掘地二尺，埋珠于其中，水泉立出。"也就是说行军打仗带着这个宝珠就不愁没水用了。这里主要渲染了胡商的独到眼光。

胡商还有一个标签就是"砍价大师"，不过这个称号是带引号的。一般人砍价都是从上往下砍，胡商却是从下往上砍，经常嫌对方报价太低，委屈了这件宝物。而且胡商还往往会把这东西为什么值钱的原因告诉对方。

比如《太平广记》的另一个故事里就有这样一位胡商。有一个人叫魏生，因缘际会进入了一个胡商的赏宝会。魏生随便从地上捡了一个石头揣在怀里。等轮到魏生了，他只好把捡的石头拿出来。结果所有胡商都起立，把他让到最上首的位子，给他施礼。原来魏生的石头是胡商所在国家的镇国之宝。胡商求魏生把这块石头卖给他。魏生大着胆子要价一百万，结果被胡商们唾弃了："你咋这样呢？你要这么低的价，不是侮辱我国的宝贝吗？"最后魏生没办法，只好要价一千万。胡商们终于满意地付了钱，买走了石头。

要价一百万还嫌便宜，非得要价一千万才乐呵呵地买下，胡商这种砍价方式，真是世所罕见了。

3. 胡姬——跳胡旋舞的带货小姐姐

如果你在唐朝开元盛世时来到西市，很可能会遇到在酒肆之外当垆卖酒的一些女子。她们容貌艳丽，开朗大方，长相与中土女子大不相同。她们会热情地邀请你到酒肆中来一壶正宗的三勒浆，或者刚刚到货的西域葡萄酒。在酒酣耳热之际，她们还会在你身边翩翩起舞，柔软的腰肢摆动如杨柳，旋转的裙摆飘起如流风。在甘醇的美酒和动人的舞姿面前，欢乐的气氛达到了高潮。这些对你翩翩起舞的美人，就是让唐朝诗人欣赏、难忘，还要在诗里传扬千百遍的胡姬。

李白有一首诗《少年行》，里面是这么写的："五陵年少金市东，银鞍白马度春风。落花踏尽游何处，笑入胡姬酒肆中。"即使在大唐第一"大V"的眼中，要是没去过胡姬酒肆，那就相当于没有年少轻狂过。

其实，胡姬的身份在唐朝是比较低微的。胡姬来到大唐的情形大致有三种，一是献给大唐的贡品（一般多为乐伎）。二是由于战乱被迫移民到大唐的胡人女性，这种女子往往跟普通家庭妇女一样。三是被丝绸之路上的商贩贩卖到长安城的胡人女奴。在西市为大家歌舞献艺的往往是最后一种。

在唐朝人的印象中，胡姬身上主要有两个标签，一个是"胡旋舞"，另一个是"带货"。

唐诗中的舞蹈大概分为两种，一种叫"健舞"，另一种叫"软舞"。所谓健舞是节奏比较明快、动作幅度比较大的舞蹈；软舞就是节奏比较舒缓、动作比较柔美的舞蹈。胡旋舞是健舞的一种。

据《旧唐书·音乐志》记载："康国乐……舞二人……绯袄锦领袖，绿绫浑裆袴，赤皮靴，白袴帑，舞急转如风，俗谓之胡旋。"从中可以看出胡旋舞的服饰和动作特点。"急转如风"说明胡旋舞以急速旋转而得名。

大诗人白居易有一首诗《胡旋女》，写的就是跳胡旋舞的胡姬。诗里写道："胡旋女，胡旋女，心应弦，手应鼓。弦鼓一声双袖举，回雪飘摇转蓬舞。左旋右转不知疲，千匝万周无已时。人间物类无可比，奔车轮缓旋风迟。曲终再拜谢天子，天子为之微启齿。胡旋女，出康居，徒劳东来万里余。中原自有胡旋者，斗妙争能尔不如。天宝季年时欲变，臣妾人人学圜转。中有太真外禄山，二人最道能胡旋。梨花园中册作妃，金鸡障下养为儿。禄山胡旋迷君眼，兵过黄河疑未反。贵妃胡旋惑君心，死弃马嵬念更深。从兹地轴天维转，五十年来制不禁。胡旋女，莫空舞，数唱此歌悟明主。"在这首诗里，白居易将胡旋舞女的身姿描写得淋漓尽致。胡旋舞女在鼓乐声中翩翩起舞，飘摇似流风回雪，柔美如风中蓬草，飞奔的车轮比不上她的旋转，急速的旋风对此都望尘莫及。

据《新唐书·西域传》记载："开元初，（康国）贡……胡旋女子。"康国指西域康居国。胡旋舞传入大唐大约在唐玄宗开元初年，其流行时间在开元天宝时期。随着能歌善舞的胡姬来到长安，胡旋舞就开始在酒肆宴席中流行开来。其不同于中原舞蹈的异域风情，以及其热情奔放的艺术表现，迅速征服了大唐人。

胡姬"带货",主要是卖西域酿造的美酒。唐朝中原人一般喝粮食酒,胡人则是多饮果酒。比如波斯国的三勒浆、高昌国的葡萄酒、扶南国的石榴酒、阇婆国的椰子花酒以及林邑国的槟榔酒等,都是用水果酿制的。

要喝到这些美酒,就要去西市胡商开的酒肆。这些酒肆中往往有一些"带货"的胡姬,当垆卖酒。李白曾经在诗中这样描写胡姬:"胡姬貌如花,当垆笑春风。笑春风,舞罗衣,君今不醉将安归?"很多客人因为胡姬的美貌而愿意进店多喝两杯。胡姬往往会使出浑身解数来让客人多消费,或是跳着胡旋舞,或是唱着西域歌曲,或是陪着客人饮酒,或是给客人劝酒。据《坚瓠集》记载,这些胡姬"或歌或舞,或吹笛持酒劝客,所得钱物,率归胡妇"。看来这带货也不好干啊。

4. 昆仑奴——水性很好的黑人奴隶

所谓胡奴,是指为奴的胡人。其中,最有代表性的就是昆仑奴。唐朝很多王公贵族都以能够拥有昆仑奴为荣。唐朝人认为,昆仑奴来自昆仑国。据《旧唐书·南蛮传》记载:"自林邑以南,皆卷发黑身,通号为昆仑。"林邑大概是指越南一带,这里的"昆仑"应该是指东南亚一带。在唐代慧琳和尚编著的《一切经音义》中记载道:"南海洲岛中夷人也。甚黑,裸行,能驯服猛兽犀象等。"这说明,昆仑奴是南海洲岛的人,也就是东南亚人。

昆仑奴的外形特征非常明显,"卷发黑身"。唐朝诗人张籍在诗歌《昆仑儿》中写道:"昆仑家住海中州,蛮客将来汉地游……金环欲落曾穿耳,螺髻长卷不裹头。自爱肌肤黑如漆,行时半脱木绵裘。"这说明昆仑奴的皮肤较黑,而且是鬈发。

除了外形特征比较明显,昆仑奴的衣着也比较显眼。根据唐朝出土的黑人俑和黑人题材的壁画来看,昆仑奴往往是上身赤裸,斜披布带,穿着短裤。这在唐朝人眼中,基本上跟没有穿衣服差不多,所以唐朝文献记载昆仑奴多为"裸身"。

昆仑奴的另一个特点,就是水性很好。昆仑奴往往出身东南亚岛国,在惊涛骇浪中练就了一身好水性。在大唐,他们往往以表演水性节目为主人助兴。比如唐人所著的《甘泽谣》一书中就记载了这样一个故事:有位名叫陶岘的人,他有一个昆仑奴名叫摩诃。摩诃水性好,"善泅水而勇捷"。每次遇到有河水的地方,陶岘就把玉环和古剑扔到河里，让摩诃跳下去取回来，以此作乐。

有一次，陶岘来到西塞山前，看见江水发黑，不流动，知道下面肯定有怪物。但是他依然把玉环、古剑扔了下去，让摩诃去取。摩诃下水后，一会上来告诉他："河里有一条龙，我不能下去取玉环、宝剑。"陶岘很任性，要求摩诃必须取回。摩诃被逼无奈，"被发大呼，目眦流血"，跳了下去，半天没上来。过了很久，摩诃被撕碎的尸体浮上了水面。从此陶岘吓得再也不敢出来旅游了。

唐朝墓中壁画上的昆仑奴

按现在的话说，这河里很可能有鳄鱼之类的凶猛动物。陶岘为了取乐，把玉环、宝剑丢入河水中，让昆仑奴下河去取。在他心中，昆仑奴摩诃还不如玉环和古剑的价值高。由此可见昆仑奴的地位是何等低微。

在唐朝的王公贵族心目中，昆仑奴作为奴隶，只不过是家里的一件私有物品。他们并未把昆仑奴当作一个生命来平等对待，买卖这些奴隶也不会受到法律制裁和良心谴责。由于昆仑奴独特的外形特征所带来的新奇性，导致很多高官权贵不仅家里养昆仑奴，而且死后还要将昆仑奴的陶俑放在墓中陪葬。

其实，从唐朝人对胡人的这些印象中，可以很明显地看出唐朝人对于胡人文化的复杂心态。一方面，唐朝对外来文化有排异心理，认为自己是世界的中心，周边国家都是蛮夷。即使唐朝民族融合、文化多元化发展，时人对于外来文化也会有一种天然的排异反应。

另一方面，唐朝便利的交通条件以及统治者的开放态度，使得各国文化得以在中国得到广泛传播。异域文化与风情吸引了很多中原人的好奇心，同时，很多胡人也开始学习中原文化。各种文化逐渐走向交流和融合。

昆仑奴陶俑

所以,唐朝人对于胡人的态度很复杂,一方面中原文化的排异反应让唐朝人心里抵触胡人文化,另一方面汉胡文化的融合导致很多唐朝人接受了胡人文化。这种复杂的态度,从唐朝人对胡人的印象可见一斑。比如胡僧,既有治病救人、求雨解民的正面印象,又有四处跟人斗法还斗不赢的反面形象。胡商,既有能识别宝物的慧眼,又有反向还价的另类方式。胡姬,既是当垆卖酒的带货服务员,又是诗人笔下热情奔放的异域女神。昆仑奴,既是水性极好的游泳高手,又是主人心中地位低微的私有物。这些正面和负面的形象交织在一起,反映了唐朝人对胡人文化既接受又排斥的纠结心态。

其实,在开放的大唐,胡人文化与汉文化早已血脉交融。由胡人文化所传达出的热情奔放、生机勃勃、粗犷雄浑、豪迈大气,也不知不觉地烙印在了大唐文化中,成为大唐时代特征的一部分。多元文化的碰撞拓宽了唐朝人的文化视野,让大唐呈现出了胸怀四海、兼容并包的雍容气质和开拓进取、昂扬向上的时代气息。

第四章

春风得意马蹄疾，一日看尽长安花
——唐朝科举

唐朝继承了隋朝创立的科举制度，并且将其发扬光大，以此作为选拔人才的主要手段。考试前，很多考生需要进行干谒。考试时，要面临明经科和进士科的选择。当然，各位考生可不能做那些抄袭作弊、冒名顶替的事情。此外，考上了还要请客。其实科举考试只是一个开始，后面还有漫漫仕途等待着他们。

一、大人，请您看看我的简历吧！——干谒

科举制度是隋朝首创，在唐朝发扬光大。科举制度让社会各阶层的知识分子都有了上升的阶梯。从此，天下读书人都希望能够通过科举，一朝登科。"朝为田舍郎，暮登天子堂。"这句诗就明确表达了许多读书人的梦想。

但是，与全国读书人的参与热情相对的，是唐朝科举极低的录取率。据《文献通考》记载，从唐高祖武德五年（622年）到唐哀帝天祐四年（907年）唐朝灭亡，在这285年间，共录取6800多名进士，平均每年录取不到24人，而每年参加考试的人数少说也有千人之多。这个录取率，可谓"千军万马挤独木桥"。

考试人数太多，但是上线人数又太少，绝大多数举子都成了炮灰。所以，为了增加录取概率，考生在考前往往会向达官贵人自荐，希望能够获得他们的赏识，从而在科举考试中取得好成绩。这种考试之前的运作和自荐，被称作干谒。

1. 干谒和行卷——考试前"递简历"

唐朝科举属于科举制度的初创阶段，在阅卷录取过程中很多流程都不规范，这就给考生留下了很多的操作空间。比如，唐朝科举考试大多不糊名，也就是考官在阅卷时能看到文章作者。在这种情况下，如果考官想关照某些考生，在阅卷时有些小动作就在所难免了。

此外，唐朝科举还有一个"通榜"制度，就是说考官身边在政治或者文坛有较高地位的朋友会给考官一些建议。这些考官的朋友，甚至可以决定录取举子的名单。所以举子假如能够得到考官朋友的推荐，录取基本上就算是板上钉钉了。

南宋洪迈的《容斋随笔》中曾经谈到这个问题："唐世科举之柄……仍不糊名。又有交朋之厚者为之助，谓之通榜，故其取人也畏于讥议，多公而审。亦有胁于权势，或挠于亲故，或累于子弟，皆常情所不能免者。若贤者临之则不然，未引试之前，其去取高下，固已定于胸中矣。"意思是说，通榜这件事情，往往使推荐者陷入人情世故的纷争。

所以，很多举子会将自己的作品写成卷轴，在考试之前呈送给这些能影响录取结果的人，请求他们向主考官推荐自己。这种以自己作品进行自我推荐的方式，就叫作干谒，也叫行卷。这种方式有点类似我们找工作投的简历或者自荐信之类的。

行卷到底好使不好使，这取决于考生是否找对了人。比如《唐摭言》里就有这样的记载："贞元十八年，权德舆主文，陆修员外通榜，韩文公荐十人于修，权公凡三榜，共放六人，余不出五年内皆捷。"韩愈给陆修通榜，推荐了十个人。然后，陆修又把这十个人推荐给了主考权德舆，权德舆这一科直接就录取了六个，剩下四个不出五年也都考上了。你看，找对了人非常重要。韩愈那可是文坛领袖，能够得到他的认可，肯定错不了。

除了找对人以外，行卷内容是否吸引推荐人也很重要。比如《唐语林校证》中记载了这样一件事，举子刘虚白参加科举前，给主考官（知贡举）裴坦行卷，里面写了一首诗："三十年前此夜中，一般灯烛一般风。不知岁月能多少，犹着麻衣待至公。"啥意思呢？原来这位主考裴坦，三十年前就是跟刘虚白一届考试的举子。这首诗就是跟裴坦"套瓷"的："你看，三十年前咱俩一样，都是考生。如今你已经功成名就了，我还是个考生。你看，老铁能帮个忙不？"裴坦一看，感慨万千，于是就让他新科提名。所以找对人之外，还得让自己的行卷内容吸引对方，让他愿意帮忙才行。

2. 干谒不容易——你想给人家还不一定想看呢

达官贵人要是能够为考生美言几句的话当然不错，问题是，达官贵人都不认识你，凭什么要推荐你？人家凭什么要看你的行卷？所以，在干谒这件事情上，达官贵人掌握着绝对的主动权，想看就看，不想看就不看，想看哪个就看哪个。

比如《唐摭言》里记载："（郑）光业弟兄共有一巨皮箱。凡同人投献，辞有可嗤者，即投其中，号曰'苦海'。"意思是说，有一位做官之人叫郑光业，他们兄弟俩有一个共用的大皮箱。如果有人给他俩行卷，文辞写得不太好的，就直接扔进皮箱里，还给皮箱起名"苦海"。对于那些文章扔进皮箱的举子可谓"苦海"无边了。

再比如，以举荐人才闻名的韩愈，后来也因为求荐的人太多而搞得不胜其烦。据《唐国史补·卷下》记载："韩愈引致后进，为求科第，多有投书请益者，时人谓之韩门弟子。愈后官高，不复为也。"意思是说，韩愈以推荐人才闻名，所以很多人都来给他行卷，最后搞得韩愈烦得受不了。等韩愈以后升官了，这活说啥也不干了。

能把以推荐人才闻名的韩愈给逼得退出"通榜"界，可见大人物们是被大量的行卷烦得无可奈何了。

大人物们不胜其烦，其实举子们心里也十分明白。可是面对巨大的阶层差异，举子们也只好抛却尊严，如飞蛾扑火一般，为了渺茫的一点希望，不断地把自己心血凝成的作品，投给大人物。

李商隐曾经在《与陶进士书》中谈到自己干谒的经历："走往贡之，出其书，乃复有置之而不眼读者，又有默而视之不眼朗读者，又有始朗读而中有失字坏句不见本义者。进不敢问，退不能解，默默已已，不复咨叹。"意思说李商隐所干谒的大人物，有的直接把他的行卷放在一边没工夫读，有的就瞟了一眼没有朗读出来，有的朗读出来了结果念错了字。此时，李商隐的心情就是"咱也不敢说，咱也不敢问"。自己辛苦地写出来的作品，被对方这样轻慢地看待。由此可见，就算是大诗人李商隐，也难逃干谒的尴尬。

在这样激烈的竞争形势下，想要脱颖而出，有时候就得使用一些非常规手段来吸引眼球。比如初唐大诗人陈子昂就弄了一次"眼球营销"。据《太平广记》记载：

陈子昂在长安住了十年，却没人认识他。有一次，东市来了一个卖胡琴的，价值百万。长安城的很多达官显贵都来看这张胡琴。

陈子昂高价买下了这张琴，然后大摆宴席，邀请当时的很多名士到场。在席间，陈子昂捧起这张琴，跟大家说道："四川人陈子昂有文章百轴，在京城奔走无人识得。这胡琴不过是乐人的玩意，我怎么会爱好这个呢？"说罢将琴摔得粉碎。正在围观群众目瞪口呆的时候，陈子昂拿出自己的诗文，在现场给大家传阅。在这种另类的自我营销之下，陈子昂一天之内名满京城。陈子昂最终在唐睿宗文明元年（684年）金榜题名。

3. 干谒写什么？——诗、文、赋……什么？还有小说？

干谒主要写什么呢？主要还是以传统的诗、文、赋等文体为主。不过，在唐朝初年，干谒主要是文或赋，也就是长篇文章。在初唐，诗并不是干谒的首选，主要原因就是——考试不考。

初唐时期科举注重试策，也就是写命题作文，以文章优劣作为录取标准。所以，展现考生能力的干谒也多为文章。盛唐时期，进士科考试增加了诗赋的考核项，这自然也会影响干谒的内容和形式。随着时代越来越重视诗歌，唐朝文人也开始在干谒内容选择上逐渐看重诗歌。此外，对于达官贵人而言，篇幅短小的诗歌与长篇大论的文章相比，读起来自然要省事多了。

为了让干谒诗文能够吸引推荐人的眼球，举子们可谓使尽了浑身解数，将最为得意的作品呈送给达官贵人，希望能够得到认可。所以干谒诗文中也不乏经典之作。

比如唐朝大诗人孟浩然，就曾经写过一首著名的干谒诗《望洞庭湖赠张丞相》，诗曰："八月湖水平，涵虚混太清。气蒸云梦泽，波撼岳阳城。欲济无舟楫，端居耻圣明。坐观垂钓者，徒有羡鱼情。"一看题目"赠张丞相"，很明显就是干谒诗。诗里写出了洞庭湖烟波浩渺、雾气腾腾的景象，结尾还不忘抒发一下自己还是想钓鱼的，而不是在旁边羡慕别人。这也隐晦地表达了自己想要做点事情的愿望。

很多人想不到的是，盛唐写干谒诗文的人中，还有一位顶流大佬。他就是李白。顶流大佬写干谒诗跟普通人就是不一样，我们来欣赏一下李白的干谒诗。比如《上李邕》诗云："大鹏一日同风起，扶摇直上九万里。假令风歇时下来，犹能簸却沧溟水。世人见我恒殊调，闻余大言皆冷笑。宣父犹能畏后生，丈夫未可轻年少。"这首诗是李白在天宝四载（745年）游北海时献给北海太守李邕的干谒诗。李白就是李白，一句"大鹏一日同风起"就直接把格调拔高到了九万里，字里行间豪气激荡。比起其他人客客气气拍马屁的干谒，李白这首诗看起来似乎有点狂得没边了。如果别人这么写，那无疑就是狂妄，可是他是李白嘛，这种程度的狂妄也就是个小意思了。

除了常规操作的诗、文、赋之外，有的考生甚至剑走偏锋，希望出奇制胜，选择了用传奇来干谒。唐朝的传奇有点像我们现在的小说。什么？小说？也能拿来干谒？宋朝赵彦卫的《云麓漫钞》中记载："唐之举人，先藉当世显人以姓名达之主司，然后以所业投献。逾数日又投，谓之温卷。如《幽怪录》《传奇》等皆是也。盖此等文备众体，可以见史才、诗笔、议论。"意思是说，干谒写什么的都有，主要是写诗，写文章的也有。很多考生别出心裁，也会献上自己写的传奇，主要是传奇这个文体可以体现出自己的综合素质。而且，万一这些达官贵人读诗读累了，想换换口味呢？

据《南部新书》记载："李景让典贡年，有李复言者，纳省卷，有《纂异》一部十卷。榜出曰：'事非经济，动摄虚妄，其所纳仰贡院驱使官却还。'复言因此罢举。"就是说，有一位叫李复言的举子，在纳省卷（也就是给主考官呈送自己的作品）时把自己写的传奇《纂异》交上去了。结果官方认为这人太不靠谱，因此没有录取他。可见，拿小说去干谒，虽然剑走偏锋，但也是有风险的。

4. 不走寻常路的干谒，其实破坏了科举的公平

看到这里，有的读者可能要说了："说了这么多，不就是走后门嘛。"的确，干谒本质上仍然是一种破坏科举考试的公平原则的行为。干谒，将国家选才取士的官方考试，变成了按照少数达官贵人个人喜好的选秀行为。纵使一些官员作为文坛领袖，也心怀为国家推荐人才的美好愿望，自身也能做到出于公心，但是，人们不能将国家选拔人才制度的公正依托在某些官员个人的操守和眼光上。

在这种干谒制度下，选拔出的士子往往也带着矛盾心理。一方面，士子出于对自己知识的自信以及干谒所受到的冷落待遇，对干谒也有排斥心理。另一方面，为了前程，又不得不奔走在干谒的路上。这样心态扭曲的举子，可能也很难安心读

书。如果说初唐盛唐的干谒还带有唯才是举的意味，到了中晚唐时期举子们往往把大量时间花在干谒上，而对学问反而不去关注，已经完全本末倒置了。

此外，在这种干谒制度下，举子给达官贵人行卷，达官贵人把举子推荐给考官。如果举子一旦考中，那么他在日后的仕途中，必然要对推荐他的人感恩戴德。在唐朝科举考试制度下，新进士和考官以及推荐人之间形成了"座师"与"门生"的关系，他们一损俱损，一荣俱荣，逐渐形成了一个步调一致的官僚集团。而推荐举子的人也可以借此培植羽翼，扩张势力范围。这样就埋下了朋党的种子。明代大儒顾炎武在《日知录》中写道："贡举之士，以有司为座主，而自称门生。自中唐以后，遂有朋党之祸。"

后来到了北宋时期，科举制度的规范性有了很大提高。干谒这种现象也走进了历史。举子们再也不用受干谒的折磨，科举制度也走向了更加公平的新阶段。

二、"三十老明经，五十少进士"，填空 OR 作文，唐朝科举到底考什么？——明经科与进士科

考试之前，举子还有一件事情要决定：选择考哪一科。考哪科？文科理科？当然不是了，唐朝科举大体上分为六个科。据《唐六典》记载："其科有六：一曰秀才，试方略策五条。此科取人稍峻，贞观已后遂绝。二曰明经，三曰进士，四曰明法，五曰书，六曰算。"

六科其中，秀才科在唐初作为科举的主要方式，但是由于录取率太低，赶不上国家对于人才的需要。所以在太宗贞观朝以后就基本没有了，剩下的五科中，明法、书和算三科主要是选拔法律、算学方面的专业人才。所以唐朝大部分举子能够选择的就是剩下的两科——明经科和进士科。据唐朝的《通典》记载："自是士族所趣向，唯明经、进士二科而已。"

1. 明经科——填空、口试、小作文，死记硬背好过关

明经，顾名思义，就是通晓经术。明经，最早出现于汉朝，始于汉武帝时期，

被推举者须明习经学，故以"明经"为名。隋朝创立科举制度，将明经作为一科来选拔人才。唐承隋制，继承了明经科的制度。

那么，明经到底要"明"哪些"经"呢？明经科考试范围在唐朝不同的历史阶段有不同的选择，大体上来说就是三种：五经、三经和二经。据《新唐书·选举志》记载："明经之别，有五经，有三经，有二经……凡《礼记》《春秋左氏传》为大经，《诗》《周礼》《仪礼》为中经。《易》《尚书》《春秋公羊传》《穀梁传》为小经。通二经者，大经、小经各一，若中经二。通三经者，大经、中经、小经各一。五经者，大经皆通，余经各一，《孝经》《论语》皆兼通之。"

意思是说，唐朝把儒家经典分为大经、中经和小经。这个分法应该是按照篇幅分的，比如《春秋左氏传》，也就是《左传》，篇幅长，不好记，所以算大经。二经就是大经小经各一个，或者两种中经。三经就是大中小经各一个。五经就是基本上所有经都懂了。

唐朝初年，百废待兴，正是用人之际，考试相对简单，只考二经就可以。唐朝人所著的《封氏闻见记》写道："国初，明经取通两经。"后来随着唐朝社会经济的全面发展，对于人才的要求也逐渐提高，所以后来三经、五经都有了。到了中晚唐时期，国力逐渐衰落，人才素质也迅速降低，人才选拔标准也随之降低，甚至后来到了通一经也可以的程度。

考试范围确定了，那么明经科考试采用什么方式呢？主要有笔试和口试两种。

据《新唐书·选举志》记载："凡明经，先帖文，然后口试，经问大义十条，答时务策三道，亦为四等。"由此可知，明经科考试主要分为三场考试，即帖文（意思是帖经）、经问大义和答时务策。

先来说说帖文。这在《唐六典·尚书礼部》中有非常详细的记载："旧制，诸明经试，每经十帖、《孝经》二帖、《论语》八帖、《老子》兼注五帖，每帖三言，通六已上。"简单来说，帖文就是从经典中挑出部分语句，让举子来作答。"帖"是什么意思？据《通典·选举三》记载："帖经者，以所习经掩其两端，中间开唯一行，裁纸为帖，凡帖三字，随时增损，可否不一，或得四得五得六者为通。"意思就是说把考试试题，遮住部分字，让考生来补充。其实就是古文默写填空，这个现在学生太熟悉了。在唐朝，参加科举考试的举子，要是连几句儒家经典默写都搞不定，那还当啥官啊。

帖文完了，就进入了下一场考试——经问大义。"经问大义"，就是指对一些儒家（有时候也有道家）经典的语句做出自己的解释，回答要有理有据。这场本来也是笔试。唐朝封演的《封氏闻见记》中记载："先帖文，乃按章疏试墨策十道……开元二十四年冬，遂移贡举属于礼部，侍郎姚英颇振纲纪焉。其后明经停墨策，试口义，并时务策三道。"根据这条史料，最早的"经问大义"应该是采用"墨策"也就是笔试的方式。到了唐玄宗开元二十四年（736年），侍郎姚英对考试进行了改革，把墨策改成口试，增加了时务策三道，也就是明经科的第三道考试内容。

为什么把墨策改成口试呢？总的来说还是希望能够考察全面点。因为前面的帖文就是背诵默写，考察的内容往往死记硬背的居多。如果改成口试，考官能够直接感受到举子的言谈举止，考察更为全面。

但是口试也有弊端，那就是考核全凭考官的主观印象。一旦举子对考试结果表示不服，考官拿不出有力的凭据。所以唐朝晚期又改回了笔试。

第三场是时务策三道。时务策，顾名思义，就是就时事政治发表一些自己的看法。开元二十五年（737年）的《条制考试明经进士诏》中明确规定：举子在完成前两场考试后，还要"令答时务策三道，取粗有文理者与及第"。之所以要增加这一项考试，就是为了让举子们别死记硬背，而是能学以致用。当然，明经科的时务策考试要求并不高，"粗通文理"就可以了。

由此看来，因为只要求熟悉经典，所以明经科考试的难度并不很高。这也导致了明经科的录取率高。比如《唐会要》中记载，唐德宗贞元十八年（802年）规定："明经、进士，自今已后，每年考试所拔人，明经不得过一百人，进士不得过二十人。"明经科的录取人数是进士科的五倍，看来明经科真是好考啊。

由于明经科比较容易录取，所以在科举中处于鄙视链下游。但是唐朝的官方文书中都把明经科放在诸科之首。这是因为统治者希望以儒学作为国家治理的精神支柱。国家倡导学好儒家经典，这是不容置疑的。

考上了明经科能做什么呢？大部分明经科录取的举子都被选授了县丞、县尉、县令以及州县的参军、主簿等中下级地方官员。那难道明经科就没个大人物吗？也有几位，比如电视剧里经常出现的那位胖胖的神探狄仁杰，就是明经出身，最后官至宰相。再比如与白居易合称"元白"的大诗人元稹，也是明经出身。

明经科因为难度低，录取率高，所以考中的往往都是年轻人，所以有一种说法叫"三十老明经，五十少进士"，就是说三十岁考上明经科属于老的，五十岁考上进士科属于年轻的。由此看来，考中进士科要比考中明经科难多了。

2. 进士科——诗词歌赋全用上，科举制度代名词

相比明经科，进士科可以说是唐朝士人的梦想。作为唐朝科举制度中最具有代表性的一部分，进士科从唐朝一直延续下来，在后世成了科举制度的代名词。而进士科也为唐朝贡献了最多的核心人才，在唐代的三司宰辅、六部九卿官员中，进士出身的官员占了很大比例。

正如前面所提到的"五十少进士"，很多人白首穷经一辈子，也考不中进士，可见中进士有多难。也许正是因为如此，进士出身的官员往往瞧不上明经出身的。比如《剧谈录》里有这样一个故事，唐宪宗元和年间，大诗人李贺在文坛声名鹊起。当时的宰相元稹希望结交一下。他跑到李贺家里，李贺根本就不见，还让仆人给元稹传话："明经擢第，何事来看李贺。"意思是你一个明经科入仕的人，没事来看我干啥。元稹满面羞惭，只好离开。这个故事虽然不一定是史实，但是确实反映出当时人们更加认可进士科，轻视明经科。

那么，进士科到底有什么可"豪横"的？凭什么就瞧不起明经科呢？如果我们来看看进士科考试的内容，就能明白，进士科确实有瞧不上明经科的道理，因为进士科的考试真是太难了。

进士科的考试内容在唐朝随着不同的历史阶段而有所不同。唐朝初年，进士科考试只考一样，那就是"策"，也就是策论。据《封氏闻见记》记载："国初……进士试时务策五道。"主要是让举子对国家大事发表看法，比如礼乐、行政、诉讼等方面，以此衡量举子的水平。我们现在考语文也是这样，作文是分数最多的。因为写作文所考核的个人能力范围远远地超过了背诵、默写、填空这些题型。但是什么都怕套路。策论考试基本上都是固定的几个方面，慢慢地就被举子们摸清了套路。比如论治国，就是亲贤远佞，拔擢人才；说农事，就是轻徭薄赋，与民生息。反正一看题目你照着这些方面写肯定错不了。

看来光试策不行，还得考点别的。到了太宗贞观时期，又增加了经史方面的考察。高宗末年开始增加帖经和杂文。唐玄宗开元二十五年（737 年）颁布了《条制考试明经进士诏》，才彻底从制度上确定了进士科的考试方式："其进士宜停小经，准明经例，帖大经十帖，取通四已上。然后准例试杂文及策，考通与及第。"进士主要考三场，帖经、杂文以及策论。

帖经？不是说进士科比明经科档次高吗？怎么也考背诵、默写、填空啊？帖经

虽然看似简单，但是考察的是读书人的基本功。当然，帖经不是主要内容，主要的还是后面的杂文和策。

杂文，这里说的不是鲁迅先生写的那个杂文。所谓杂文，是指除了策论之外的其他各种文体，包括诗、赋、铭、表、论等类型。杂文最早出现在进士科考试中是在唐高宗永隆二年（681年）。从此，诗赋也进入了进士科的考试范围，并且随着时代发展逐渐在进士科考试占据了越来越大的比重。杂文加入进士科考试内容，意味着国家选择人才的标准发生了变化，由"以策取士"逐渐向"以诗赋取士"转变。

唐朝的"以诗赋取士"，对于整个社会文化氛围的影响是巨大的。宋代曾有人认为："唐朝之所以胜我朝，唐以诗取士，故多专门之学。"唐诗能够成为中国文学史上一个独特的现象级名词，唐朝诗坛之所以能够如此繁荣，唐统治者"以诗赋取士"的指导方针起到了至关重要的作用。

试策，看起来好像跟明经很像，都是时务策。但是二者存在本质的不同，明经之策主要重在"经学"，也就是在策论时要注意引经据典，注重对于经典含义的理解。而进士之策则更强调本身对于时务的思考，以及自身的文学水平。这样来说，一个注重引用别人的语言，一个要创造自己的语言，孰易孰难，大家心里就应该有个判断了。

3. 明经进士此消彼长，其实是"经学"和"文学"的对立

唐朝初年，明经科还是科举的主要形式，到了中晚唐已经成了进士科鄙视的对象。明经与进士此消彼长的背后，其实是一个困扰唐朝文化界的重要难题——到底是重"经学"还是重"文学"？

所谓"经学"指的是对于儒家经典的理解研究。唐朝以儒学作为国家治理的基本方针，在推动基层教育时也是以儒学经典为主。在学习过程中，对于儒学经典的理解研究自然成为国家所倡导并且用明经科考试来进行推动的学习方向。

但是，随着时代发展，知识范围也要与时俱进。而这恰恰是"经学"的弊端。经学是研究儒家经典的一门学问，可是儒家经典就那几本，历朝历代的大儒研究来研究去把这几本经典都快翻烂了，基本上也没有什么新的思想出现。经学在实质上的停滞不前，使得经学由最初的立国方针，逐渐变成了佶屈聱牙的纸上谈兵，越研究越脱离实际。

而这个时候，侧重于个人表达的"文学"开始成为文人士子表达自我和展现风

采的主要手段，并且随着诗赋等文学形式在文人士子中的方兴未艾而逐渐影响到了官方选拔人才的标准，继而进入进士科的考试内容，获得统治阶层的认可。

随着时代的发展，厚重僵化的经学逐渐被生机勃勃的文学甩开而走向式微，而文学之士也通过进士科考试而得以大量进入朝堂，辅佐君王进行决策。所以后来人们逐渐将主要考核文学的进士科作为科举考试的代言。

三、道高一尺，魔高一丈，作弊高手在民间
——科举作弊

无论考试内容如何变化，总是有一些想要抄近路铤而走险的人考试作弊。这一点古人和现代人没有太大区别。但是，为确保科举考试的公平公正，国家也会想出各种办法来约束和制止这种舞弊行为。从隋唐创建科举考试以来，舞弊与反舞弊的斗争就从来没有停止过。

其实从古至今，虽然技术在不断地更新换代，但是舞弊手段就那么几种。一般最常见的就是夹带小抄、冒名顶替、贿赂考官这三种。

1. 夹带小抄

夹带，古人又称为"怀挟"或者叫"挟藏"，就是把小抄带进考场抄。古代的小抄主要是把一些四书五经之类的书带进考场。这些参考书，唐朝称作"书策"。唐朝李肇所著的《唐国史补》中曾经记载："挟藏入试，谓之书策。"

唐朝初年，官方对于怀挟是严厉禁止的。为了防止举子怀挟书策进入考场，考前所有举子必须接受严格的搜身。据《通典·选举三》记载："武德以来……礼部阅试之日，皆严设兵卫，荐棘围之，搜索衣服，讥呵出入，以防假滥焉。"

当然，如果只靠官方打击就能把这件事压下去，就没有后来作弊反作弊的斗争了。从唐高祖武德年间，直到一百多年以后的唐玄宗天宝时期，怀挟现象一直不断。据《册府元龟》记载，玄宗天宝十载（751年）九月，唐玄宗亲自到兴庆宫的勤政务本楼面试新科举人，居然发现有人怀挟。气得玄宗直接剥夺了他的考试资

格，"并贬所保之官"。

前面讲过，唐朝进士科后来增加了杂文考试，主要考查诗赋。诗赋对于押韵、用典、词汇要求比较高。尤其是一些历史典故，万一记错了，不就闹笑话了吗？所以考生还是希望能够带点参考书，至少引用典故不会出错。于是唐肃宗乾元初年，礼部侍郎李揆就提出了给考生提供一些参考书的建议。

考试还能带参考书，难道要把闭卷改为开卷？李揆提出这个建议其实也是有道理的。李揆认为，科举考的是文采，是才华。才华这玩意，也不是靠参考书体现的。有能力，有才华，即使没有参考书，照样下笔如有神。那些混日子、没才华的举子，即使给他一本参考书，他也抄不出个第一名。

李揆的建议得到了皇帝批准。他在考场上放置了五经、历史以及一些声韵参考书。此举得到了举子们的一致好评。

既然李揆开了这个风气，那唐朝举子就只好"勉为其难"地接受了。这样一来，以后考试都可以带参考书了。要是有个人没带参考书，大家就会觉得这人不一般。据《太平广记》记载，有一个叫作梅权衡的举子，考试时候没带参考书。"入试不持书策，人皆谓奇才。"考试没带参考书就奇才了？也有可能是买不起呢？

从此一直到中晚唐，考生就可以明目张胆地带参考书去考试了，真把"闭卷"整成了"开卷"。不过，开卷考试也不代表就比闭卷容易。毕竟科举的录取率那么低。后来唐末五代时期废除了这种怀挟政策。

2. 冒名顶替

对于考试来说，冒名顶替就是找人代笔，也就是"枪手""替考"，古人又称为"倩枪"。现在考试都有准考证，准考证上一般都有照片。还有指纹等等技术可以确认考生身份。古代没有这些技术，考场顶多是摆放一个记录考生相貌特征的小木牌，上面写一些比如面黄，无须，国字脸，浓眉大眼之类的简单特征。这些特征顶多只能做到粗略地辨别，难以精确判定。在这种情况下，考官很难确认前来考试的是不是考生本人。这就给"枪手"的生存留下了很大的空间。

要说起中国古代的"枪手之王"，晚唐诗人温庭筠可以说是当仁不让。温庭筠也算是个传奇人物。此人前半生放浪形骸，到了四十才想起来参加科考，结果一直考到五十多都没考上，干脆破罐子破摔，给人当枪手了。

唐朝的进士科考试，非常重视杂文，考试内容主要是写一篇赋和一首诗，要求以八种韵脚作为常见格式。温庭筠才思敏捷，对付这个绰绰有余。据《北梦琐言》记载："（温庭筠）才思艳丽，工于小赋，每入试，押官韵作赋，凡八叉手而八韵成，多为邻铺假手，号曰救数人也。""八叉手而八韵成"，所以温庭筠得了个外号"温八叉"。

《唐才子传·温庭筠传》记载了一件奇事：由于温庭筠在"枪手"界实在是名号太响了，唐宣宗大中九年（855年）礼部侍郎沈询做主考时，专门把温庭筠放在自己的主考席位前，自以为万无一失。可是没想到，温庭筠不但提前交卷，还神不知鬼不觉地又帮助八个人捉刀。从此，温庭筠一战成名，奠定了"枪手之王"的地位。

枪手都这么牛，朝廷当然要想办法遏制他们。办法也有，那就是复试。复试最早出现在唐玄宗开元二十五年（737年），形成制度是在唐穆宗长庆元年（821年）。这一年，礼部侍郎钱徽知贡举，被发现有行贿走私的情节。穆宗命令中书舍人王起、主客郎中知制诰白居易组织复试。后来复试制度在唐代以后，尤其是宋朝的科举中发扬光大，成为后代科举的通用手段。复试客观上提高了考试的公正性，增加了那些想通过舞弊侥幸中选的人的录取难度。

3. 贿赂考官

贿赂考官是一种高等级的作弊手段。因为归根结底，考场上就是考官说了算，一旦考官愿意帮助你，那你基本上就没有后顾之忧了。

贿赂考官能够做的事情太多了。比如通榜和行卷，其实就是一种走后门的方式。再比如贿赂考官还可以泄题。要是能够提前拿到考题考试就没啥问题了。《封氏闻见记》里就记载了这样一件事：唐高宗龙朔年间，知贡举的是董思恭和权原崇二人。董思恭泄露了考题，结果被发现，于是三司审问，最终"免死除名，流梧州"。可见考官泄题这种情况早在唐初就已经有了。

考官泄题后，举子要先写好文章，背熟了，才能有好成绩。要是能够直接贿赂大人物，给考官打个招呼，那么无论怎么答，都能录取了。所以很多人干脆把注意力放在了比考官更大的大人物上。《资治通鉴》中记载了这样一件事，武则天时期，最炙手可热的权臣是张易之和张昌宗兄弟，合称"二张"。于是一位姓薛的举子买通了"二张"的弟弟张昌仪，请他帮自己运作一下。结果张昌仪忘了这位举子叫什么，就记住是姓薛，于是干脆给所有姓薛的人都封了官职。结果一共有60多个姓薛的被封了官职。国家的考试就这么让几个大人物就给决定了。

为了遏制考生贿赂考官的舞弊行为，唐朝政府制定了各种防范措施和制度。

首先是糊名制度。所谓糊名就是把考生名字遮挡起来。这项制度唐朝初年就已经有了，最早是用在吏部铨选中。据《新唐书·选举志》记载："初，（吏部）试选人皆糊名，令学士考判。"后来，武则天临朝称制时期，在制科考试中也使用了糊名方式。这里的制科就是皇帝临时增设的考试。据《新唐书》记载：在唐睿宗永昌年间，掌握实权的是太后武则天。有一次武氏增设了贤良方正科，"诏吏部尚书李景湛糊名校复"。在武则天之后，唐朝糊名制度几立几废，最终也没有固定下来。不过，糊名制度在唐以后科举中得以沿用。

还有就是制定法律。唐朝针对科举舞弊行为制定了专门的法律，对违法人员进行严厉的处罚。比如《唐律疏议·职制》中规定："诸贡举非其人，应贡举而不贡举者，一人徒一年，二人加一等，罪止徒三年。"应该考上的，主考官没让人家考上，这就是"应贡举而不贡举者"，如果是这样主考官要被处徒刑。此外，有时候皇帝发现了主考官的舞弊行为，也会对这些官员做出判罚。比如《册府元龟》里记载：北军勋臣葛福顺的儿子考上了明经科。玄宗听说了就亲自复试，结果葛福顺的儿子一问三不知。最后玄宗怒了，直接把主考官李纳给贬官了。

古人之所以要作弊，主要是科举考试的重要性而决定的，一旦登科成功，就可以做官，实现一步登天的人生蜕变。于是作弊就成为有些意图走捷径的人的首选。而官方为了保证整个科举考试的公平，也为了能够真正选拔一些对国家有用的人才，对于各种作弊手段采取了相应措施进行防范。其实，要想一步登天，最重要的还是要通过自己的努力，才能成功。

四、偷走别人的人生很容易？唐朝如何处理冒名顶替事件？

冒名顶替这事，古代早已有之。而且在古代，没有照片、DNA验证，似乎从技术上很难证明一个人是他自己。那么，在唐朝，是不是冒名顶替相对更容易一些，也更难被发现呢？其实，也没有那么简单。

1. 冒名顶替怎么操作？——伪冒告身和假荫

众所周知，唐朝有了科举制度，考试结果决定了官运前途。除了冒名顶替考试以外，还有一些冒名顶替者是顶替他人的名字去做官。在唐朝，要顶替别人去做官，可以采取的手段主要是两种——伪冒告身和假荫。

伪冒告身——直接偷别人的录取通知书

在唐朝，如果你通过了科举考试，就会进入吏部的铨选。铨选就是吏部根据考生的考试成绩和其他情况，对考生应该去哪里当官、当什么官给出一个初步意见。然后吏部把铨选意见报到中书省，由中书省长官核准，再交给皇帝下旨任命。通过铨选后，考生就会收到告身。告身就是授予官职的凭证，相当于后来的委任状或者录取通知书。这个告身有多重要呢？一句话，没它你就无法上任！

敕國儲爲天下之本師
導乃元良之教將以
本固必由教先非求中
賢何以審諭光祿大
夫行吏部尚書充禮
儀使上柱國魯郡開
國公顏真卿立德
踐行當四科之首懿
文碩學爲百氏之宗
忠讜罄于臣節貞
規存乎士範述職中
外服勞社稷靜專由
其直方動用謂之懸
解山公啓事清彼品
流叔孫制禮光我王
度惟是一有實貞萬
國力乃稽古則思其

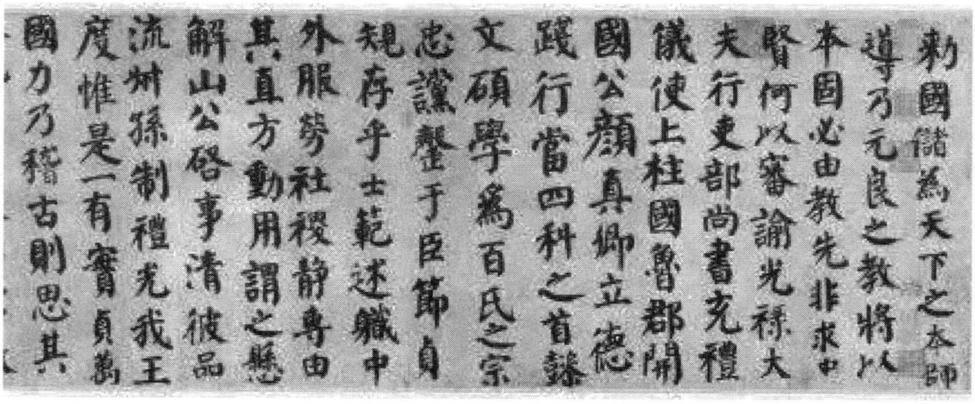

唐　颜真卿《自书告身帖》

比如《太平广记》里记载了这样一件事：唐宪宗元和年间（806 年—820 年），有一位官员被任命为湖州（今浙江湖州市）录事参军，上任的路上碰见劫匪，被洗劫一空，连上任的告身都被抢走了。他实在没办法，就收点旧衣服卖，筹集路费。幸亏他遇到了当朝宰相裴度，裴度不光帮他重新办理了告身，还让他与妻子团聚。从这个故事可以看出，要是没有告身，是肯定不能上任的。丢了告身把一个官员逼得都满街收旧衣服了。

告身这么重要，地方往往只认告身不认人。唐朝也有一些人冒用别人的身份前去上任。不过这事还是存在一定风险的，毕竟在古代能够通过科举做官的人还是少数，大多属于共同的文化圈层，所以即使你可以冒用别人的身份和告身，可是你没办法冒用别人的老师、同年以及他的人际关系网。所以这还是很容易露馅的，风险还是很大的。

另一种方式似乎风险小一些：直接造假，就是伪造告身，直接伪造一个身份，这样就不涉及什么人际关系网了。比如《旧唐书·杨虞卿传》里就记载了这样一个故事：唐文宗大和二年（828年），时任南曹令史（类似现在管人事档案的职务）李賓在内的六个人，跟铨司厅典官（负责官员考核）温亮勾结，伪造了很多告身，然后卖给想当官的人。等到露馅的时候，已经有65个人带着他们伪造的告身去上任了。他们依靠伪造告身挣了一万多贯钱。

当然，这些能够伪造告身去上任的都不是什么大官，毕竟李賓自己也仅是六品，估计能找他活动的肯定官还不如他大。即便如此，伪造告身依然让这个六品小官日进斗金。由此可见伪造告身这种行为背后的巨大利益。

假荫——假冒别人的子孙

除了伪冒告身之外，还有一种方式就是伪造出身，假冒高门大户的子孙，凭借这些家族的门荫资格，从而达到自己做官的目的，这种情况称作"假荫"。

要理解"假荫"，我们首先得了解一下唐朝的门荫制度。门荫，就是门第比较高的家族子弟依靠父祖官位家世，从而可以不经过科举考试而直接进入仕途的一种制度。比如皇亲国戚、功臣以及朝中五品以上官员的子弟，都可以获得门荫待遇。

也许你会认为，这些高门大族的子弟不用白首穷经就可以轻松走上仕途，比科举考试可方便多了。其实不然，因为唐朝对门荫入仕的途径进行了严格规定，门荫入仕不是什么官都能当的，能去的地方也都是固定的。用现在的话来说，就是"定向培养"。唐朝大部分门荫的子弟都进了皇帝的卫队和国子监。

而且，唐朝对于门荫做官是逐渐收紧的，到了唐中晚期，门荫根本当不了啥大官。即便如此，仍然有很多投机之人，许多无法通过科举考试的人，就想投机取巧，希望通过"假荫"的方式，来获得做官的机会。"假荫"一般有以下三种运作方式。

第一种，"假荫"者自己就是门阀士族中人，只不过不是直系亲属。于是，他们通过假冒同族亲属谱系来实现假荫的目的。

比如《新唐书·李怀远传》里记载，唐中宗时期的名相李怀远，年轻时候喜欢读书，同宗族中人很喜欢他。为了让他顺利出仕做官，族人希望给他找个族中的高门第走门荫的路子。李怀远推辞了："因人之势，高士耻之，假荫而官，吾志邪？"意思是说自己绝不走这样的后门，而是要堂堂正正地通过参加科举考试来做官。由此可见，至少当时，找个同族高门第假冒是当时的常规操作。

第二种就是通过贿赂官吏修改姓名，以便假冒门荫入仕之人的身份，从而获得门荫机会。这事操作起来有一定难度。因为国家对于门荫资格审查得非常严格，州县各级都要严格铨选，然后报送到吏部。如果要确保这事不露馅，那么州县各级关节都要进行疏通，一旦有一个地方出问题肯定也是纸里包不住火。

第三种就是通过购买高门士族家中的告身文书，获取门荫资格。这就比较普遍了。唐朝中晚期，很多门阀士族渐渐人才凋零，在宦海沉浮中没落。而这样的家族子孙拼爹行，拼自己不太行，家道中落日子过不下去，只好把家中的告敕文书卖掉。所谓告敕文书就是家族子弟门荫资格的证明。而买到告敕文书的人，把姓名一改，就可以通过告敕文书获得入仕资格。

2. 魔高一尺，道高一丈，朝廷怎样打假？

正所谓魔高一尺，道高一丈，唐朝针对伪冒告身和假荫，采取了相应的防范和处罚措施，力求做到"早发现，早治理"。唐朝的打假措施主要有三个方面。

首先是制定法律。唐朝将伪冒告身、假荫等冒名顶替的情况，定为"诈假官"罪。《唐律疏议》规定："'诈假官'，谓虚伪诈假以得官"，也就是说采用欺诈手段得到官职统称为"诈假官"。

《唐律疏议》还对"诈假官"罪做出了详细的司法解释："或得他人正授告身，或同姓字，或改易己名，妄冒官司，以局任职……从重法。"其中包括冒领告身、伪造告身以及改名假荫等行为。此类事件可以定性为政治诈骗，属于影响极其恶劣的妨害管理秩序的罪行。

据《唐律疏议》记载，唐朝政府对于"诈假官"罪的处罚是非常严重的："诸'诈假官'，假与人官及受假者，流二千里。"意思就是不管你是帮人冒名顶替做官，还是接受别人的帮助，自己冒名顶替他人做官的，一旦被发现，一律流放两千里。这确实是对这些投机分子的震慑。

其次是加强档案管理。冒名顶替,很多问题都出在档案文书的审查环节。唐朝为了避免出现伪冒告身等涉及人事档案审查的问题,制定了非常细致严格的档案管理制度。

唐朝的人事档案统称为"甲历",存放管理"甲历"的地方叫"甲库"。唐朝的"三省"(尚书省、中书省、门下省)都有各自的甲库。为了避免冒名顶替现象,唐朝政府在甲历管理上下了很大功夫。比如除了三省各自的甲库外,甲历还需要复制一份交给皇帝内库存档。唐德宗建中元年(780年),有人给皇帝上书说:现在除了三省有甲库,还应该在内库增加一份副本。如果是这样,"纵三库断裂,即检内库本",可以在发生天灾人祸时对甲历进行及时补充。

最后是担保连坐。唐朝有文化的人相对还是少数,能够通过科举做官的士人大多数属于共同的文化圈层。所以在科举制度中,士子与官员之间、士子之间的师生关系、同年关系等人际关系网是非常牢固的。因为古代做官具有熟人社会的特点,所以唐朝为了避免冒名顶替现象,一起做官的同僚之间需要进行互相担保。

据《新唐书·选举志》记载:"同流者,五五为联,京官五人保之,一人识之。刑家之子、工贾异类及假名承伪、隐冒升降考有罚。"参加铨选考试的五个人一组,互相担保,互相证明是否符合应选条件。其次,还需要京官五人为参加铨选的人作保。担保人要为被担保人的身份负责。

如果被担保人的身份信息有问题,那么担保的官员就要承担责任。这种情况下,大家互相知根知底,一旦有冒名顶替的大家也能及时知道。据《太平广记》记载,有一位姓刘的,想走假荫的路子当官,好几年都没通过铨选。有一次他听说西市有一位算命的,就跑去让人家给算一算。

算命的说:"今年够呛,明年应该能成。"这位姓刘的不信,非要今年试一试,最后因为担保人的问题没通过。由此可见,这个互相担保的制度对于遏制冒名顶替确实有一定的作用。

3. 冒名顶替做官容易吗?

在唐朝,冒名顶替去做官真的容易办到吗?看看唐朝为了打击伪冒告身和假荫等冒名顶替做官的行为所采取的各种措施和手段,冒名顶替做官似乎应该很难。

首先,唐朝读书人大多数都位于类似的文化圈层,彼此之间通过师生、同年等关系紧密相连，而唐朝科举的联保方式更加巩固了这一点。因此，顶替某个人很简单，但是让这个人的老师、同年等复杂的圈层人际关系网认同假冒者，并帮助他作伪证，则难于登天。

其次，由科举所带来的身份地位的改变，仅限于统治集团内部。对于普通老百姓而言，他们既没有冒名顶替的需求，也没有冒名顶替的本事。所以有意愿并有能力冒名顶替的人，被圈定在了一个很小的范围之内。

唐朝政府通过制定严刑峻法，加强档案管理和联保连坐制度，来防范冒名顶替行为，并取得了一定效果。其中"诈假官"罪最高可以判处流放两千里，这对冒名顶替者起到了一定的震慑作用。

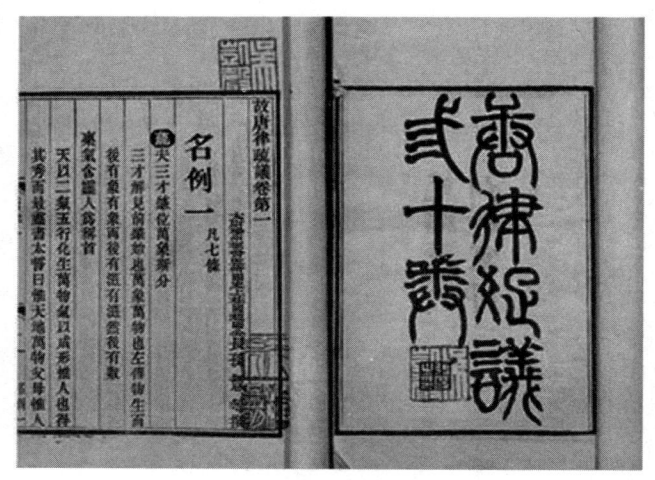

唐律疏议

但是，一切管理手段的实现都要建立在社会秩序稳定的基础上。自"安史之乱"以后，大唐饱受战乱摧残，甚至有"国都六陷，天子九迁"的说法。文书甲历也在频繁的战乱中，损坏严重。这严重影响了官员任免的公正。据《旧唐书·韦见素传》记载：安史之乱中，"兵吏三铨，簿籍煨烬，南曹选人，文符悉多伪滥"。因为安史之乱，很多档案资料毁于战火，吏部铨选的时候，候选官员所提供的一些文本有很多是伪造的。

所以，在初唐到盛唐阶段，唐朝的社会体系比较健全，社会秩序比较稳定，有利于政府的一些管理手段的落实。在唐朝政府严格防范以及冒名顶替的高风险的共同作用下，唐初见于记载的冒名顶替案件确实不多。看来在这一段时期，想要冒名顶替应该是不太容易。但是随着安史之乱的爆发，唐朝很快进入了军阀割据、宦官专权时期。在这段时间，政府的各项管理措施无法得到有效实施。这个阶段想要冒名顶替，应该就容易多了。

 五、考上了怎么能不请客？曲江宴、鹿鸣宴、烧尾宴——唐朝"升学宴"

考上了要请客，这是与中国古代科举制度相伴而生的一个传统。古代的举子们经过十年寒窗苦读，一朝登科，当然需要表达一下自己的激动心情和美好憧憬，于是"升学宴"就应运而生了。

1. 曲江宴：先是大家"AA"，后来朝廷买单

曲江池，位于长安城东南角。这里不仅是皇家游玩饮宴的地点，也是百姓出行赏玩的名胜。正是因为这个原因，曲江池也成为登科举子们宴会的首选地点。

"曲江宴"不是指某次宴会，而是登科举子们所举行的一系列宴会的总和。据五代王定保的《唐摭言》记载，唐朝的登科宴，名目繁多，有"大相识、次相识、闻喜、樱桃、月灯、打球、牡丹、看佛牙、关宴"等。这些宴会的举行时间是从春季放榜开始，到吏部关试之后士子分赴全国各地上任结束，时间持续几个月。在这些宴会中，新科进士们春风得意，尽情展现着自己的风采。

在曲江宴会中，规模最大、最重要的莫过于放榜后的闻喜宴和关试后的关宴。

据《续资治通鉴长编》记载："唐时礼部放榜之后，醵饮于曲江，号曰'闻喜宴'。"闻喜宴，顾名思义，就是科举放榜后，进士们听闻自己考中的喜讯后，为了庆祝而举行的宴会。放榜后，登科及第的新科进士们意气风发，一边开怀畅饮，一边欣赏春日曲江繁花盛开的美景。这正应了那句诗："春风得意马蹄疾，一日看尽长安花。"

关宴，是在吏部关试之后，所举行的宴会。什么是"关试"呢？唐朝的科举

其实并不是考中了进士马上就可以做官。因为组织科举考试是礼部的工作,而授予官职则是属于吏部的工作。所以每年放榜之后,礼部要把进士的相关资料移交给吏部,作为吏部授官的参考。吏部在给新科进士授官前,还要进行一次考试,这就是"关试"。

关试的考试内容并不太难。据《太平广记》记载:"吏部员外郎于南省试判两节,试后授春关,谓之关试。"也就是让新科进士们每人写两份案件判词。这对于从千军万马中脱颖而出的进士们自然不在话下。所以关试就是走个形式,基本上只要考就能够拿到"春关"——也就是做官的资格凭证。

关试以后,进士们会举行盛大的宴会,将整个曲江宴游推向高潮,这就是关宴。因为关宴以后,很多进士就要去全国各地做官了,一科的同年以后可能很难相见了。所以关宴有个别名叫作"离宴",类似我们现在毕业的那顿"散伙饭"。所以关宴一般也是整个曲江宴的句点。

曲江宴的场面非常盛大。据《唐摭言》记载:"曲江游赏,虽云自神龙以来,然盛于开元之末……进士关宴,常寄其间。既彻馔,则移乐泛舟,率为常例。宴前数日,行市骈阗于江头。其日,公卿家倾城纵观于此……钿车珠鞍,栉比而至。"车水马龙,非常热闹。除了登科的进士们之外,曲江宴还有很多不请自来的客人,那就是公卿世族到此为未出阁的女儿挑选东床快婿。"曲江之宴,行市罗列,长安几于半空。公卿家率以其日拣选东床,车马填塞,莫可殚述。"

这就涉及一个重要问题:这么盛大的宴席,谁来付账呢?从初唐到中晚唐,曲江宴都是举子们凑份子举办。可是,这么大规模的宴会,其所需食材、厨师人手等都需要专门准备,由此也产生了专门承办曲江宴会的负责人,人称"进士团",相当于我们现在的大型活动策划。

在《唐摭言》中记载了一位"进士团"的负责人,名叫何士参。他对于承办这样的大型宴会非常有经验,往往是今年关宴刚结束,明年宴会的材料就已经开始准备了。"所以长安游手之民,自相鸠集,目之为'进士团'……其有何士参者为之酋帅,尤善主张筵席。凡今年才过关宴,士参已备来年游宴之费,由是四海之内,水陆之珍,靡不毕备。"虽然钱上大家"AA制",但是对于一些寒门子弟来说,宴会"份子"仍然是压力山大。所以就有一些人拖欠"份子钱"不交。这位何士参比较有性格,不交齐"份子"就不开席。所以有些举子把关宴戏称为"何士参索债宴"。据《南部新书》记载:"一春宴会,有何士参者都主其事,多有欠其宴罚钱者，须待纳足，始肯置宴。盖未过此宴，不得出京，人戏谓'何士参索债宴'。"

到了唐末五代，进士们的"份子"负担减轻了许多，因为这时候国家开始承办闻喜宴了。后唐明宗天成二年（927年），闻喜宴的费用开始由朝廷下发："新及第进士有闻喜宴，逐年赐钱四十万。"（《旧五代史·唐书》）这样一来，曲江宴就由过去的大家"AA制"成了朝廷请客。

其实唐朝曲江宴时，还伴有雁塔题名、曲江探花等庆祝活动，这里就略去不表了。曲江宴中由朝廷请客的闻喜宴，到宋朝就演变成了"琼林宴"。

2. 鹿鸣宴：惯例商业互吹，顺便捐资助学

要了解鹿鸣宴，首先要详细介绍一下唐朝的科举考试制度。唐朝的科举沿袭隋制，分为两个级别，即乡试（解试）和省试。乡试主要是在州、县一级进行考试，通过即为举人。这些举人日后要到长安参加省试，往往也是所在州县的青年才俊。所以，在乡试结束之后，州县长官、地方政府往往要宴请这些刚刚考上举人的学子，这就是鹿鸣宴。也就是说，只有考上举人，才能参加地方上的鹿鸣宴。举人去长安参加省试，省试过了才可以参加曲江宴。

为什么叫鹿鸣宴呢？据《新唐书·选举志》记载："每岁仲冬……试已，长吏以乡饮酒礼，会属僚，设宾主，陈俎豆，备管弦，牲用少牢，歌《鹿鸣》之诗。"这里提到，因为在宴会上要吟咏《鹿鸣》这首诗，所以叫作鹿鸣宴。这里的《鹿鸣》源自《诗经·小雅》，诗里有"呦呦鹿鸣，食野之苹，我有嘉宾，鼓瑟吹笙"这样的诗句，表达的是对贤才的礼遇和尊敬。而对地方举子用"鹿鸣"之词，正是恰得其意。

鹿鸣宴

现存的部分鹿鸣宴诗大致为我们还原了一些鹿鸣宴的程序。首先是州县长官讲话，讲话结束了还要带头作诗。然后由各级官员、群众代表、乡绅代表等依次发言，并且赋诗，最后举子们也要讲话，表达自己一定会好好考试，不辜负地方官员的期望，然后也要赋诗。整场宴会下来，所写的诗也将汇集成诗集。

当然，这一类诗作大多都是地方官员表达希望举子们鹏程万里、前程似锦，而赶考举子则表达官员英明神武、治理有方之类的应制诗，从艺术上讲没有太多可说的。不过，这场看起来就是地方官员和待考举子"商业互吹"的宴会，其实也有其独特作用。

首先，鹿鸣宴可以预防冒籍。什么是"冒籍"呢？按照唐制，举子必须在原籍参加解试，便于考核举子的品行。但是由于名额分配不均匀，很多举子为了能够有更多的录取机会而跑到名额多的州府参加考试。

鹿鸣宴上请的都是地方上有头有脸的人物，如果一个举子是外地人冒籍，饭局上跟地方乡绅聊几句就露馅了，马上就暴露出他不是本地人。所以说鹿鸣宴间接地起到了预防冒籍的作用。

其次，鹿鸣宴也是为贫困学子募捐的宴会。鹿鸣宴主要宴请的都是地方上有头有脸的人物，而举子中也有很多出身寒门无钱赶考的。在鹿鸣宴上，两者互帮互助也就顺理成章了。地方政府会资助举子，而地方士绅也会慷慨解囊。这类对于举子的捐赠称为"津送"。这种由地方政府牵头的捐资助学活动，确实也有利于当地人才的培养。

可惜，鹿鸣宴毕竟主要是由地方政府付账，这也给地方政府增加了一些财政负担。所以，鹿鸣宴举办与否往往与当地财政是否充盈直接相关。值得一提的是，鹿鸣宴上宴请的除了举子、地方士绅外，还有本次科考的考官，所以鹿鸣宴有时也被认为是"谢师宴"。

3. 烧尾宴：登科升职两用，唐朝"满汉全席"

烧尾宴起源于唐中宗景龙年间，通常是指以下这两种宴会：一个是指官员升迁时的宴会，官员要给皇帝进献食物。据《旧唐书·苏瑰传》记载："公卿大臣初拜官者例许献食，名曰'烧尾'。"另一个是指学子登科时所办的家宴，也称为烧尾。唐人所著的《封氏闻见记》记载："士子初登荣进或迁除，朋僚慰贺，必盛置酒馔音乐，以展欢宴，谓之'烧尾'。"无论是官员升迁还是士子登科，有一点是相同的：那就是烧尾宴跟曲江宴、鹿鸣宴不一样。烧尾宴不是国家或者地方主办的宴会，而是官员或者士子个人举办的家宴。所以，烧尾宴是由主办方自掏腰包请客。

烧尾宴到底是要烧谁的尾巴呢？有三种不同的说法。

第一种说法是烧虎尾，因为传说老虎变成人就是尾巴变不掉，只好烧掉才能成人。

第二种说法是烧羊尾，传说新来的羊加入羊群的时候，羊群里原来的羊比较抵触它，只有把尾巴烧掉才能够被羊群接纳。这大概也是包含了刚走入工作环境要积极融入环境的意思。

第三种说法是烧鱼尾。传说鲤鱼跃龙门后化龙，只有鱼尾不能消去，此时需上天降下天火烧去鱼尾，才能全身化龙飞升而去。古代士子登科常被誉为鱼跃龙门。登科以后，办烧尾宴，正是饱含了鱼化为龙、龙腾万里的美好祝愿。

由于烧尾宴是家宴，所以一些家资巨富的名门士子往往对此不厌奢华，大肆铺张。烧尾宴的菜品，无论是种类和质量都可以称得上是唐朝宴会的上乘，所以也有的资料把烧尾宴称为唐朝的"满汉全席"。

目前唯一有记载的烧尾宴菜单，来自唐中宗时期的大臣韦巨源。他升任尚书左仆射，于家中举办烧尾宴，宴请唐中宗。这次烧尾宴的菜单后来被五代时人记录在《清异录》一书中，从而流传于世。据《清异录》记载，韦巨源的这次烧尾宴共有58道菜点，从各类点心，到大菜主食应有尽有。有趣的是，这份菜单不但有菜名，还附记了制作方法。

比如有一道"汤浴绣丸"就是用肉末和鸡蛋做成肉丸子如绣球状，然后加汤煨成。有点像我们现在的狮子头或者丸子汤之类。再比如"御黄王母饭"就是用粟米制成黄米饭，将肉和各种物料组合的料浇在上面。这不就是我们现在的盖浇饭嘛。

纵观整份菜单，其中最能够体现主人品位的一道菜就是"素蒸音声部"，这道菜不是用来吃而是用来看的。所谓"音声部"就是古代的乐队。这道菜是用面食做的一个大型乐舞演出场面，用面制作的各种乐工和歌舞演员都衣袂飘飘，宛若仙人，栩栩如生。这样的菜，体现出了厨师非凡的想象力、创造力以及精湛的技艺。

唐代乐俑

由于烧尾宴所费甚巨，一般官员也办不起。比如《旧唐书·苏瑰传》记载，唐中宗景龙三年（709年），苏瑰官拜尚书右仆射，同中书门下三品，进封许国公。又当宰相又做国公，又加官又晋爵，这等喜事怎能不办个烧尾宴呢？文武百官都等着苏瑰请客，可苏瑰就是不提这事。后来有一位大臣问："你升了宰相都不办个烧尾？咋的，不高兴啊？（拜仆射竟不烧尾，岂不喜乎？）"苏瑰不慌不忙地怼了回去："宰相责任重大，老百姓都吃不饱我有啥尾可烧的。（臣闻宰相者，主调阴阳，代天理物。今粒食踊贵，百姓不足，臣见宿卫兵至有三日不得食者，臣愚不称职，所以不敢烧尾耳。）"

后来唐玄宗继位，提倡节俭，抑制奢靡，官员不再举办这么铺张的宴会，烧尾宴的风俗就逐渐消失在历史中了。

其实，无论是曲江宴、鹿鸣宴还是烧尾宴，都是为了表达士子登科的激动心情，和往来宾客对于士子鹏程万里的美好祝愿。除此之外，这些"升学宴"还有其他作用，比如沟通同僚感情，发展职场人脉，展示自身能力，解决个人问题等。古代的"升学宴"不仅是饮食活动，还是文化活动，更是一种社会活动。在历朝历代的传承中也形成了独特的"升学宴"文化，甚至经历了千百年的历史变迁，至今仍然在影响着我们的生活。

六、考试通过就完了？——官场之路漫漫

金榜题名是否就是进士们的人生巅峰呢？不是的。其实，科举只是人生的一个阶段，后面还有漫长的官场之路在等待着他们。

那么，唐朝官制到底分为多少个等级？那些头衔众多的名臣，到底哪个才是他真正的工作？在复杂的官僚体系中，哪个职位才是最高级别？这些问题不搞清楚，就算考过了科举也是两眼一抹黑，难以在官场上创造自己的辉煌。

1. 努力这么多年，到底是什么级别？——唐朝官制

唐朝的官员品级，有九品共三十级。其中，一品到三品有"正"和"从"的区别，比如正一品，从一品。正一品比从一品略高半级。四品到九品，等级就多了一些，除了区分正从之外，每半级还分上下，比如五品，就有正五品上、正五品下、从五品上、从五品下四级。这样算来，唐朝官员品级体系共有 30 个不同的等级。

在这些等级中，三品官基本上就是位极人臣了，宰相也才三品。三品以上的官职基本上属于荣誉称号。比如《长安十二时辰》里的贺知章，做到三品秘书监，这已经是品级很高的官员了。

很多人在科举考试之后，希望能够在京城当官，毕竟"京官"风光啊。那么，唐朝"京官"都有哪些部门呢？总体来说，有三省、六部、一台、五监、九寺。

三省：中书省、门下省、尚书省。这是唐朝最核心的行政机构，主要负责处理国家重要政务。三省也有不同的职能划分。中书省主要负责草拟诏书，批阅奏章等。中书省草拟诏书或者奏折处理意见，然后交给门下省。门下省，主要负责对诏令的审核。如果门下省觉得中书省草拟的诏令不合适，可以直接封驳退回中书省让其重写。

如果中书省草拟的诏书，通过了门下省的复核，就可以发到尚书省执行。尚书省下辖吏部、户部、礼部、兵部、刑部、工部等六部，分别负责不同方面的工作。每个部下面都设立了四个司，总共二十四司。六部部长称为尚书，副部长称为侍

郎。六部尚书为正三品，吏部侍郎为正四品上，其他各部侍郎为正四品下。吏部主管人事任免，户部主管财政赋税，礼部主管礼仪教育，兵部主管军事战事，刑部主管刑狱法律，工部负责国家基建。

六部负责把皇帝诏令，进行任务分解，拟定具体的执行方式，再将执行方案发给下面的负责部门来执行。三省六部是唐朝政治的核心部门。除此之外，还有其他部门，也就是一台、五监、九寺。

一台指御史台。御史台是唐代中央最高检察机关，主要负责纠察和弹劾官员，也就是给官员的工作挑毛病。御史台的老大是御史大夫，也是正三品。御史台作为监察机关，权力很大，这些御史基本上是想弹劾谁就弹劾谁，一般官员谁也不敢惹他们。

五监指的是国子监、少府监、将作监、军器监、都水监。国子监，是全国最高学府的领导机关，负责全国教育的管理机构。少府监，主要负责皇家的内库，负责皇家用品的供应等事宜。将作监，主要负责宫室、宗庙、陵寝等皇家的土木基建工作。军器监，主要负责兵器制造，弓弩铠甲之类的。都水监主要负责河渠津梁等水利工程。

九寺，这里可不是指九座寺庙，这个九寺可一个和尚都没有。九寺是指太常寺、光禄寺、卫尉寺、宗正寺、太仆寺、大理寺、鸿胪寺、司农寺、太府寺。其中，太常寺负责礼仪祭祀，光禄寺负责皇家膳食，卫尉寺负责皇家仪仗，宗正寺负责宗室事务，太仆寺负责放牧车马，鸿胪寺负责外交接待，司农寺负责粮食储备，太府寺负责商业贸易。大理寺这个大家比较熟悉，是全国的最高审判机关。这些寺大部分都是为皇家服务的机关。

当然，并不是所有进士都能够做京官，大部分进士还是要到地方去锻炼。唐朝地方行政区划，主要分道、州、县三级。道，这个行政级别是唐朝中期逐渐形成的，主要分十道：关内道、河东道、河南道、河北道、淮南道、江南道、山南道、陇右道、剑南道、岭南道。再加上安西都护府统辖的西域诸地，基本上这就是唐朝的全国行政区划了。

各道长官最初被称为观察使，后来统一叫节度使。节度使是一道之内军政最高长官，也是后来割据一方的藩镇的源起。道下面就是州，州的最高长官是刺史，州也有大有小，所以各州刺史等级也分高低，从从三品到正四品下不等。州下面就是县，县也分好几种，按照不同县的等级高低，所配备的官吏等级也有高有低。一般来讲，县令是从正五品上到从七品下不等。县里还会配备一些辅助官员，比如主簿、县尉等。

2. 头衔那么多，哪个才是正事？——"官"与"职"的区别

唐德宗建中元年（780年），著名书法家颜真卿为自己写了一份告身，也就是上任的官凭。这份作品也被称作《自书告身帖》。在这份告身的落款处，颜真卿是这样自述的：光禄大夫太子少师充礼仪使上柱国鲁郡开国公颜真卿。

颜真卿《自书告身帖》落款

在唐朝文献或者出土的碑刻墓志铭中，我们常常见到一些官员有很多头衔，写出来有很长的一串。那么，到底哪个头衔代表了他真正的工作内容呢？这就涉及唐朝官衔的书写顺序了。

唐朝官衔书写的顺序是"散、职、勋、爵"。什么意思呢？比如颜真卿的头衔，"光禄大夫""太子少师"，这些是散官。所谓散官就是类似荣誉称号，有俸禄，但是没有实际事务要处理。"充礼仪使"这个是职官，这是官员实际要处理的事务。"上柱国"是勋官，是有军功人员的酬奖，也是只领俸禄不用处理实际事务。"鲁郡

开国公"是爵位。由此看来,在这么长的头衔中,只有"充礼仪使"才是他要干的正事,其他都是挂名的。

北宋名臣司马光在《百官表总序》中谈道:"唐初职事官……外有勋官、散官。勋官以赏战功,散官以褒勤旧。"就说明了唐朝官衔的区别。

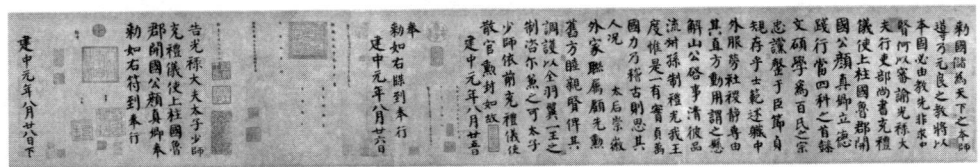

唐　颜真卿《自书告身帖》

那么,为什么一个官员会有那么多挂名的头衔呢?这就涉及"官"与"职"的区别了。现在我们常常把官职放在一起,其实在古代,"官"和"职"是两个不同意义的词。所谓"官"是代表官员的品级和俸禄多少,也就是说你在官僚体系中处于什么等级挣多少工资。而"职"则是官员实际负责的差遣任务,就是你实际干的事。正所谓"官以寄禄,职以差遣"。

应该说唐朝初期,"官"和"职"还是统一的,也就是说官员品级和职事是对应的,所有官员都有实际工作。但是随着时间推移,官僚体系不可避免地出现了臃肿和僵化现象。各个部门之间推诿扯皮,很多事务都不能够及时推进。皇帝只好临时抓人专门负责某类事务,而这一类临时负责某类事务的官员,在唐朝就被称为使职。

一般来讲,你只要看到唐朝人任某某使的职位,基本上都属于使职。比如节度使、观察使、度支使,还有礼仪使,这都属于使职。清朝史学大师钱大昕对使职是这样总结的:"节度、采访、观察、防御、团练、经略、招讨诸使,皆无品秩,故常带省台寺监长官衔,以寄官资之崇卑。"这里面谈到了唐朝使职的两个要点:第一,使职没有品级,第二,使职往往兼任其他部门长官。

既然是为皇帝办事,为什么皇帝不给这些使职品级呢?主要是两个原因,首先是由于使职最初设立是用来处理一些临时性事务,一旦任务结束,使职官员也要回归本职工作。对于临时性工作,的确没有给予品级的必要。另外,使职如果有了品级,就等于把使职给制度化了。如果是这样,使职就要遵守官僚体系内的一些规则，办事难免缩手缩脚。这是与设立使职办事方便的初衷相违背的。虽然使职本身没有品级，可是担任使职的人往往兼任其他部门长官，这等于是变相地保证了使职官员的个人地位。

那么，在唐朝，到底是临时性没品级的使职受欢迎，还是有品级有职位的职事官更受重视呢？唐朝人李肇编写的《唐国史补》记载："开元已前有事于外，则命使臣，否则止。自置八节度十采访，始有坐而为使。其后名号益广。于是有为使则重，为官则轻。故天宝末有佩印至三十者。大历中请俸有至千贯者。"意思是说唐玄宗开元时期以后，唐朝的使职越来越多，各种使职的名目也越来越广，所以当时的人认为使职官是比较重要的，职事官反而被轻视。

使职官连品级都没有，为什么会被唐朝人那么重视呢？因为使职官具备一个职事官没有的优势，那就是皇帝的亲近和信任。毕竟使职往往是由皇帝直接任命并负责某项具体事务，事务进度和处理结果都是直接向皇帝汇报。所以使职比一般官员更加接近皇帝，也更容易获得皇帝的信任。

使职这么好用，难怪唐朝皇帝越用越顺手，导致各种使职的名目层出不穷，比如唐玄宗时期的奸臣杨国忠，他的头衔就有一堆使职："守右相、兼吏部尚书、集贤殿学士、修国史、崇玄馆大学士、太清太微宫使、仍判度支、及蜀郡大都府长史、剑南节度支度营田副大使、本道兼山南西道采访处置使、两京出纳勾当租庸铸钱等使杨国忠"，这使那使一大堆使，全部都是使职。

这么多的使职，其实为唐朝后来官僚系统的崩溃埋下了隐患。使职最初设立是为了绕开僵化的官僚体系直接处理问题，可是随着皇帝对使职越用越顺手，很多本来应该官僚体系自己处理的问题，皇帝都派给使职处理，这直接导致了官僚体系越来越形同虚设，而使职也越来越由"临时代班"成为"常驻嘉宾"。大量使职的增加，导致人浮于事，冗官冗员问题日益突出。北宋史学家司马光曾经严厉地批评这种现象："名器之乱，无此为甚！"

3. 一人之下，万人之上？——唐代宰相

在唐朝官僚体系中，最大的官是什么？应该是宰相了，可以说是一人之下，万人之上。

宰相，历史上不同阶段，叫法不一样，比如有时候叫相国，有时候叫丞相，叫

法虽然不一样，但实质是一样的，说的都是朝堂之上的百官之首，代表群臣辅佐天子治理天下。在隋唐以前，这个职位往往都是一个人，也就是所谓"独相"。隋唐时期，行政制度以三省六部制为主，原来一人独享的相位权力分成了三份，分别隶属于三省长官。

三省长官在唐朝初年都算宰相。中书省的长官叫中书令。中书令的权力最大，直接决定国家政策。据《旧唐书·职官志》记载，中书令"佐天子而执大政"。门下省长官叫门下侍中。据《旧唐书·职官志》记载，中书令与门下侍中对于军国大政"参而总焉，坐而论之，举而行之"。门下省掌封驳之权，也是责任重大。尚书省长官本来是尚书令，但是由于唐太宗李世民以前做过尚书令，后来就不设尚书令一职了。这样一来，尚书省的副长官——尚书左、右仆射就成了尚书省的最高长官，与中书令、门下侍中一同为宰相。

虽然三省长官一同为相，但是中书令和门下侍中主管制定政策，尚书左右仆射主管执行。制定政策的当然要高于执行政策的，所以尚书左右仆射要比中书令和门下侍中地位低一点。可是尚书省也不白给，毕竟是唐太宗李世民待过的地方。贞观八年（634年），名将李靖任尚书右仆射。李靖身体不太好，于是跟太宗辞职。最后唐太宗下旨，李靖不用每天坐班，"三两日一至中书门下平章事"，就是说三两天到中书省和门下省处理一下奏章就行了。从此，一个新的名词出现在了——"同中书门下平章事"。意思是"和中书省、门下省一起处理奏章的事"。从贞观朝开始，这个名词逐渐跟宰相等同起来。据《通典·卷22》记载："及贞观末，除拜仆射，必加同中书门下平章事及参加机务等名号，方为宰相，不然则否。"也就是说，贞观末年，即使是尚书左右仆射，也必须要加同中书门下平章事的名号才算是真宰相。

到了高宗朝，任开府仪同三司英国公李勣为尚书右仆射，同时给了他另一个头衔——"同中书门下三品"。这个头衔字面意思是说你跟中书令、门下侍中一样，都是三品官员。但是，李勣被封为英国公，开府仪同三司，本来就已经是从一品了。让李勣跟中书门下同为三品，其实是品级降低了。不过，前面说了，有荣誉的不如有差事的地位高。李勣这个"同中书门下三品"，虽然品级看起来降低了，可绝对是真正的宰相，有实权。据《新唐书·百官志》记载："自高宗已后，为宰相者，必加同中书门下三品，虽品高者亦然。"

所以，在唐朝，宰相被称为"同中书门下平章事"和"同中书门下三品"。在武则天时期，有一位叫豆卢钦望的人拜左仆射，但是诏书上没提"同中书门下三品"这事，吓得豆卢钦望愣是不敢去中书门下上班。直到过了几天，又有诏书让他"知军国重事"，他才敢去。这说明就算拜了仆射，要是没有"同中书门下平章事"或者"同中书门下三品"的头衔，就不能算真宰相。

当然，要是哪天中书省和门下省都改名了，宰相的名称也得跟着变。比如武则天时期曾将中书省和门下省分别改为"凤阁"和"鸾台"，全是鸟名，"同中书门下平章事"就改叫"同凤阁鸾台平章事"，狄仁杰就曾经做过这个官。

那么，为什么好好的宰相，非要叫这么复杂的名字呢？直接叫宰相不行吗？其实这是唐朝君权加强和相权削弱所导致的现象。我们来看这两个复杂的称呼，都有"同中书门下"字样，也就是等同于中书省和门下省长官，但实际上不是。也就是说，皇帝需要有人来负责宰相工作，但是又不愿意给予宰相百官之长的地位，所以通过一些语义模糊的词汇来限制他们的权力。此外，唐朝同一时期往往有多个"同中书门下平章事"和"同中书门下三品"共同参政议政，这使得原来一人独掌的相权，被很多人分割，因此如果仅仅是单独一位宰相，根本无力与皇权抗衡。

第五章

弓背霞明剑照霜，秋风走马出咸阳
——尚武大唐

大唐天子有着"天可汗"的威名，而这威名背后则是大唐对于周边各国压倒性的军事优势。大唐的血管里流淌着边塞的风，而大唐的尚武之风，就从那些刀、枪、弓弩、马和铠甲之中弥漫开来。

一、唐刀破甲，人马俱碎——唐刀四制

唐朝是尚武的，唐朝在军事上对周边政权有着的压倒性优势。这里我们来说说唐朝的武备，首先来聊聊唐刀。

唐刀其实不是一种刀，而是几种刀的总称。人们通常把唐朝武库常用的几种刀统一称为唐刀。唐刀的定义来自成书于开元二十六年（738年）的《唐六典》。据《唐六典》中记载："刀之制有四：一曰仪刀，二曰鄣刀，三曰横刀，四曰陌刀。"其中，仪刀是仪仗所用，一般尺寸比较长，常常出现在隋唐墓葬壁画和画像砖中，画中仪仗人员手里拿的刀就是仪刀。

仪刀一般都有一个环首，上面雕刻着龙凤花纹。但是因为仪刀实在太长，如壁画中人只好挂在地上，没法挂在腰间。

至于鄣刀，因为没有出土文物与资料能够相互印证，所以有一点争议。据《唐六典》记载，鄣刀"盖用鄣身以御敌"。有人认为，鄣刀应该是随身的短刀，防身用的。还有人认为，"鄣"与障碍的"障"通用。如果鄣刀能够清除障碍，那么必

然是一把比较长的兵器。所以鄣刀可能是长柄大刀。这两种看法都缺乏证据佐证，所以这里仅是罗列，不做评判。

仪刀

剩下的横刀和陌刀，是大唐军中常用的两种刀。下面我们分别介绍一下这两种刀。

1. 唐刀破甲——横刀

横刀的特点是：刀长大概带柄 80 厘米，刀身光可鉴人，直刃。横刀往往是用作随身佩刀。

说起横刀，就不得不提它的老祖宗环首刀。环首刀始于先秦，盛于两汉，材质也从先秦的青铜逐渐过渡到汉朝时的钢铁，魏晋南北朝甚至隋唐的刀都有着环首刀的影子。环首刀可以说是汉朝及全世界最为精良、科技含量最高的兵器。环首刀的普遍特点是：长身直刃厚脊，刀柄较短，刀柄上有金属圆环，故称之为"环首刀"。

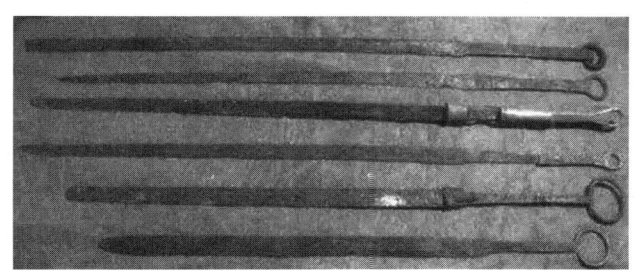

出土的各式环首刀

环首刀之所以有这么高的成就和这么长的使用时间,其主要原因就是中国当时掌握了世界上最为先进的冶铁锻造技术。我国在战国晚期就已经掌握了炼钢技术,并且在汉初已经掌握了"百炼钢"技术。唐朝冶炼锻造技术又有了大幅度提升,有了覆土淬火和包钢夹钢的"黑科技"。这里简单说一下,覆土淬火是一种局部淬火工艺。基本方法是以调配的泥土覆盖刀身的不需要高硬度的位置,然后将刀剑加热至特定温度。当红热的刀身进入水中后,裸露部分迅速冷却,而泥土覆盖部位的温度变化则不会非常明显,从而导致硬度与裸露部位不同。这样可以精确控制刀身不同部位淬火时的不同冷却速度,从而使同一把刀的刀身,不同部位可以有不同的韧性和硬度。包钢夹钢则是在高碳钢中夹一块低碳钢或在低碳钢中夹高碳钢,然后再进行锻造,这样可以使刀刃更加锋利,刀身韧性更强。这也就是传说中的"好钢用在刀刃上"。

有了这两种黑科技,唐朝横刀的工艺得到了大幅提升。不过目前国内很少有出土的横刀。如果想看横刀到底长啥样,只好到我们的邻国——日本去看了。前文提到日本曾经向唐朝派出了很多遣唐使,唐朝流传到日本的很多物品,都广受当时日本上层的喜爱,当时的很多物品,也都保留到了现在,其中就有唐横刀。在日本奈良的正仓院,还保存着自唐朝流入的唐横刀。不过他们将横刀称为唐大刀。

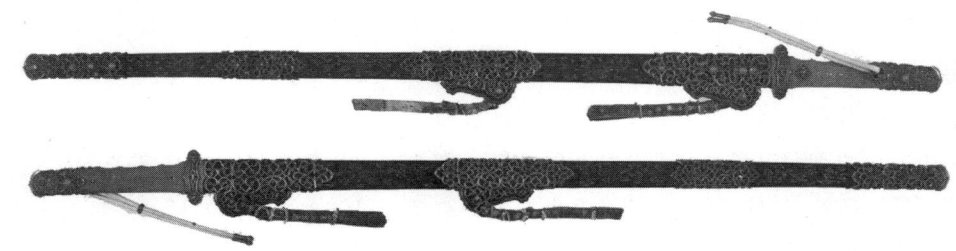

奈良正仓院所藏的金银钿装唐刀

从正仓院的唐刀可以明显看到,唐朝时刀柄上的圆环已经消失。后来日本刀的造型可以说是与唐横刀一脉相承。只是日本刀造型有一点弧度,而唐刀是直刃。据说日本人也想做横刀,但是没有那么好的工艺,做不了那么直,所以只好稍微留一点弧度,这反而成了日本刀的一大特点。

横刀为什么要做成直刃?这可能是与当时的甲胄构造有关。当时,铠甲主要以甲片甲（就是由一个个小甲片构成的铠甲）为主，而唐刀的直刃对于甲片甲有很好的穿刺效果。这就是所谓"唐刀破甲"。

那么，唐朝的横刀为什么叫横刀呢？这与它的佩带方式有关。在唐以前，刀剑的佩带往往是用腰带穿过刀鞘上的孔来佩带的，这样就导致刀会随着重力垂直于地面。

这种佩带横刀的方式让人不太舒服，使用时也不方便，走路时还经常卡腿。于是人们发明了"附耳"，在剑鞘靠近鞘口处伸出一耳，耳翼前端穿孔，用皮绳系挂于腰带右侧。唐朝时，人们又发明了双附耳。正仓院所藏的唐刀刀鞘上就有两个附耳。横刀在腰带上的挂法如下图。

由两个附耳伸出两根带子，分别挂在两个不同的带扣上。这样悬挂的刀，自然与汉代竖着的姿态不同，变成了横着的姿态。所以这样的佩刀也称"横刀"。《资治通鉴》的注解中写道："横刀者，用皮襻带之刀，横於腋下。"这也是一个佐证。

徐州北洞山汉墓出土陶俑

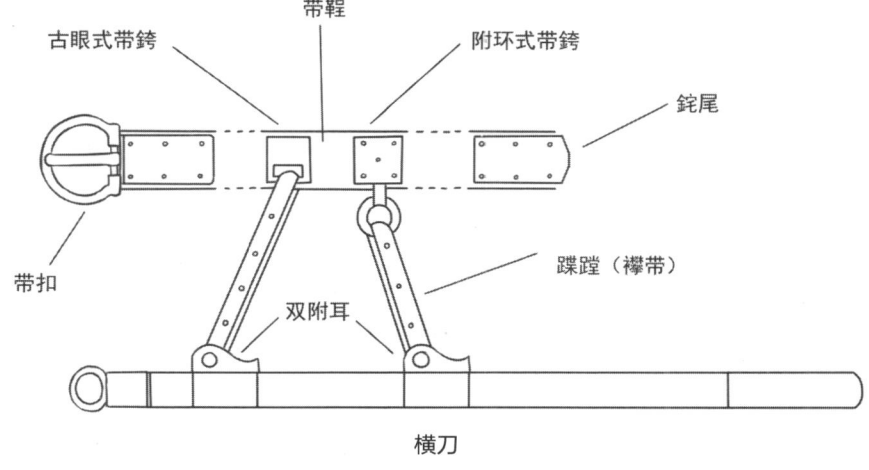

横刀

2. "黑科技"武器——陌刀

《唐六典》里对于陌刀的定义是这样的:"陌刀,长刀也,步兵所持,盖古之斩马剑。"这说明,首先陌刀是长刀,其次主要是步兵用的,不是骑兵用的,再次它起源于古代的斩马剑。斩马剑这个名词汉朝就有了,但是斩马剑到底长什么样,还没有考古和文献互相证实。人们根据历史记载,推测斩马剑应该是一种双面开刃、狭长造型的锋利长剑。斩马剑自然是应该能够斩马的。陌刀既然源于汉代斩马剑,所以自然就继承了斩马剑的造型。

陌刀这个名词,最早出现在隋末唐初。据《旧唐书·阚棱传》记载:"(阚棱)善用大刀,长一丈,施以两刃,名为陌刀。"阚棱是隋末军阀杜伏威的属下。可见陌刀在隋末唐初就已经出现了。

长一丈,两面开刃,所以陌刀的造型明显更加像有长柄的剑,可能因为主要用作劈砍,也可以算作刀。陌刀的工艺要求比较高,由于两侧要锻造成利刃,中间还得留个挺厚的脊,所以造成了陌刀的生产成本特别高,而且杀伤力也非常大。

任何兵器都有一定的应用场合和针对对象,因陌刀来源于斩马剑,又用于步兵,所以应用场合主要是步兵对骑兵。陌刀在唐朝最初主要是用来与突厥作战。唐军在与突厥骑兵对战时,在机动能力上明显处于劣势,尤其是在平原上开战时,那是突厥骑兵的主场。面对突厥骑兵战术,唐军总是处于下风。

但是大唐也不是一点优势没有,最大的优势就是唐朝冶铁技术发达,兵器无论是锋利程度还是韧性都是上佳。所以对于唐军来讲,要扬长避短,通过精良的兵器,以步兵遏制骑兵。

长枪长而尖锐,可刺倒人马,对于制服敌骑有一定效果。但陌刀双刃而长,一挥可杀数人,可以砍杀战马。显然,在近战时陌刀的杀伤力、威慑力比枪、弩要大,能震慑敌骑,稳住大阵,是以盛唐时诸军都成立陌刀队,有专门的陌刀手、陌刀将,陌刀也因此更流行。于是,唐军开始大量配备陌刀,并且总结出了以陌刀为主的战术。这使得陌刀在唐朝天宝年以后成为唐军步兵的主战兵器。当时枪和槊的杀伤力都不如陌刀。如果陌刀用得好,往往能够在战场上收到奇效。这在"安史之乱"中得到了多次验证。

因此,陌刀成了当时唐军的秘密武器。国家对于陌刀控制很严,平时由武库统一管理，战时才下发给士兵使用。

　　提到陌刀，就不能不提到一个人。那就是"安史之乱"中凭借一把陌刀，立下不世功勋，名垂青史的名将李嗣业。李嗣业，是现西安高陵人，天宝初年到安西都护府参军。当时军中刚刚配备了陌刀，大家都不太会用。军中都认为李嗣业是使陌刀最牛的人（于时诸军初用陌刀，咸推嗣业为能）。后来李嗣业跟着高仙芝作战，因为在战争中表现出色，到安史之乱前已经做到了骠骑左金吾大将军。"安史之乱"以后，李嗣业跑到了灵武去保护肃宗。李嗣业跟郭子仪等唐朝将领经常一起平叛。因为作战神勇，《旧唐书·李嗣业传》记载，李嗣业所到之处"贼众披靡，所向无敌"。

　　李嗣业人生中的巅峰应该说是香积寺战役。唐肃宗至德二年（757年）九月，李嗣业率军与叛军在香积寺北交战。叛军将领李归仁率精锐部队向唐军发起挑战，唐军追击叛军途中被叛军援军逼退。叛军的进攻势不可当，一直突入了唐军营地，唐军大乱。就在这千钧一发的时刻，李嗣业对中军主将郭子仪说："都到了这个地步了，要是还不跟敌军决战，置之死地而后生，那咱们的部队就全完了（今日之事，若不以身啖寇，决战于阵，万死而冀其一生。不然，则我军无孑遗矣）。"接下来，李嗣业人生的高光时刻到来了。他干脆光着膀子，拿起陌刀在叛军阵前大喝一声，然后左劈右砍连着杀了十几个叛军。《旧唐书·李嗣业传》记载："当嗣业刀者，人马俱碎"，可见李嗣业的杀伤力之强。李嗣业阻止了唐军阵营被打乱的倾向，让唐军重新稳住了阵脚，并且最终取得了战斗的胜利。而李嗣业所使的陌刀，也随着他在历史上留下了光辉的一笔。

　　无论是横刀还是陌刀，都曾经在历史上留下了灿烂的一页。所以，唐刀在中国古代兵器史上被称为钢铁刀剑的巅峰。一千多年以降，远离冷兵器日久的我们，当看到博物馆里出土的唐朝刀剑时，仿佛仍然能够感受到盛唐时那"金刀动秋色，铁骑想风尘"的豪迈气象，好像看到了"大雪满弓刀"的凌厉壮丽。

二、跃马执槊，所向披靡——唐朝的槊

槊，是一种比较长的矛，比较公认的说法是要达到一丈八尺才可以叫槊，按照隋唐的尺寸来计算大概在4—5米。《释名·释兵》："矛长八尺曰矟，马上所持，言其矟，矟便杀也。"槊又写作"矟"，这两个字是通用的。

槊的前身矛出现得比较早，大约在商周时代就曾经出土过青铜的矛。不过受制于青铜本身的材料特性，韧性并不很好，所以枪头不能做太长。当时青铜矛的矛锋（就是枪头）大概也就十来厘米长。随着冶铁技术的不断提升，铁制矛锋就可以在长度上逐渐增加。到了东汉时期已经能够制作长达50多厘米的矛锋。这么长的矛锋，那矛杆自然也就不能太短了，于是长度超过一丈八尺的槊就应运而生。

需要说明的是，在古代吴语中，槊这个字读音与"蛇"字基本相同，所以古代民间也把槊称为"蛇矛"。三国中张飞所使用的"丈八蛇矛"，长丈八，叫蛇矛，很有可能指的就是槊。《三国志·蜀书·张飞传》中这样描述张飞在当阳桥前的表现："飞据水断桥，瞋目横矛曰：'身是张翼德也，可来共决死！'"可见张飞用的矛，也有可能就是槊。不过，三国年间不只有张飞用槊，很有可能关羽也是用槊。什么？关羽难道不是用青龙偃月刀吗？历史上还真不一定。据《三国志·蜀书·关羽传》记载："曹公使张辽及关羽为先锋，羽望见良麾盖，策马刺良于万众之中，斩其首还。"关羽斩颜良用的是"刺"这个字，可见当时关羽应该用的是刺击型兵器，也就是长矛或者马槊之类的武器。可见三国时，槊已经逐渐成为主要兵器。

后来经过魏晋南北朝一直到隋唐，因为骑兵逐渐取代步兵成为战场的主流，适合骑兵使用的马槊也就逐渐成为军队的首要装备。但是马槊也确实不是一般人用得起的，究其原因，就是在槊杆上。

马槊因为其长度比较长，所以对于槊杆提出了比较高的要求。首先是硬度要足够，不能被对方随便一刀砍断；其次是韧性要强，这么长的武器，如果槊杆韧性不够，在刺击对方时很可能会受力折断。再说材料，如果这么长的马槊再用金属槊杆，就太重了，基本上没有人能拿得动了；如果用木材或者竹子，则太过柔软。

于是，人们发明了一种叫作"积竹柄"的工艺，解决了槊杆的材料问题。所谓

"积竹柄"，制作流程一共分为四步：第一步，用平直的硬木棍削成芯（保证硬度）；第二步，在芯的外面包上两层薄竹片（增加弹性）；第三步，用丝帛缠紧（加固）；第四步，涂上漆晾干（防水）。上等的马槊，其槊杆还要用布缠在外层，再裹上生漆晾干，再缠一层布，再涂一层漆，如此反复几次，一根槊杆等做好要耗时几年。所以，若非出身名门，军旅世家的人，是用不起上等马槊的。

据历史记载，隋唐很多名将都是用槊高手。比如秦叔宝，虽然演义中说他是使金锏，但是在骑兵战场上，真正用得上的可能还是马槊。据《旧唐书·秦琼传》记载，秦叔宝跟着太宗打仗，有时敌军中勇将，出来炫耀武力。太宗看不惯，马上命令秦叔宝上去干掉他，"叔宝应命，跃马负枪而进，必刺之万众之中，人马辟易"。可见秦叔宝在战场上是用枪的。再比如程知节（就是程咬金），演义中说他是用的斧子，其实根据历史记载，他用的也是马槊。据《旧唐书·程知节传》记载，他"少骁勇，善用马槊"。

虽然看起来不是世家将领用不起上等马槊，但是决定战争胜利的终归不是武器而是人。要说隋唐玩槊玩得最溜的，却不是世家将领，而是出身贫寒的尉迟恭。

尉迟恭，字敬德。尉迟恭祖上是北魏鲜卑人，出身寒微。据说尉迟恭少年时以打铁为生。尉迟恭最初是跟着刘武周，后来投降了大唐，在太宗（那时还是秦王）帐下。尉迟恭刚跳槽没两天，就救了太宗一回。有一次太宗带着尉迟恭出去打猎。他们在榆窠遇到了王世充的大部队。王世充手下大将单雄信飞马直取太宗，千钧一发之际，"敬德跃马大呼，横刺雄信坠马"（《旧唐书·尉迟敬德传》）。后来京剧把这个故事改编成了一折戏，叫作《御果园》。

当时太宗出门经常带着尉迟恭。太宗用弓箭，而尉迟恭拿着槊跟着。敌军远则由太宗用弓箭射他们。到了敌军跟前尉迟恭就执槊上去了。所以太宗曾经称赞尉迟恭说："吾执弓矢，公执槊相随，虽百万众若我何！"尉迟恭可以算是太宗官方认定的用槊高手。

要是光使槊使得好，那还不算玩得溜。尉迟恭最为人称道的是避槊和夺槊功夫。据《旧唐书·尉迟敬德传》记载："敬德善解避槊，每单骑入贼阵，贼槊攒刺，终不能伤，又能夺取贼槊，还以刺之。"能单枪匹马闯入敌阵，敌人的槊刺过来不但能躲开，还能夺取对方手中的槊再刺回去，这简直是"开挂"的节奏了。要做到这些不光要有敏捷的反应，还得有灵活的身手。

后来，齐王李元吉听说了尉迟恭的名声，有点不服，要跟尉迟恭比试一下。太宗怕伤到人，于是让双方去掉槊锋（枪头），用槊杆来刺对方。结果尉迟恭直接来一句："齐王就是加上槊锋也伤不到我，要不齐王就别除掉槊锋了。我还是把槊锋除掉吧，别把人家齐王伤着（纵使加刃，终不能伤。请勿除之，敬德槊谨当却刃）。"李元吉一听就气坏了一定要赢过尉迟恭。结果，比试的时候尉迟恭躲槊躲得实在太快了，李元吉一次也没刺中尉迟恭。

这时，太宗问尉迟恭："是夺槊难，还是避槊难？"

尉迟恭诚实地回答："那肯定是夺槊难啊。"

于是太宗就让尉迟恭去夺李元吉的槊。这就有点儿教训李元吉的意思了。李元吉刚才连刺都刺不到尉迟恭，太宗还让尉迟恭去夺他的槊，这就更加不给李元吉面子了。

李元吉铆足了劲，紧紧地握住槊柄不松手。结果尉迟恭还是轻轻松松地三次夺下了李元吉的马槊（敬德俄顷三夺其槊）。李元吉落得个颜面扫地。可见尉迟恭武艺是何等高强。后来尉迟恭在玄武门之变中立下大功，被封为鄂国公，死后赐葬昭陵。

虽然时光已走过千余年，如今读起张飞、关羽、秦叔宝、程咬金和尉迟恭等这些善使长槊的英雄史料时，仍然能感觉到热血沸腾。那些执槊跃马，挺身出击的光辉时刻，也被着以凌厉的笔墨，留在了史书之上，让后人在掩卷之后，感叹不已。

 **三、将军角弓不得控，都护铁衣冷难着——唐朝弓弩**

除了刀和槊之外，唐军装备中，最重要的就是弓弩了。

1. 弓：三箭定天山

弓在中国的历史可谓十分悠久。中国境内出土最早的箭头是用石头做的，距今应该在三万年左右。人类在漫长的进化历史中很早就学会了使用弓箭对猎物进行远程攻击。据研究，中国在商代就已经有了复合弓（就是由多种材料复合制成的弓）。在春秋战国时期成文的《考工记》中，把制作弓的原料称为六材，即：干、角、筋、胶、丝、漆。对于弓的制作，书中这样描述："弓人为弓，取六材必以其时，六材既聚，巧者和之。干也者，以为远也；角也者，以为疾也；筋也者，以为深也；胶也者，以为和也；丝也者，以为固也；漆也者，以为受霜露也。"

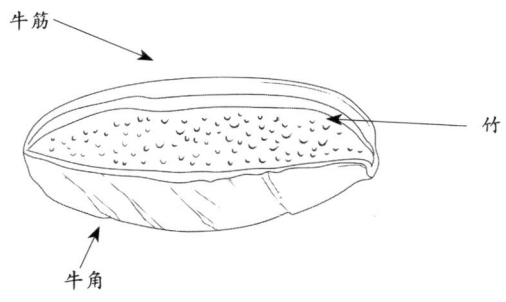

复合弓截图

如果把传统的复合弓锯开就如上图所示，横断面中间浅色的竹木芯是弓胎，下面的深色层是角片，竹木芯的上面是铺的筋，筋和角以动物胶粘贴在弓胎上，外面再用丝线缠紧，涂上胶和漆就形成了一把典型的复合弓。这样的复合弓因为使用了动物角筋材料，所以在历史上又被称为"角弓"。唐代边塞诗人岑参的名篇《白雪歌送武判官归京》中就曾有"将军角弓不得控，都护铁衣冷难着"这样的诗句。

除了有复合弓的特点，中国的传统弓还有一个显著特点，就是反弯。所谓反弯指的是在不上弦的情况下，弓体收缩方向与上弦方向相反，在上弦以后，能够出现M或者W形状的曲线。因为这样的曲线，反弯弓又称为双曲弓或者反曲弓。

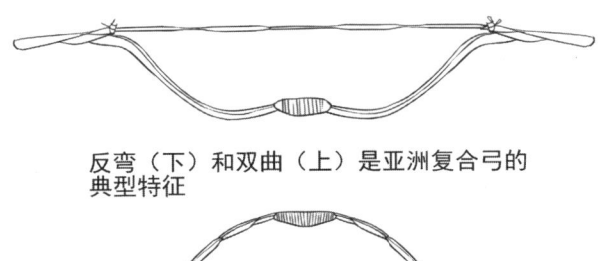

反弯（下）和双曲（上）是亚洲复合弓的典型特征

图中上面就是上弦以后的弓形状，下面为未上弦时弓的造型。

弓发展到了唐朝，基本上成了所有士兵必备的武器。《唐六典》中对弓是这样描述的："弓之制有四，一曰长弓，二曰角弓，三曰梢弓，四曰格弓。"并进一步解释说："今长弓以桑柘，步兵用之；角弓以筋角，骑兵用之；梢弓，短弓也，利于近射；格弓，彩饰之弓，羽仪所执。"据《唐六典》记载，长弓可能是由桑柘木制成的单体弓，角弓应该就是复合双曲弓，梢弓是短弓，格弓是仪仗所用。真正战场上用的是长弓和角弓，到了唐中晚期，逐渐发展成了长梢弓，后来所有唐军都换成了长梢弓。

当时唐军基本上是一人一弓。据唐朝兵书《太白阴经》记载："唐朝一军12500人，配弓12500张，弦37500条（一把弓配三根弓弦），箭3750000支（一把弓配300支箭）。"在唐朝，对名将的基本要求就是弓马娴熟。唐朝善射的名将更是数不胜数，坐头把交椅的当然就是唐太宗李世民了。

据历史记载，太宗可以"箭穿七札，弓贯六钧"，一箭射穿七层铠甲，能拉开六钧（约为122公斤）的弓。太宗曾对尉迟恭说过一句话："吾执弓矢，公执槊相随，虽百万众若我何！"这里除了赞扬尉迟恭执槊了得，也是称赞自己神箭无敌。

除了太宗，唐朝还有一位神箭将军，那就是三箭定天山的薛仁贵。

据《旧唐书·薛仁贵传》记载，突厥九姓部落叛乱，薛仁贵奉高宗旨意前往平叛。临行之前，高宗为了试试薛仁贵尚能饭否，于是从内库中取出五套铠甲套在一起，命令薛仁贵射箭，看能否射穿。高宗说："古人善于射箭的人有的说能射穿七层甲胄，爱卿今天先试试能不能射穿五层（古之善射，有穿七札者，卿且射五重）。"薛仁贵一箭射穿了五层铠甲，高宗彻底服了。

而对于三箭定天山的传说，《旧唐书·薛仁贵传》中写得更为精彩："时九姓有众十余万，令骁健数十人逆来挑战，仁贵发三矢，射杀三人，自余一时下马请降……军中歌曰：'将军三箭定天山，战士长歌入汉关。'"薛仁贵的事迹在史书中都被编成歌了，可见他的骁勇。

弓虽然有着很多优点，但是也有其缺点，那就是受射箭人的臂力限制，不能够连续反复拉弓射箭太久。因为反复拉几次，射箭者的手臂很快就会无力。如果能够用一种机械结构，使射箭者不需要用胳膊承受弓弦拉开的力量，就可以达到反复发射的目的。正是基于此，人们发明了弩。

2. 弩：有机关的射击兵器

在弓的发展史上，中西方差不多是并驾齐驱。但是在弩的发明上，中国就是一枝独秀了。中国的弩诞生可以上溯到2000多年前的战国中期，因此中国被公认为最先发明弩的国家。但是到了唐朝时，弩在军中配备还不能达到弓的配比。据唐朝兵书《太白阴经》记载，唐朝一军要配备12500支弓，但是配备弩却只有2500支，只占军队的20%，可以说是比较少了。

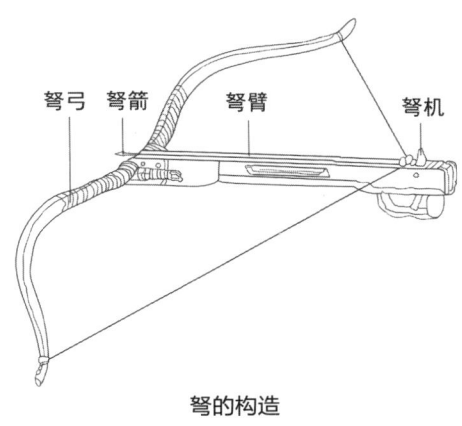

弩的构造

据《唐六典·卷16》记载："一曰擘张弩，二曰角弓弩，三曰木单弩，四曰大木单弩，五曰竹竿弩，六曰大竹竿弩，七曰伏远弩。"其中擘（音同薄荷的薄，大拇指的意思）张弩与角弓弩是单兵弩，擘张弩为步兵所用；角弓弩，骑兵所用。"木单、竹竿、伏远等弩，其力益大，所及渐远。"很可能这几种弩都属于大型重弩。禁军之外，唐朝的边兵还使用过摧山弩、静塞弩、绞车弩、两弓弩、车弩等，摧山弩、静塞弩是单兵弩，其余三种为重弩。

其中杀伤力最大的是绞车弩，史载能射七百步，换算过来1000多米，这种弩必须要用绞车来上弦。

单兵弩上弦的方式有三种，第一种是直接用手上弦，叫作"臂张"；第二种是用脚踩住一头，用手拉着上弦，这种叫"蹶张"（也有叫脚张的）；第三种，是用绳子把弩两端系在腰间，坐在地上以双腿蹬住弩弓，双手助力将弓弦挂上弩机，这种叫"腰张"。

相比弓来说，弩的优点是采用机械结构发射替代人拉弓发射，可以反复发射而损耗人力较小，但是弩也有一个致命的缺点，那就是射速不如弓。

如果是弓的话，古人云"临阵三发"，就是指弓箭手在临敌之时，可能只有发三箭的机会。三箭之后，敌军骑兵基本上就冲到跟前了，就要展开近身肉搏了。弩由于要上弦，耽误了一定时间，临阵最多不过一两发。这样的射速，在战斗中将是致命的缺陷。于是，为了提高射速，古人发明了一种神器，那就是传说中的"连弩"。连弩大家就很熟悉了，但也不是所有人都用得上，比如张飞就不需要，人家可以无限出杀（嗯……好像串到三国杀了）。

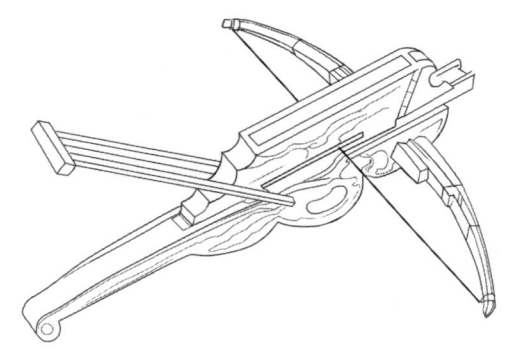

诸葛连弩

古代的连弩和我们现在理解的连弩是有一定区别的。古时候的连弩大多可以称作并发弩，也就是同时发射很多箭的弩，比如大家熟知的诸葛连弩。据《魏氏春秋》记载，诸葛亮曾经制作了一种弩叫作"元戎"。这种元戎弩应该是传说中诸葛连弩的原型。元戎弩发射的时候"一弩十矢俱发"，威力强大。看来历史上真正的诸葛连弩不是我们所想象的一支支箭连续射出，而是一次发射十支箭，也就是说不是串行的而是并行的。

虽然增加了并发箭数量，但是这种连弩其实还是以牺牲了射程作为代价的。普通的单发单兵弩大概可以射200步以上，但是用连弩可能（据《天工开物》记载）也就20步。当然，这指的是单兵弩，如果是绞车上弦的大型弩则另当别论了。

唐朝早期弩的使用并不广泛。因为唐朝前期的战争都是以长途奔袭、速战速决为特点，比如李靖灭突厥就是典型的例子，这种突袭战中基本上用弓效果要强于用弩。但是随着唐朝逐渐舍弃了这种冒险突进的打法转而开始在边境筑城，依托城镇堡垒开展城防战斗，这种战争风格的转变却意外地让弩有了很多的用武之地。毕竟弩作为守城工具来说还是非常好用的。城防关口上安装大型绞车弩，其远程杀伤能力还是很强的。在"安史之乱"中，李光弼就常用弩兵防守要塞。

四、相逢意气为君饮，系马高楼垂柳边
——唐朝马文化

在草原上矫健奔驰、四蹄如飞的骏马，展现了健壮豪迈的风姿。在中国古代，马既善于奔跑，又能够负重。无论是日常生活还是狩猎军事，马匹都发挥着举足轻重的作用。

唐朝十分注重马的管理，为此专门制定了政策和设立了专门的管理机构。随着大唐国力蒸蒸日上，在唐高宗麟德年间（664年—665年）达到了巅峰时期，马匹数量达到了70.6万匹。

唐朝不但马匹数量多，而且对马的热爱也是空前的。无论是诗词还是艺术中，马的意象比比皆是。在唐朝人心中，马不光是一种于人有益的牲畜，更是一种人格化的道德和精神。它身上体现了中华文化的豪迈与进取，蕴含着深厚的文化情结。很多唐朝人一提到马，瞬间化身"爱马仕"，就是爱马的人士。而这种马文化，也在很多艺术作品和唐朝文物中得到了充分的表现与印证。

1. 唐代鞍马画——杜甫，你的眼光到底行不行？

在中国画里，通常把有关马的绘画称作"鞍马画"。这里不是单指表现马，也泛指与马有关的历史、风俗、人物肖像等。一句话概括，只要画面里有马，就算鞍马画。

唐朝的鞍马画艺术无疑是与时代发展相结合的。唐朝的历史巅峰阶段——盛唐，同时也是唐朝鞍马画艺术的巅峰时代。在盛唐，主要是唐玄宗开元盛世时期，鞍马画出现了很多名家大作，比如张萱的《虢国夫人游春图》（原本已佚，现存宋摹本,藏于辽宁省博物馆)。

虢国夫人游春图(宋摹本)

在整个唐朝鞍马画领域,要说起真正的大师,一对师徒的名字一定不会缺席,他们被记录在诗词中,作为盛唐的标志代代流传。他们就是曹霸和韩干。

曹霸,是谯郡(今安徽亳州市)人,一看这个地方,这个姓,有一些历史功底的读者应该就明白了,这位是曹操的后人。杜甫的《丹青引·赠曹将军霸》中开头就说"将军魏武之子孙"就说明了这一点。曹霸的主要成名阶段是在开元年间(713年—741年),曾经官至左武卫大将军。

曹霸画得有多好?曹霸的好友杜甫就曾经在《丹青引·赠曹将军霸》中这样描述:"先帝御马玉花骢,画工如山貌不同。……玉花却在御榻上,榻上庭前屹相向。至尊含笑催赐金,圉人太仆皆惆怅。"这段意思是说,玄宗让曹霸画御马玉花骢,曹霸挥毫作画,画好的玉花骢在御榻上跟庭前的真玉花骢两两相对,因为画得太像让现场的人都看呆了。

曹霸的画工如此精妙,令人神往。可惜的是,曹霸的画作无一存世。所以我们只能从古人的评价中来了解一下曹霸的画风。北宋书法家黄伯思在《东观余论》中写道:"曹将军画马神胜形,韩丞画马形胜神。"再结合韩干的存世作品风格,我们可以推断:曹霸应该是比较擅长画比较瘦的马,比较注重马的"骨相",也就是骨骼结构。

说完了师父曹霸,我们接下来说说徒弟韩干。韩干是长安人。据唐朝张彦远的《历代名画记》记载:"韩干……善写貌人物尤工鞍马,初师曹霸,后自独擅。"曹霸的好友杜甫在《丹青引·赠曹将军霸》中也说:"弟子韩干早入室",可见韩干是曹霸的门生无疑。但是杜甫对韩干的马却并不很喜欢，觉得与曹霸风格差别太大，还在诗里"怼"韩干："干惟画肉不画骨，忍使骅骝气凋丧"。看来，韩干不只是学习了曹霸的技巧，还创立了自己独特的艺术风格。

上面说了，曹霸比较擅长画瘦马，而韩干则恰好相反，非常喜欢画肥壮健硕的马。这也就是杜甫说他"画肉不画骨"的原因。比如现藏于美国大都会博物馆的韩干《照夜白图》就体现了韩干的这种风格。

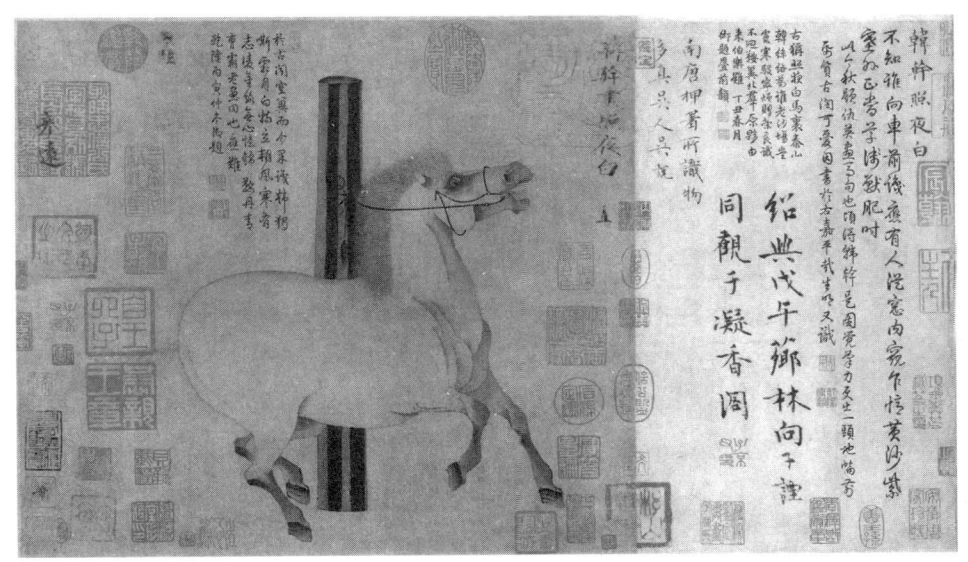

韩干《照夜白图》（现藏于美国大都会博物馆）

照夜白是玄宗的御马。这幅画画的是照夜白被拴在拴马桩上，但是不甘束缚，努力想要挣脱的场景。在画中，膘肥体壮的照夜白昂首长嘶，四蹄翻腾，鬃毛竖立，鼻孔贲张，整幅画面用静止的载体却描绘出了运动的状态。观此画，我们仿佛能够听到照夜白的嘶鸣声，看到照夜白鼻孔里呼出的白气。似乎照夜白正要挣脱羁縻，纵情狂奔。韩干的画风神韵，可见一斑。

虽然杜甫对韩干的画风不感冒，但是这并不影响后人对于韩干的追捧，甚至有人喜欢韩干到了为了自己的"IDOL"，连诗圣都敢"怼"。晚唐诗人顾云曾经有一首诗《苏君厅观韩干马障歌》，讲的是他在朋友处看到一幅韩干所画的马屏风，对韩干的画工非常折服。

韩干《牧马图》（藏于台北"故宫博物院"）

顾云在诗中这样评价韩干所画的马："轻匀杏蕊糁皮毛，细捻银丝插鬃尾。思量动步应千里，谁见初离渥洼水？眼前只欠燕雪飞，蹄下如闻朔风起。"好像看到韩干画的马就想到了马匹在北风大雪中畅快奔驰的场景。最后顾云这样回"怼"杜甫："杜甫歌诗吟不足，可怜曹霸丹青曲。直言弟子韩干马，画马无骨但有肉。今日披图见笔迹，始知甫也真凡目。"意思就是一句话："杜甫你的眼光也就是那么回事。"

其实师徒相比之下，似乎韩干的画风更受后世画家青睐，毕竟膘肥体健的骏马，显示出了丰厚肥美的风格和雍容华贵的气质，这也与唐朝尚丰肥的审美趋势吻合。艺术本来就是个人喜好，有人喜欢瘦的，有人喜欢肥的，这也无可厚非。但是居然为此写诗"互怼"，也算是艺术史上的一件趣事了。

2.唐三彩马——三花马还是五花马？到底马能有几个花？

唐朝人对于马的热爱程度那可是我们很难想象的，除了在世时把马画成画挂起来天天看，死后也希望有马陪着。所以就有能工巧匠制作了著名的唐三彩马作为陪葬。唐三彩是盛行于唐代的一种低温釉陶器，以黄、白、绿或黄、褐、绿为基本釉色，在色釉中加入含有铜、铁、锰、钴等矿物质为着色剂，再投入大量的铝做助熔剂，经过焙烧呈现多种釉彩。

当时唐朝等级比较高的墓葬都盛行用马造型的器物陪葬。据《册府元龟》记载，唐朝名臣李勣去世时候嘱托家人后事："明器惟作马五六匹。"这里的"明器"就是指陪葬器皿。由此可见，当时用马造型的器物陪葬非常常见。

现存出土的唐三彩马，造型各异，形态万千，基本上没有重复的样子。虽然是静态的器物，可是由于刻画太过生动，反而让人感觉马隐隐有运动的态势。马未都先生曾经对唐三彩有这样的描述："虽站立有奔驰之势，虽不鸣有萧萧之声。"这是对唐三彩特点的最好概括。

从造型上看，出土的唐三彩大概可以分成三种：一是放养马，二是载人马，三是鞍马。放养马就是纯自然状态的马，没有马鞍也没有缰绳。出土的放养马什么形象的都有，有的抬头长鸣，有的低头吃草，有的站着发呆，有的四处张望。这类造型的马体现了马的自然形态，给人不事雕饰，怡然自得的感觉，让本来雄健的骏马也变得"萌萌哒"起来。比如陕西历史博物馆收藏的出土于陕西省乾县永泰公主墓的两座放养马俑，就给人以这种感觉。这俩放一块，好像一个刚吃饱，一个正在低头猛吃，生动的气息扑面而来。

唐三彩仰头马、低头马（现藏于陕西历史博物馆）

唐三彩的载人马造型相对更复杂。骑马的有男有女，有胡人有汉人，有老人有小孩。比如陕西历史博物馆收藏的三彩胡服骑马女俑，就是女子骑马的造型。这个女俑身上穿着深绿色胡服，显得英气勃勃。在唐朝，社会风气开放，很多女性都很喜欢穿胡服或者男装，这也是当时很"时髦"的事情。

唐三彩胡服骑马女俑（藏于陕西历史博物馆）

鞍马是佩戴马鞍等全套马具但是不载人的马，这样的马往往是全身鞍鞯笼辔都被细致入微地塑造出来，显示出马具的高等级，也是墓主人的地位象征。比如陕西历史博物馆收藏的唐三彩三花马，出土于陕西乾县懿德太子墓。之所以叫"三花马"，是因为马鬃被精心修剪出三缕凸起，看起来好像城墙一样。

唐三彩三花马（藏于陕西历史博物馆）

能够被剪出"三花"的马可不是一般的马，往往是来自西域的名贵宝马。马的主人也往往不是皇亲国戚也是王公贵族。白居易就曾有诗云："风笺书五色，马鬃剪三花。"另一位诗人岑参也曾有诗云："紫髯胡雏金剪刀，平明剪出三鬃高。"这说的也是三花马。就连唐太宗"昭陵六骏"的石刻上，也有着清晰的"三花"标志。

昭陵六骏石刻，上面能看到马鬃剪成了"三花"

看到这里，有的读者可能会问不是还有"五花马"吗？是不是马"花"越多越好？"五花马"是出自诗仙李白的名篇《将进酒》："五花马，千金裘，呼儿将出换美酒，与尔同销万古愁。"当时课本里对于"五花马"的解释就是名贵的宝马。其实，鬃毛上有五个"花"的马在出土的唐三彩马中并未出现过，有可能是李白夸张的。毕竟您想啊，连唐太宗的马也就三个"花"，谁的马还能名贵过唐太宗？还能比唐太宗的御马"花"多吗？

3. 唐朝人真是"爱马仕"

唐朝人对马的喜爱，是体现在很多方面的。除了把骏马画成鞍马画挂起来欣赏，做成三彩马陪伴逝者之外，还把骏马做成石刻，比如"昭陵六骏"；还骑着马打球，也就是马球；还让马跳舞，也就是舞马。最重要的是，唐朝人还将骏马写进诗中。由此观之，唐朝人真是不折不扣的"爱马仕"。

无论是细腻入微的鞍马画，还是威武健壮的三彩马，这些杰出的骏马艺术成就其实反映了唐朝时代的辉煌。唐朝作为中国封建社会的一个巅峰，其昂扬向上的精神和兼容并包的风气，无形中与马的精神元素匹配融合。在唐朝，马既是重要的战略资源，又是日常的生活助力，还成为文人墨客艺术家的精神投射。我们从博物馆中的鞍马画和唐三彩马等艺术品，依稀可以想象唐朝雄浑壮阔的时代风貌。那些精美的艺术，畅溢的神韵，磅礴的气势，历经千年时光，如今依然让我们崇敬和神往。

五、战士披甲，仗剑出征——唐朝铠甲

除了唐刀、槊以及弓弩这些兵器之外，唐朝将士还有一件更重要的装备，那就是铠甲。铠甲自从人类文明诞生就有了，是人类早期就已经点亮的技能点。

最早的甲都是用兽皮做的，战国中晚期人们掌握冶铁技术后，开始出现了铁质的甲，此时的甲开始叫铠甲了。随着时代和工艺技术的发展，到了唐朝时期，铠甲的式样、造型、材料都变得更加丰富。这使得唐朝铠甲除了在防护作用上大大增强，在形制上也更加美观。

1. 铠甲用什么材料？——皮革、木头？还有布？

据《唐六典》记载，唐朝铠甲样式共有13种之多："甲之制十有三：一曰明光甲，二曰光要甲，三曰细鳞甲，四曰山文甲，五曰乌锤甲，六曰白布甲，七曰皂绢甲，八曰布背甲，九曰步兵甲，十曰皮甲，十有一曰木甲，十有二曰锁子甲，十有三曰马甲。"按照材料来区分，明光甲、光要甲、细鳞甲、山文甲、乌锤甲、锁子甲都属于铁甲。除了铁甲外，其他还有皮甲、木甲以及像白布甲、皂绢甲、布背甲为代表的布甲。此外还有步兵甲和马甲，这里的马甲不是我们现在穿的马甲，而是给马披上的甲，在古代典籍里马甲也叫作具装。

用铁、皮革做铠甲，还可以理解，怎么能用木头、布来做铠甲呢？那玩意儿还不一枪就扎透了？除了铁甲之外，下面我们就介绍一下几种材料制作的铠甲。

首先是皮甲。人类最早的甲是用皮做的。皮甲按照不同的皮子可以分成三六九等，最好的是犀牛皮和鳄鱼皮。据春秋时期的《考工记》记载："蛟革犀兕，以为甲胄。"指的就是犀牛皮和鳄鱼皮做的铠甲。其他还有象皮做的铠甲。铠甲用得最多的是牛皮。

其次是木甲。木甲是植物制作的甲的统称。用植物制作甲，在人类历史上源远流长。比如《三国演义》里就有"火烧藤甲兵"，这里的"藤甲"就是木甲的一种。再比如竹甲，也属于木甲的一种。

接下来说说让我们大跌眼镜的布甲，在唐朝也叫"绢甲"。布甲主要以棉布或者丝绢制成。因为是由布制成，所以可以做成各种花哨的造型，染成各种艳丽的颜色。这种布甲跟铁甲一样，也有甲身、甲袖和甲裙，有护臂和护腿。如果说它与铁甲比有什么优点，就是穿起来比较暖和。其实，布甲并不全是布，也会在布料上镶嵌一些铁片。布甲虽然穿起来不如铁甲防护能力强，但有利于保暖，行动方便，重量大大减轻。而且，布甲可以做成五颜六色的，比铁甲好看。唐朝的布甲主要有两个用途，一是冬天给北方士兵用，二是作为出行的仪仗来用。

当然，如果上战场，这些"非主流"铠甲肯定不如铁甲好使，因此唐朝军队还是以铁甲为主。

2. 唐朝铁甲工艺——细鳞甲、山文甲、乌锤甲、锁子甲

《唐六典》中记录了唐朝的十三种铠甲，其中明光甲、光要甲、细鳞甲、山文甲、乌锤甲和锁子甲的制作材料都是铁，而在这些铁甲中，明光甲和光要甲是铠甲的形制，而细鳞甲、山文甲、乌锤甲和锁子甲则更多地是以制作工艺来命名的。我们就来看看这四种不同的铁甲到底在工艺上有什么不同。

首先来说细鳞甲。顾名思义，细鳞甲就是用铁制甲片仿造鱼鳞的形式来进行排列，通过甲片错落有致的排列效果，来有效地增加防护。这也是铁甲工艺的最初形态。细鳞甲甲片精致，加工精细，甲片上有多而密的连缀孔。

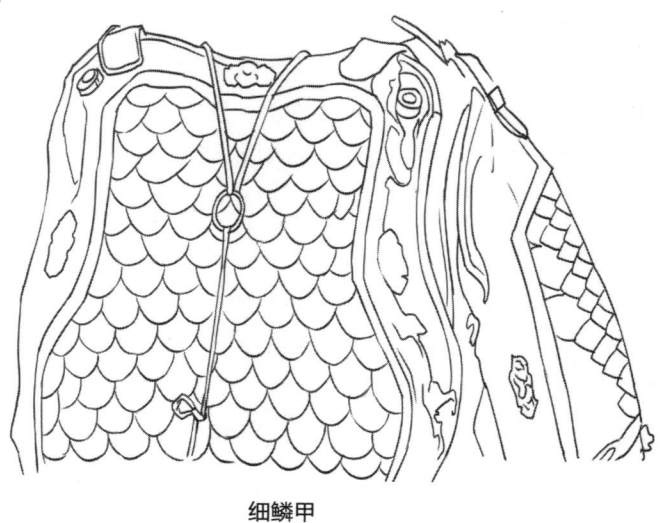

细鳞甲

山文甲，这种甲在壁画、佛像之类的艺术作品中经常出现，主要由"山"字形状的三菱形甲片互相交错咬合而形成的一种铠甲。

山文甲

如果生产的甲片比较标准、规范的话，整甲连一个钉子和丝线都不用。山文甲在唐朝正式列入官方武备要求后，一直到明朝都是中式甲胄的常见样式。其外形美观，穿着贴身，甲片之间形成的复合结构能够有效地抵御武器的冲击。而且，如果山文甲部分甲片损坏，直接替换就行，修补比较方便。

乌锤甲，工艺上类似鱼鳞甲，是用丝线将甲片缝制在甲衣上形成的一种铠甲。乌锤甲的甲片比较特殊，不像鱼鳞甲是小甲片，乌锤甲的甲片是长条铁叶，顶端呈圆锤状。

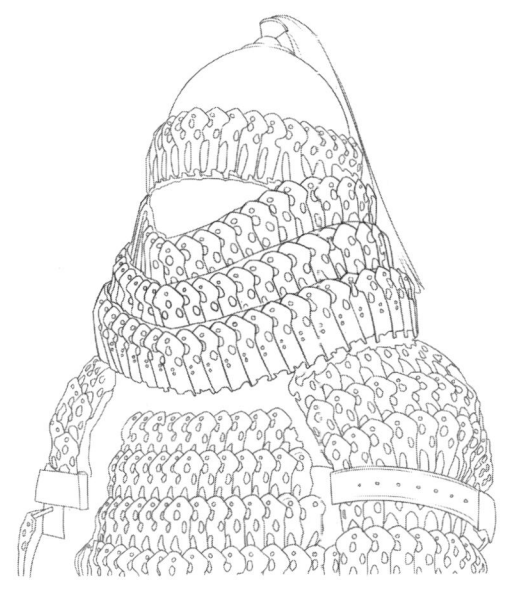

乌锤甲

细鳞甲、山文甲、乌锤甲属于我们的"国产"产品，锁子甲则属于"进口"产品。所谓锁子甲，就是由很多金属环互相套扣连接，最终形成如同衣服形状的一种贴身铠甲。细鳞甲、山文甲和乌锤甲是由甲片编织或者套扎形成的。而锁子甲没有甲片，只有密密麻麻的金属圆环。而且，制作锁子甲的金属环越小，制作成的锁子甲就越厚密，防护效果也就越优异。一副保护全身的锁子甲，需要的金属环数量大概要二十多万枚，可见锁子甲有多难做。

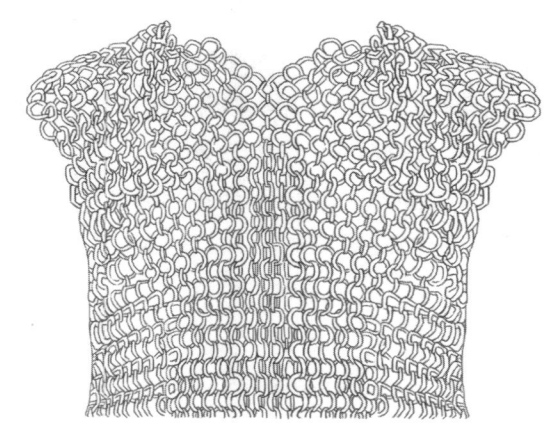

锁子甲

锁子甲由于其特殊的结构，使它在同等防护效果下重量最小，而且最为贴身，穿起来跟普通衣服一样，穿锁子甲的军人移动也不受限制。这大概就是传说中的"铁布衫"了。

锁子甲起源于哪里？各方争论很大。但是锁子甲在欧洲得到了广泛的应用。中国最早出现锁子甲的记载，还是在西域，时间是魏晋南北朝时期。相比大唐，吐蕃更早留意到了锁子甲这种"黑科技"，于是开始大批量订购。据《通典·吐蕃传》记载，吐蕃"人马俱披锁子甲，其制甚精，周体皆遍，唯开两眼，非劲弓利刃之所能伤也"。而唐朝人真正获得锁子甲，要到公元8世纪了。据《旧唐书·郭知运传》记载，唐将郭知运在开元六年（718年）在九曲（今青海省共和县至循化县沿黄河一线以南）战胜吐蕃，获得锁子甲。此外，中亚的康国也开始向大唐进贡锁子甲。

锁子甲作为一种进口商品，唐朝人很快对此就产生了极大兴趣。不过锁子甲制作成本太高，只有少数王公贵族才能得到。所以，锁子甲更多地是彰显身份和地位的一种象征，而脱离了其在战争中用来护体的铠甲作用。锁子甲虽然列在唐十三铠中，其实际用于战场却并不多见。

3. 明光铠：我不是针对谁，在座的各位全是……

唐十三铠中排名第一的是明光甲，第二是光要甲。光要甲由于没有出土证据和文献支撑，至今学界对其制式造型都没有一致的结论。而明光甲则是唐朝铠甲的最高代表，大唐军威的庄严卫士，更多的人更熟悉它的另一个别名——明光铠。如果唐朝铠甲界开个会的话，明光铠完全可以站起来说："我不是针对谁，在座的各位全是那啥。"

明光铠为什么就这么豪横呢？首先人家名字起的就好，"明光"，东汉《释名》中曾经有这样的话，"见日之光，天下大明"。"明光"象征着天下光明，这名字可以说相当霸气了。

那么，明光铠为什么取这个名字呢？明光铠专门在前胸增加了两块由钢板制成的护胸甲，护胸甲经过打磨，亮如明镜，在太阳下一照，还有刺眼的反光。这就是"明光铠"这个名称的由来。明光铠的出现是冶铁技术进一步发展的结果。以前的铠甲前胸没有特殊防护，跟其他地方一样都以甲片覆盖，而到了明光铠出现的时期，中国已经能够冶炼出面积较大且厚度较薄的钢板。整片钢板的防护无疑是远远高于甲片铠甲的。

现代复原的明光铠

明光铠的组成部件有很多，比如有护耳外翻的兜鍪，护胸的圆形护甲，腹部的护甲，护颈、护肩的首头披膊，手臂的护甲，下身有护裆的鹘尾，护两边大腿的甲片，腿部的胫甲等，防护面几乎遍及全身。但是也因为防护面积过大，导致明光铠重量惊人，达六十多斤，一般没有强健体质的武将还真是驾驭不了明光铠。

明光铠，作为唐朝的"铠甲之王"，在全身不同部位采用了不同的工艺，胸部护甲主要以金属板制成，腹部和腿部护甲主要采用山文编织或者鱼鳞编织工艺，体现了精巧的铸造工艺。整套甲胄的防御能力到达了古代铠甲的巅峰。此外，明光铠由于造型威武，装饰众多，其在实战功能之外，还为我们带来了一些艺术气息和古典气韵。

敦煌博物馆天王像

唐朝铠甲出土的实物并不多，明光铠更是少之又少。我们如今研究唐朝铠甲，只能从唐朝的佛教造像上进行一些类比。虽然如此，但是如今看到这些威武雄壮、光彩照人的铠甲时，我们依然仿佛能够感受大唐壮盛的军威、巍巍大唐的雄浑气魄。

第六章

做整条街最靓的仔——唐朝时尚达人

唐朝的时尚圈,无论是帅哥,还是美女,都有着大唐独有的风采;无论是小姐姐们的美妆单品和时尚假发,还是小哥哥们的蹀躞带和幞头,都与大唐的时尚流行趋势——"胡风"互相辉映。在大唐,如何才能做整条街最靓的仔呢?站在时尚前沿,紧跟时尚潮流,请看"大唐 style"!

一、花钿、斜红、口脂、面靥
——唐朝美妆博主种草的时尚单品

中国古代妆容最为花样繁多的毫无疑问是唐朝。唐朝女子在美的追求上,真是无所不用其极。无论是簪环首饰,还是妆容发髻,都玩出了各种花样。比如唐朝女子在化妆上,其流程步骤跟现在的化妆相比也不遑多让。唐朝化妆主要有敷铅粉、抹胭脂、画黛眉、贴花钿、点面靥、描斜红、涂唇脂七个步骤,如下图中的(a)——(g)所示。

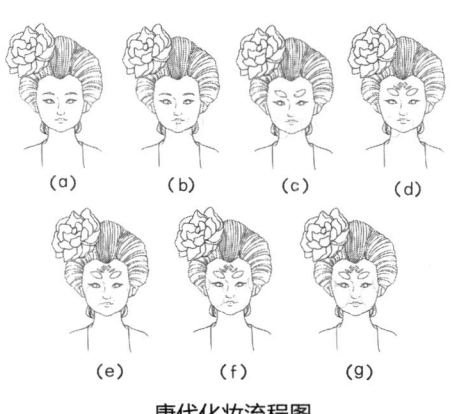

唐代化妆流程图

唐朝的"美妆博主"会关注哪些时尚单品呢？哪些时尚单品会让他们喊出"姐妹们，买它"呢？

1. 花钿——最潮时尚单品，起源竟然跟创可贴一样？

今天推荐的第一件时尚单品是花钿。啥叫花钿？据《说文解字》记载："钿，金华（花）也。"所以，钿应该是用金做的花，又叫花钿。在古代，花钿有两个含意，一个是指插在发髻上的一种首饰，另一个是指在脸上的妆饰。我们这里讲的是脸上的妆饰。花钿是唐朝一种非常时尚的化妆方式，往往采用金箔、彩纸、昆虫翅膀等各种材料制成，有的是圆点，有的是花的形状等。使用的时候往脸上或者眉心一贴就行了。

唐代绘画《捣练图》中女子眉心就贴着花钿

花钿的起源说法很多，有的说秦代，有的说汉代，文献记录比较多的还是唐朝。这可能是因为花钿是在唐朝发扬光大，成为大家都喜爱的时尚单品的。很多唐朝文献都有花钿起源的记载。在这些文献中，花钿的起源，都指向了同一个人，那就是赫赫有名的才女——上官婉儿。

据《新唐书·后妃传》记载："婉儿……尝忤旨当诛，后惜其才，止黥而不杀也。"意思是说上官婉儿曾经因为忤逆了旨意被武则天处罚，判黥刑。黥刑就是在脸上刺字，不过人家一个女孩子，也不能刺大字，估计就是在脑门上轻划了几下。可是毕竟脸上有伤了，以后出门怎么办？于是就用上了花钿。据《酉阳杂俎》记载："今妇人施用花子，起自唐昭容上官氏所制，以掩点迹。"意思是说上官婉儿用花钿来遮盖伤痕，结果还挺好看，无意中还引领了时尚潮流。当时很多女子都学着上官婉儿的样子，在脸上贴花钿。于是花钿就成了火爆的时尚单品。

如果这么说，花钿最初的作用是遮盖伤痕，就跟现在的创可贴一样。看来只要能好看，哪怕是创可贴都能让大家贴得不亦乐乎。唐朝女子发明了多种多样的花钿，有花朵形、鱼鳞形……多种多样，争奇斗艳。

唐代若干花钿式样

花钿怎么固定在脸上呢？一种是直接在脸上画，另一种就是贴在脸上。其实，花钿并不好贴，皮肤一出油就容易掉。为此，古代贴花钿用的是一种特殊的胶，叫作"呵胶"。注意，不是阿胶，是"呵胶"。

为什么叫"呵胶"？因为花钿背面涂了一层干胶，用时只需要呵气，干胶遇热溶解，就可以直接贴在眉间了。据宋代叶廷珪的《海录碎事·百工医技》记载："呵胶出辽中，可以羽箭，又宜妇人贴花钿，呵嘘随融，故谓之'呵胶'。"看来这胶还挺结实的，能用来粘箭的羽毛。这种用法跟现在的邮票很像，都是背面有胶，抹点口水或者呵气直接往上一粘就大功告成。比如唐朝诗人赵光远的《咏手》中就有这样的诗句，"舌头轻点贴金钿"，连动作都详细地描绘出来了。有了呵胶的固定，花钿就在时尚单品的道路上越走越远了。

2. 口脂——唐朝口红是长条，不是影视里的红纸片

古装剧里很多女孩子梳洗打扮完了，最后拿出一张小红纸片，拿嘴一抿就算抹上口红了。其实用红纸片做口红是明清以后的事了，而且用得也很少。大部分人用的口红不是红纸片。唐朝的口红，叫作口脂。一听名字，肯定跟油脂类的东西沾边。

最早的口脂主要原料是"丹"，也就是朱砂。现在人们知道，朱砂含有重金属元素，有毒性，但是在唐朝人们普遍对此没有认识，因为朱砂颜色艳红所以用朱砂做口脂。

朱砂毕竟是矿物质，粉末状，抹在嘴唇上容易掉粉，效果不能持久。到了汉朝，人们在朱砂中加入动物油脂，既方便涂抹，也能够保持持久，还意外地起到了润唇的作用。所以口红在女性中广泛流行开来。鲜艳欲滴的唇也凸显了女性魅力。长沙马王堆汉墓出土的文物中，就有口脂的实物。口脂往往是做成糊状，存放在精致的漆匣中，历经千年，色泽仍然红艳。

马王堆出土的口脂

虽然口脂采用了动物油脂,可是毕竟携带和使用都不方便。到了唐朝,人们将口脂中的动物油脂换成了更容易凝固的蜂蜡,这样就可以把口脂做成凝固的膏状,同时附着性也更胜一筹。于是,口脂就变成了条状,有点儿像现在的口红造型了。

比如唐传奇《莺莺传》(也就是后来《西厢记》的故事原本)中就有这样的情节。崔莺莺收到张生从京城捎回来的礼物。崔莺莺给张生回信说:"捧览来词,抚爱过深。儿女之情,悲喜交集。兼惠花胜一合,口脂五寸,致耀首膏唇之饰。"这里的"口脂五寸",显然指的是五寸长的条状口脂。可见唐朝也有长条形状的口脂了。

有了口脂,不但能够让唇保持红艳,还能够对唇形加以修饰。唐朝的唇形审美是越小越好看,樱桃小口一点点最好。所以就造成了唐朝的唇妆画法随着时代发展越来越向小的方向发展。

这简直就是那句歌里唱的"嘴巴嘟嘟,嘟嘟嘟嘟嘟"啊,确实画出来真显小,来个唐朝画作大家感受一下。

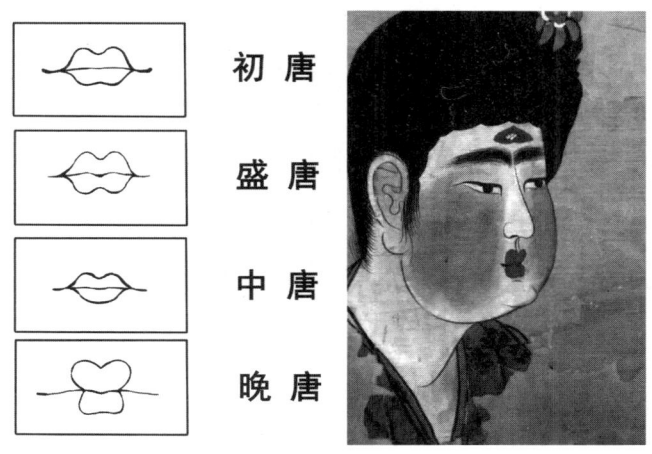

唐代唇妆

看到了吗,各位姐妹,你们想不想拥有这样的樱桃小口呢?那就去购买口脂吧,买它!

3. 斜红和面靥——宫廷女子告诉你什么是高级

在古代，普通老百姓对于时尚往往不是那么敏感。毕竟古代没有时装周，也没有发布会。古代女孩子对于时尚的感觉，主要来自宫廷。宫廷肯定是最高端最洋气的，绝对代表了时尚的最新潮流。比如斜红和面靥，都是从宫廷中流传到民间，在民间风靡的妆容。

斜红是现在很少见到的一种妆，它是用胭脂在女子两边眼角处描出一条弯弯的红线。现在我们看来这有些奇怪，好像脸上磕破了一样。其实斜红最早还真是来自伤痕。

唐代绢画仕女，眼睛旁边有一道月牙状的红妆，这就是斜红

据南唐诗人张沁的《妆楼记》记载，魏文帝曹丕有一次在宫中夜读，旁边立了一座水晶屏风，结果宫女薛夜来不小心一头"DUANG"地撞上了屏风。这把魏文帝吓了一跳。

薛夜来撞上了屏风，顿时脸上就出血了，薛夜来秒变"血液来"。血痕干了以后在眼睛旁边留下了一道弯弯的红色痕迹。虽然薛夜来脸上留下了伤痕，可是没想到魏文帝还觉得这个伤痕挺好看，"如晓霞将散"，越来越宠爱薛夜来。于是整个宫廷中的女子个个都在脸上涂了两个红道，争先恐后地让魏文帝看到。

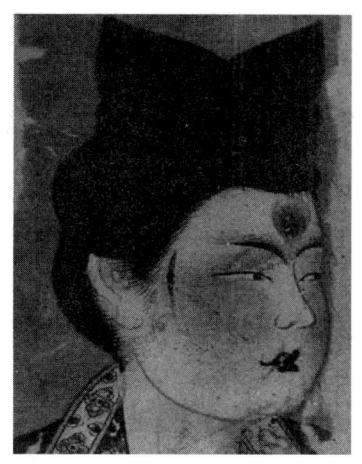

这位仕女脸上也有斜红

因为薛夜来的伤痕"如晓霞将散",所以这个妆也称为"晓霞妆"。随着宫廷时尚向民间传播,到了唐朝,画斜红成了化妆的固定步骤之一。斜红和花钿一样,起源都与伤痕有关,只是花钿是为了遮掩伤痕,斜红却是让伤痕成为妆饰的一部分。

说完斜红,我们再来说说面靥。所谓面靥,就是在脸颊用胭脂点一个小点,或者画一个图样之类的妆饰方法。跟花钿一样,面靥也是有画的,有贴的。

面靥

面靥最早也是从宫廷中流传出来的。清代学者王先谦在引注《释名·释首饰》

中写道:"以丹注面曰旳,旳,灼也。此本天子诸侯群妾当以次进御,其有月事者止不御,重以口说,故注此于面,灼然为识,女史见之,则不书名于第录也。"

意思是说,古代天子的嫔妃本来要轮流侍寝,但是有的妃子来了月事,不太方便,但是不能跟皇上明说,就在脸上点两个点,于是这几天就不安排侍寝了。

如果是这样,面靥应该是皇帝不太喜欢的。皇帝一看妃子脸上两个红点,知道不方便,肯定有点扫兴。可是这个皇帝不太喜欢的妆容却意外地受到了民间的热捧。或许是因为面靥正好点在了脸上酒窝的位置,让人觉得面部表情比较丰富,显得活泼可爱。

在唐朝,随着时代的发展,面靥的面积也越来越大,花样也越来越多。大家可以想象一下,唐朝女子起床化妆,要贴花钿,描口脂,画斜红,再点个面靥,那脸上基本上就快没空地方了,出来的效果大概就是这个样子。

敦煌壁画供养人像

把装饰品贴得满脸都是,正是晚唐的面饰风格。这样显得有些过于繁杂,女子本来的相貌反而不够突出了,有点喧宾夺主。这样感觉不像化妆,倒像把脸当作时尚仓库了。反正不管是花钿、口脂,还是斜红、面靥,能往脸上"bia"的(这个字陕西人应该秒懂)都"bia"上,反而失去了美妆的意义。毕竟美妆是为了增光添彩,不宜喧宾夺主。

唐朝作为古代封建社会的鼎盛时期，社会风气开放，女性有了一定的财产权，社会地位提高。这也解放了女性的爱美天性。毕竟哪朝哪代，哪有女孩子不爱美，不追求时尚的？一系列"时尚单品"应运而生。无论是花钿、口脂，还是斜红和面靥，从这些妆容中，我们看到了唐朝昂扬向上、开放进取的时代特点，也看到了大唐盛世的华美与精致。

二、发髻那么高，其实是假发——唐朝义髻

古人虽然讲究"身体发肤受之父母"，一般不会剪发，可是即便如此，大多数古代女子的头发发量也达不到能盘出这么大的发髻程度。而唐朝女子之所以能够顶着高高的发髻出门，其实是因为戴了假发。

1. 古代假发史——始于西周，盛于唐宋

据文献记载，距今3000多年的西周时就已经有假发了。汉朝时，假发做成了发髻的形状，称为"假髻"，并且逐渐由贵族宫廷飞入寻常百姓家。魏晋南北朝时期，假髻则更是成为民间女子必备的"时尚单品"。由于假髻的高度比较高，容易损坏，当时女子为了保护假髻还得把它放在木笼子里。

后来女子的发型变得越来越高，假髻也越做越大，到了唐朝发展到了顶峰。唐朝初年，唐高祖李渊还曾打压这种高大发髻的风潮，但是没有什么效果。这很好理解，怎么能够遏制住女孩子爱美的天性呢？唐高祖为此很郁闷，就问一位大臣，为什么女子都顶着那么高的发髻出门呢？这位大臣说了一番大道理，意思是对于人的身体而言，头发和发髻都是最重要的装饰，甚至比皇帝还重要。

最后，唐高祖只好取消了禁止梳高大发髻的法令。这一来时尚潮流更加汹涌澎湃了。随着与各国文化交流的广泛开展，唐朝发髻的种类和式样开始不断地花样翻新。甚至有人写了本书叫《髻鬟品》，专门记录各种发髻，大概相当于今天的时尚发型手册之类的吧。

社会的开放与发展让唐朝妇女的发髻越来越高，光是高髻的样子就有云髻、螺

髻、半翻髻、反绾髻、三角髻、飞天髻、双环望仙髻、双髻、双螺髻、惊鹄髻、回鹘髻、乌蛮髻及峨髻等。唐朝诗人卢微君有一句诗写道："城中皆一尺，非妾髻鬟高。"可见唐朝女子发髻都有一尺多高。当然唐朝尺比现在小一点，那也得有 30 厘米左右。天天顶着一尺多高的发髻，头都不能动，能不优雅嘛。

  这么大的发髻，没有假髻是做不到的。可是假髻太大了也不太好，顶在头上如果固定不牢固，掉了那就尴尬了。唐朝诗人王建的一首诗《宫词》中写道："玉蝉金雀三层插，翠髻高丛绿鬓虚。舞处春风吹落地，归来别赐一头梳。"意思是说，有个宫女头上戴了一个特别高的假髻，用三层钗固定，结果跳舞时假髻被风吹掉了。好在皇帝不太在意这事，还赏赐了她一脑袋梳子固定假髻。看来假髻一定要固定牢固，要不然跳舞的时候，假发掉了很尴尬。

  当然，唐朝引领时尚潮流的还是宫廷。天宝年间，杨贵妃就特别喜欢用假髻，穿黄裙子。据说她在马嵬坡自缢以后，当时人们这样形容她："义髻抛河里，黄裙逐水流。"

2. 古代假发材料从哪里来？

  也许有人会问，古人对头发很看重，"身体发肤受之父母"，一般不剪头发。可是唐朝假发需求这么大，那制作假发的材料——头发都是从哪里来呢？据史料记载，制作假发所用头发的来源大概可以分为以下三种——罪犯割下来的头发、穷人为了卖钱而剪掉的头发以及外国进贡的头发。

  由于古人对于头发非常看重，所以出现了用割头发来惩罚罪犯的方式，称为"髡刑"。在东汉郑玄为《周礼》所做的注中就有这样的记载："被锡，读为髲鬄（bì tì）。古者或剔贱者、刑者之发，以被妇人之髻为饰，因名髲鬄焉。"意思是说，古代经常有用受刑之人的头发来做假发的情况。可见，受刑之人剃掉的头发是假发原料的主要来源。

  虽然古人对于头发无比看重，但是毕竟填饱肚子是第一位的。穷人有时会把头发剪掉换钱来维持生活。

  据《晋书》记载：东晋名将陶侃（陶渊明的曾祖）家里穷，客人来了没钱买酒招待。陶侃母亲就剪了自己的长发，做了两顶假发，换了一些酒菜来招待客人。看来陶侃下回请客得等时间长一点了，至少得等老母亲头发长长了再说。

假发的另一个来源是外国进贡的头发。也许有人会说，拿头发进贡，这也太拿不出手了。其实这是个误会。假发的原材料一直比较稀缺。我们都知道古代中国人对于头发非常看重，一般不会剪。但是中国人不剪头发，不代表其他国家也不剪头发。比如新罗对剪头发就没有避讳，剪下来的头发正好出口中国，这对于新罗等于是"出口创汇"了。

左一为新罗使臣

新罗曾经多次向唐朝进贡头发，还按照长度分成不同等级。比如唐高宗龙朔二年（662年），新罗派遣使臣向唐朝东征主帅苏定方赠送"头发三十两"。唐玄宗开元十一年（723年），新罗向唐朝进贡"头发十八两"。唐懿宗时期，新罗向唐朝进贡了大批土特产，里面也有头发。其中"四尺五寸头发百五十两，三尺五寸头发三百两"，这种长度的头发最适合用来做假发。

爱美之心，人皆有之。从古至今，虽然服饰造型一直在变，但是女性追求美的努力永远不变。唐朝女子为了美而涌现了各种奇思妙想，其中由假发形成的发髻文化也成为中国古代服饰文化的重要内容。

第六章　做整条街最靓的仔——唐朝时尚达人　127

三、时尚风格最流行——"胡风"

想要做一名大唐时尚达人,仅仅是买漂亮的时尚单品,做漂亮的头发,是远远不够的,还需要时刻紧跟大唐时尚最新的流行趋势,才能做到不落伍。唐朝最流行的时尚风格,毫无疑问应该首选"胡风"。

所谓"胡风",顾名思义,就是胡人的穿衣服饰风格。中国古代的传统审美往往强调"克己复礼""深藏不露",衣服也总是宽袍大袖,男子博带高冠,女子层层包裹。到了唐朝,整个社会心态趋于开放,促进了不同文化之间的交流。那些新鲜刺激又热情奔放的异域风情,迅速吸引了大唐人的注意力。这也是"胡风"能够在大唐迅速蔓延,成为时尚流行趋势的主要原因。

1. 胡帽——捂那么严实干啥,就要露脸

虽然出土的唐朝服饰很少,但是我们依然可以通过唐朝壁画、陶俑等艺术品来了解唐朝的一些服饰风格。那么,假如我们在博物馆里看到一尊唐朝陶俑,怎么判断它的服装是胡服呢?有一个粗略的区分方法:如果陶俑服装以宽袍大袖风格为主,那是汉服的可能性大;如果服装是短衣窄袖、干净利落的风格,那十有八九是胡服。具体来说,胡服可以从帽子、衣服和鞋子这几个方面来分辨。

首先是胡帽,也就是胡人的帽子。胡帽大体上可以分为幂䍦、帷帽、卷檐虚帽和浑脱帽等。

幂䍦、帷帽——从遮挡全身到只遮挡脸

幂䍦,有的文献也叫"冪罗""冪䍦"。在《旧唐书·舆服志》中这样描述幂䍦:"武德贞观之时,宫人骑马者,依齐隋旧制,多著幂䍦。虽发自戎夷,而全身障蔽,不欲途路窥之。王公之家,亦同此制。"其中提到幂䍦的几个重要特点,一是骑马时穿(其实不骑马也能穿),二是从外族传入的,三是全身都挡得很严实。

其实,幂䍦最早应该是西北少数民族的一种帽子,主要特点是能遮挡风沙。然而,幂䍦引进中原以后,意外地跟中原传统礼教的男女大防贴合上了,女子出门戴上幂䍦也能防止路人窥视。于是幂䍦开始在中原流行,时间主要是唐朝初年。

幂篱又长又大，戴着骑马也不太方便，万一没注意还容易摔下马来。其实只要遮住脸部就可以。于是女子把遮挡全身的幂篱纱幕剪短，变成了只挡住脸，这就方便多了。这种帽子叫作帷帽。

帷帽

帷帽就是在笠帽的帽檐边缘加装一圈能够遮挡脸部的丝网，里面能看见外面，外面却看不见里面。帷帽出现的主要时期应该是在高宗到武则天时期前后。据《旧唐书·舆服志》记载："永徽之后，皆用帷帽，施裙到颈，渐为浅露。寻下敕禁断，初虽暂息，旋又仍旧……则天之后，帷帽大行，幂篱渐息。中宗继位，宫禁宽弛，公私妇人，无复幂篱之制。"高宗曾经试图下旨禁止人们戴帷帽，但是毫无效果。武则天之后，帷帽基本上取代了幂篱，成为女子出行的常用帽子。

从幂篱的遮挡全身，到帷帽的只挡住脸，如果时尚潮流继续发展下去，女孩子们"露脸"的机会估计就为期不远了。

卷檐虚帽和浑脱帽——女孩子也要露脸

幂篱和帷帽，虽然是从外族传过来的，但是毕竟跟中国文化还算比较贴合。而卷檐虚帽和浑脱帽则是正宗的"胡帽"。卷檐虚帽、浑脱帽与幂篱、帷帽的最大区别就是——小姐姐们终于可以露脸了！唐朝的小姐姐脸上又是斜红又是花钿，贴了

第六章　做整条街最靓的仔——唐朝时尚达人　129

那么多时尚单品，画着最流行的妆容，非要拿一个帘子给遮上，不让人看，那不就白画了嘛。所以女孩子一定会要求有一个"露脸"的机会。

卷檐虚帽是唐朝女子非常喜欢的一种胡帽，制作材料主要是锦、毡和羊皮。有的贵族女子还在帽子外面包裹彩绢，以此彰显身份。卷檐虚帽顾名思义，左右两边有两个帽檐，各自向上翻卷，甚至要盖住双耳。帽子顶部类似梯形，比较高。

卷檐虚帽样式

另一种帽子叫作浑脱帽。所谓浑脱，是一种北方俚语。明朝人的《草木子》中记载："北人杀小牛，自脊上开一孔，逐旋取去内头骨肉，外皮皆完，揉软，用以盛乳酪酒湩，谓之浑脱。"意思是说，浑脱是将动物的皮与肉骨剥离，然后将所剩下的皮作为空囊形状来盛酒。所以浑脱是强调用整张皮制作的。浑脱帽顾名思义，就是用一整张动物皮制作的帽子，形状如同锥形，保暖功效比较强。

浑脱帽的流行还与唐朝的一位名人有关，那就是长孙无忌。据《新唐书·五行志》记载：长孙无忌"以乌羊毛为浑脱毡帽，人多效之"。长孙无忌用黑色羊皮制作浑脱毡帽，成为当时最流行的时尚单品。又因为长孙无忌爵封赵国公，所以浑脱帽也叫"赵公浑脱"。

浑脱帽

卷檐虚帽和浑脱帽这两种胡帽，流行的时间段大概是玄宗时期。据《旧唐书·舆服志》记载：到了开元年间"从驾宫人骑马者，皆著胡帽，靓妆露面，无复障蔽。士庶之家，又相仿效，帷帽之制，绝不行用"。在这一时期，女子开始将自己的"靓妆"大胆地展露出来，帷帽之类的遮蔽手段从此逐渐淡出了唐朝时尚界。

2. 胡服——翻领对襟小窄袖

汉服和胡服从整体风格来看存在明显的区别。汉服往往是博带高冠，宽袍大袖，而胡服往往是干净利索，利于行走和劳动。

唐朝社会风气较为开放，唐朝女性也不再是丈夫和子女的附属，而是勇敢地参与到社会活动中。她们的社会地位得到了提高，思想也得到了解放，也获得了社交上的更多自由。于是很多女性开始寻求和男性平等对话。很多女性开始穿着男性衣服外出和社交。

唐人刘肃的《大唐新语》中记载："天宝中，士流之妻，或衣丈夫服，靴衫鞭帽，内外一贯矣。"据《新唐书·五行志》记载："高宗尝内宴，太平公主紫衫、玉带、皂罗折上巾，具纷砺七事，歌舞于帝前。帝与武后笑曰：'女子不可为武官，何为此装束。'"高宗办家宴，太平公主穿着紫衫玉带的男装在高宗面前表演歌舞。高宗和武后笑着说，你穿这干啥。由此可见，在皇室中，女子穿男装也是很常见的。

可以想象，如果女子穿着古代宽袍大袖的男装，连步子都迈不开。所以很多女子选择穿胡服的男装，毕竟比宽袍大袖要紧身多了，穿起来行动方便些。而且贴身的胡服更能勾勒出女子优美的身姿。

胡服相比汉服主要是在领子和袖子方面有所不同。唐以前汉服都是交领。汉族的传统是交领右衽，也就是左边衣襟压住右边衣襟，到右侧腋下系带固定。

而唐朝的胡服领子是对襟翻领，也就是将衣领外翻，形成一种较为夸张的形态，同时两边衣襟各自半分，谁

胡服

胡服

也不压着谁。

右图中,虽然衣襟仍然是左边压住右边,但是两边衣襟呈明显的平行向下形状,左边衣襟不是掩到右侧腋下固定,而是在胸口向下用纽扣固定。《长安十二时辰》剧中,檀棋的衣服,就明显是对襟翻领胡服。

除了领子不一样,胡服和汉服的另一区别就是袖子。胡服的袖子往往比较窄小,与汉服的宽袍大袖风格迥异。因此,胡服的袍子被称作"小袖袍"。与之相对,裤子的裤脚也是收窄,利于穿靴子。女孩子们穿胡服,英姿飒爽,有点想要"乘风破浪"的意味。

3. 胡靴——唐代官服成为舞者首选

一套完整的胡服,除了胡帽和胡服,还应该包括一双胡靴。靴子,也是由胡人传入中原的。古时候西域少数民族穿的靴子,一般靴筒长及膝盖。胡人穿高筒靴子,一方面骑马不容易脱落,另一方面走路时不会被草叶割伤。

靴子最早引入中原,是战国赵武灵王胡服骑射时期。当时靴子也主要是用于军队。后来靴子就从军营走入了寻常百姓家。老百姓平时干活,穿靴子也比较方便。隋唐时靴子成为官员常服的一部分。据《隋书》记载:"其乘舆黑介帻之服,紫罗褶,南布裤,玉梁带,紫丝鞋,长勒(yào)靴。畋猎豫游则服之。"也就是说长勒靴是隋朝官员服饰的重要内容。

唐朝继承了隋代制度,靴子也在官员常服之中。据《旧唐书·舆服志》记载:"赤黄袍衫,折上头巾,九环带,六合靴,皆起自魏、周,便于戎事。自贞观已后,非元日冬至受朝及大祭祀,皆常服而已。"长勒靴毕竟还是胡人风格。唐太宗贞观时期,中书令马周对长勒靴做了一点改进,把长勒靴变为短勒靴,穿着方便,又与胡人不同。于是短勒靴很快就流行开来。

唐朝女子也很喜欢穿靴子。女子的靴子一般都比较漂亮、柔软。唐朝女子的靴子以锦靴为主。顾名思义,锦靴是用锦缎做的,比较名贵。因为锦靴质地良好,穿着轻盈,成为女子的一款流行单品。大诗人李白就有"吴姬十五细马驮,青黛画眉红锦靴"的诗句,这说明当时锦靴在大唐时尚界非常流行。

唐朝女子的胡服之风,自初唐兴起,在盛唐达到了巅峰。由于安史之乱的始作俑者安禄山和史思明都是胡人,安史之乱之后唐人对胡风由开始的新奇逐渐转为抵制和反感。胡风在大唐境内的流行也因此受到了制约。

唐后期文人李华曾说:"吾小时,南市帽行,见貂帽多、帷帽少,当时旧人,已叹风俗。中年至西京市,帽行,乃无帷帽,貂帽亦无。男子衫袖蒙鼻,妇女领巾覆头。向有帷帽、幂䍦,必为瓦石所及。"李华小时候,市场上还是貂帽多帷帽少,胡风占据主流。几十年以后,李华发现帷帽、貂帽都没有了,如果有人再戴帷帽和幂䍦,有可能会被人扔石头。这反映了当时唐人对于胡风文化的一种抵制心理。

其实,文化的交流必然会出现吸收融合和排异反应,也会由此引发矫枉过正的过激反应。虽然理性上,唐朝人对胡风表示排斥,但是挡不住女孩子们对时尚潮流的追求。

四、腰带能带多少东西?蹀躞带:东西随便挂,保证不拉胯

想象一下,唐朝的"时尚博主"头戴胡帽,身穿胡服,脚踏胡靴,是怎样的形象。嗯,似乎少了点啥,感觉腰间空荡荡的。原来还缺一件最重要的"时尚单品",那就是腰带。

唐朝的腰带,有很多种类,除了起到束腰作用,还具有类似"百宝箱"的作用。这一根腰带,"终究是它扛下了所有"。这种能带好多东西的腰带,叫蹀躞带。

1. 唐朝腰带——有的用布,有的用皮,有的用金,有的用玉

古代腰带按照材质分,就是布和皮。用布制作的腰带称为"大带",用皮制作的称为"革带"。大带最早周朝就有,用丝绸或者棉制成带子,结构比较简单,一般是在腰前面打个结。最早的革带在顶端交接的地方有一个固定装置,用时钩上就行。腰带边缘起固定作用的钩子称为"带钩"。

带钩早在春秋时期就有了。据《史记》记载,管仲就曾射中了公子小白(也就是后来的齐桓公)的带钩。

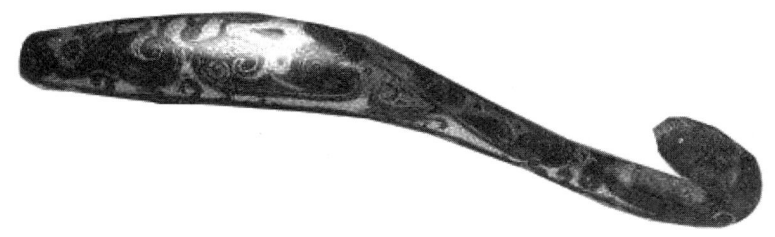

带钩

带钩虽然只要钩住就可以,用起来方便,但是毕竟有点不牢靠,也不好调节长短。到了魏晋时期,革带采用了另一种连接结构,那就是"带䚢（jué）"。䚢是指带卡扣的环形钮。

带䚢

这很像现在的腰带结构。据《说文解字》记载:"䚢,环之有舌者。"带䚢就比带钩方便多了。带䚢可以根据革带上的不同孔来调节腰带松紧,而且扣好后不容易脱落。

到了隋唐,革带分为两种。一种是只有束腰和装饰作用,称作"銙带"。另一种是在腰带上增加挂点,便于携带随身物品,称为"附环带",后来发展成为蹀躞带。

在唐朝,革带主要包括带扣、带銙（kuǎ）、铊（chá）尾和带鞓（tīng）等几个部分。带扣就是"带镱"。带鞓，是指条状的革带主体。唐代的带鞓一般会包上黑布或者涂上黑漆。晚唐时期，也出现了红色带鞓，并且很快风靡大唐。据宋朝人的《文昌杂录》记载："唐朝帝王带虽犀玉，然皆黑鞓。五代始有红鞓。潞州明皇画像，黑鞓也。其大臣亦然。余昔通判滑州，见州衙设厅东西有贾魏公祠堂，皆黑鞓玉带。"

附环带

一条光秃秃的皮带，似乎有点儿单调，体现不出唐代人的"时尚感"。唐代人往往会在带鞓上镶嵌玉石或者金属，以此来装饰腰带，作为身份地位的标志。这种用于装饰带鞓的玉石、金属块，称为带銙。带銙有圆形、方形、桃型等不同形状。官员腰带上的带銙一般都是方块状，也称"排方銙"。

史书中常常会提及金带或玉带。其实，金带、玉带并不是指整个腰带都用金和玉做成的，而是用金和玉来做带銙。据《新唐书·车服志》记载，唐高宗时期"以紫为三品之服，金玉带銙十三；绯为四品之服，金带銙十一；浅绯为五品之服，金带銙十；深绿为六品之服，浅绿为七品之服，皆银带銙九；深青为八品之服，浅青为九品之服，皆鍮石带銙八；黄为流外官及庶人之服，铜铁带銙七"。这就说明金带銙和玉带銙都是有等级和数量分别的。等级越高，用的带銙材质就越名贵，带銙数量也越多。如果带銙达到十三个就是王公大臣最顶级的待遇了。

铊尾，也有的文献叫作獭尾、鱼尾之类的，其实就是革带的尾端装饰品，主要就是保护尾端的皮革。其实铊尾就是一块长条带銙，一般是一头平直，一头呈弧形。也许有人会问，古代人腰带系好后，腰带尾端往哪里插？唐朝人的腰带尾端一般会插回腰带。据《新唐书·车服志》记载："腰带者,搢（jìn,插的意思）垂头以下,名曰铊尾,取顺下之义。"也就是说,官员的腰带尾端必须向下插入腰带中,表示对朝廷的顺服。

銙带只是起到束腰和装饰作用,不能携带随身物品,在使用上有些不太方便。到了隋唐时期,出现了附环带,就是在纯装饰作用的带銙下方增加了可以悬挂物品的环。有了这个环,东西就可以挂在腰带上,比如钱包、佩刀,出门方便了很多。与带銙一样,环带的数量也是有等级区分的,最高等级也是十三环,只有帝王才可以用。据《隋书》记载："侯王贵官多服九环带,唯天子加十三环,以为差异。"扬州隋炀帝墓中出土的隋炀帝腰带,就是十三环玉带。

南宋钱选《贵妃上马图》中的唐装

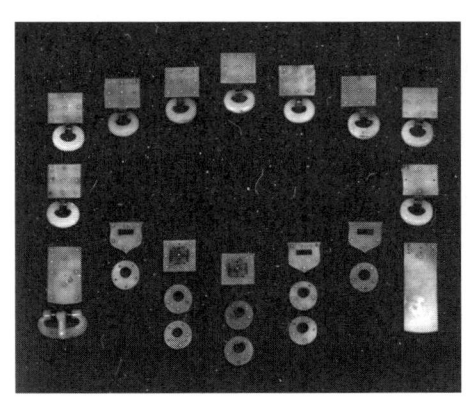

何家村窖藏出土九环玉带

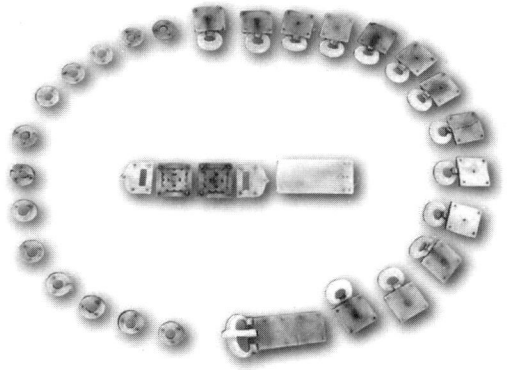

隋炀帝十三环玉带

虽然环带比銙带方便多了,但是环带也有其缺点,主要是构成环带的附环连接结构比较脆弱,一旦坏了挂在上面的东西就很容易掉。于是在唐朝蹀躞带就应运而生了。

第六章 敢整条街最靓的仔——唐朝时尚达人　　137

2. 蹀躞带——只管往上挂，保证不拉胯

蹀躞带其实是附环带发展的产物。简单来说，蹀躞带就是把附环带上面的那些环，变成了一根根皮带。因为皮带比玉环结实多了，带东西也更方便。为了穿皮带方便，也为了皮带能够跟带鞓联系更紧密，附环带的带环就逐渐被带銙上的古眼代替。古眼，就是在带銙下方开一个长条形的孔，来穿挂东西的皮带。因为这个孔很像"古"字，所以叫古眼。在銙带的基础上，将挂东西的皮带穿过古眼，就构成了一条蹀躞带。

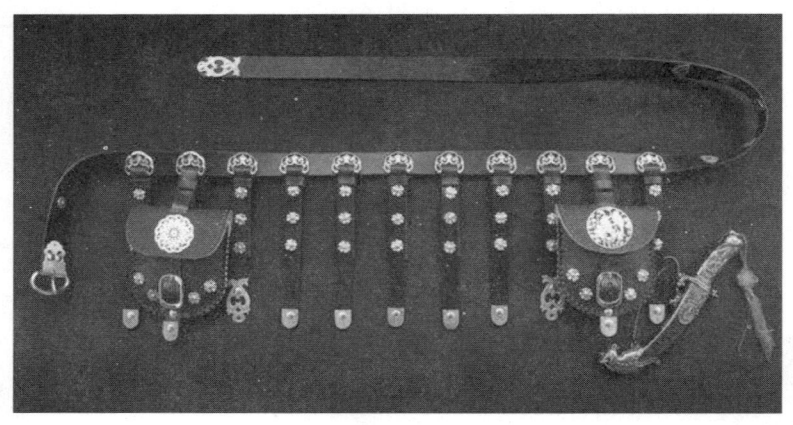

蹀躞带复原图

"蹀躞"这个词很早就有了。西汉时卓文君的乐府诗《白头吟》里就有"蹀躞御沟上，沟水东西流"的诗句。这里"蹀躞"是小步行走的意思。这个词用来做腰带名称也很好理解，腰带上挂了这么多东西，只能小步走，要是大步走，晃里晃荡不好看啊。不过，"蹀躞"作为腰带的名称最早并不是出现在唐朝文献中，而是出现在北宋沈括的《梦溪笔谈》中："中国衣冠，自北齐以来，乃全用胡服。窄袖、绯绿短衣、长靿靴、蹀躞带，皆胡服也。"这是关于"蹀躞带"的最早文献记录。

也就是说蹀躞带唐朝就有了，但是不一定叫蹀躞带。唐朝管这种腰带叫"鞊（tié）鞢"。两者看起来似乎差不多。按照《说文解字》的说法："鞢，鞊鞢，鞍具。"也就是说，鞊鞢最早应该是一种鞍具。其实，鞊鞢就是古代马鞍上垂下来的

装饰皮条，比如唐三彩马俑的马鞍上有很多垂下来的装饰皮条。由于马鞍上垂下来的皮条与腰带上垂下来的皮条看起来很像，所以，鞢韛（或者说蹀躞）就被用作了这种腰带的名称。为了叙述方便，我们把鞢韛和蹀躞统一称作蹀躞。

唐三彩马俑

由于蹀躞带非常实用，所以迅速在大唐流行起来，甚至成为官员制服的一部分。如果一般人用蹀躞带，腰带上想挂啥就挂啥。但是官员用蹀躞带，如果随意挂东西，会影响政府官员的形象。于是从国家管理的角度，唐朝规定了官员可以在蹀躞带上悬挂的物品，也就是"蹀躞七事"。据《新唐书·车服志》记载，唐睿宗景云年间规定："初，职事官三品以上赐金装刀、砺石。一品以下则有手巾、算袋、佩刀、砺石。至睿宗时罢佩刀、砺石。而武官五品以上佩鞢韛七事：佩刀、刀子、砺石、契苾真、哕厥、针筒、火石是也。"

从上面的记载来看，"蹀躞七事"，是针对五品以上武官制订的规定，包括：佩刀、刀子、砺石、契苾真、哕厥、针筒以及火石这七样物品。下面我们就来挨个说说。

佩刀，也就是前文提到过的唐朝的横刀。刀子，这个与佩刀不同，是吃饭用的。唐朝胡风盛行，要是来顿烧烤，切肉就要用刀子。现在一些少数民族，比如蒙古族人吃肉，还保留着用小刀切着吃的习惯。据《唐语林》记载，唐肃宗以前还是太子时，有一次割羊肉，刀子上粘了很多油渍，于是用饼来擦刀子，"余污漫刃，以饼洁之"。可见当时用刀子吃饭是常有的事情。

与横刀不同，刀子比较短，一般是用一根带子连着垂直挂在腰侧面。日本正仓院里有一些唐朝的刀子，保存得非常完好。有机会去可以看看。

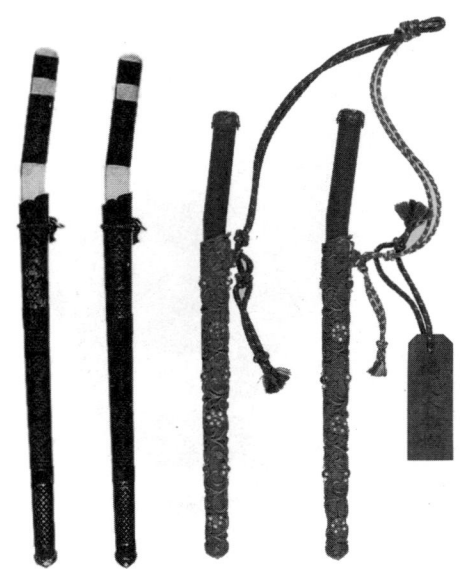

唐朝刀具

砺石，就是磨刀石。契苾真和哕厥，明显是来自少数民族语言的音译，具体是什么，史料记载中没有特别的说明。因此关于这两种东西有很多说法。先说契苾真，这里的"契苾"，是古代北方游牧民族中的一支，属于高车族，在史料中指铁勒部的一个分支。唐朝有个大将叫契苾何力。契苾族大多信奉祆教，祆教仪式往往需要涂抹香料。所以有的文献认为，契苾真可能是来自契苾部落的某种香料，或者祆教护身符之类的。

也有人认为，契苾真指的是用于雕刻的一种凿子，而哕厥是古代游牧民族用来解绳结的锥子。这种说法并没有直接的史料支撑。

还有一种观点认为，契苾真和哕厥都是武官的佩带之物，如果对现存壁画中唐朝武官腰带上挂的东西进行分析，就很有可能知道是什么物品。日本学者白鸟库吉认为，"契苾"与北方游牧民族语言中的"毛斑"一词读音接近，由此判断，契苾真可能与毛皮物品相关。在唐朝章怀太子墓的壁画中，有些武士腰间悬挂了一个筒状物体，一般是用来放弓箭的，质地看起来像是皮制的。有的学者认为这个有可能是契苾真。

章怀太子墓壁画中挂着弓箭筒的武士

当然,契苾真和哕厥到底是什么,因为没有实物验证,目前所提出的意见只能是猜想。很多学者对此众说纷纭,这里只是罗列出来给大家参考。

针筒,难道武官还兼职大夫,给人打针?当然不是,这里的针筒指的是装针线的筒。武官行军打仗在外,有时候衣服破了得自己缝补,所以平时就得带点针线之类的。在内蒙古辽代陈国公主墓中曾出土了一件錾花金针筒,此时距晚唐不过百年,这个针筒应该就是"蹀躞七事"中的针筒形制了。

辽代陈国公主墓出土的錾花金针筒

最后一个是火石点火用的，一般放在火石袋中。

其实"蹀躞七事"这些东西，最早都是游牧民族日常使用的东西。到了唐玄宗开元时期，干脆在大部分场合取消了必须佩带"蹀躞七事"的制度。据《唐会要》记载，开元二年（714年）七月，皇帝下旨："百官所带跨巾、算袋等每朔望朝参日著，外官衙日著，余日停。"从此，很多人的蹀躞带上不挂这么多东西了，只剩下一些空垂下来的皮条，失去了实用价值，只剩下了装饰意义。

蹀躞带其实体现了胡风对大唐的影响。在腰带上挂一大堆东西，是北方游牧民族的常见操作。因为游牧民族逐水草而居，东西索性都带在身上。而这种实用性也逐渐被大唐所吸收，成为飞入寻常百姓家的一种全民"时尚单品"。蹀躞带作为一种巨能挂的腰带，也更为贴合老百姓的生活需求，正所谓"东西随便挂，保证不拉胯"。

五、男子的"首要"问题——幞头

很多唐朝时尚元素、时尚单品，都是属于女子。而唐朝型男也有一种时尚单品，这就是幞头。幞头，可以理解成一种改良的头巾，是唐朝型男的"首要"问题。

幞头，也叫"襆头""服头"等，最早是在东汉幅巾的基础上演变而成的，又称"折上巾"。据《唐会要》记载："折上巾，军旅所服，即今幞头是也。"幞头就是用一块黑色头巾把头发包住，干活时不让头发掉下来。北周武帝宇文邕时，将一块黑色头巾四边加了四条布带，以便捆扎头发时能够更加结实。这四根布带叫作幞头的"四脚"。据《隋书》记载："故事，用全幅皂而向后襆发，俗人谓之襆头。自周武帝裁为四脚，今通于贵贱矣。"

怎么佩戴幞头，北宋沈括的《梦溪笔谈》中记载的很详细："幞头一谓之'四脚'，乃四带也……又庶人所戴头巾，唐人亦谓之'四脚'，盖两脚系脑后，两脚系颔下，取其服劳不脱也，无事则反系于顶上。今人不复系颔下，两带遂为虚设。"意思是，黑布往头上一包，四个脚自然垂下，前面两个脚系在脑后，后面两个脚或者系在下巴下边，或者反过来系在头顶。

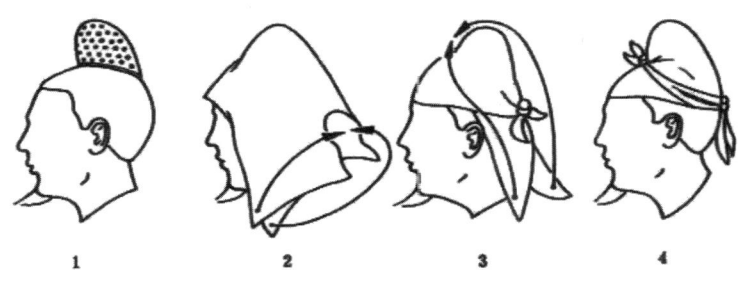

佩戴幞头

唐朝幞头也不是一成不变的。随着时代发展，幞头的造型不断丰富，材料也不断地推陈出新。幞头从初唐时需要绑的头巾，到晚唐时可以戴的帽子，经历了从"巾"到"帽"的演变。

1. 造型——一代更比一代高

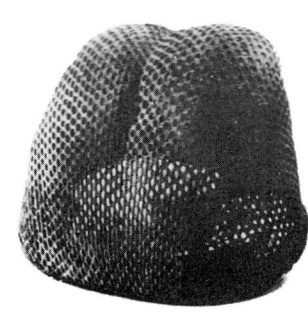

巾子

在唐朝，幞头的造型变化主要是在唐高祖武德年间到唐玄宗开元年间。期间幞头有过四次大的造型变化。真正决定幞头造型变化的，并不是头巾本身，而是垫在幞头里的东西——"巾子"，也叫"山子"。

幞头最早就是头巾，可是头发本身质地很软，头巾包在上面软塌塌的，不仅没有造型，而且很容易掉。隋炀帝大业年间，有一位大臣用一块桐木垫在幞头里，让幞头上面顶起来，这就是最早的巾子。据唐朝的《中华古今注》记载："隋大业十年（614年），礼官上疏裹头者，宜裹巾子。与桐木为之，内外皆漆，在外及庶人常服。"就是这个小小的创意，开启了后世几百年型男们的时尚之路。

唐朝初年，这种赋予幞头时尚元素的巾子成为型男们最流行的单品。而巾子的不同造型也决定了幞头的造型变化。据《旧唐书·舆服志》记载："武德以来，始有巾子，文官名流，上平头小样者。则天朝，贵臣内赐高头巾子，呼为武家诸王样。中宗景龙四年三月，因内宴赐宰臣以下内样巾子。开元以来，文官士伍多以紫皂官絁为头巾、平头巾子，相效为雅制。玄宗开元十九年十月，赐供奉官及诸司长官罗头巾及官样巾子，迄今服之也。"从这段记载中，我们可以知道在唐代幞头造型经历了四个阶段，即：唐初的"平头巾子"，武则天时期的"武家诸王样"，唐中宗时期的"内样巾子"以及唐玄宗时期的"官样巾子"。

如果给这四个阶段做一个简单概括，那就是——一代更比一代高。

平头巾子，是唐初沿袭隋朝的样式，形制比较简单，顶部一般呈扁平形状。比如唐朝阎立本的《步辇图》中，无论是大臣还是唐太宗所戴的都是这种扁平的幞头。最初的巾子，制作比较粗糙，往往只是用竹子编制，高度也并不很高。

步辇图（局部）

"武家诸王样"巾子，是武则天改制时期创制的样子，有鲜明的官方色彩。这种巾子最初是武则天亲自赏赐给大臣的。因为首先在武氏诸王中流行，所以称作"武家诸王样"。据《唐会要》记载："天授二年（691年），则天内宴，赐群臣高头巾子，呼为'武家诸王样'。"在皇家宴会上，由皇帝亲自发布新款时尚单品，在当时的时代背景下，也多了一些"改元更服"的政治意味。

那么，"武家诸王样"幞头到底什么样呢？从文献记载中可以知道，一定是比平头巾子高一些。我们可以从武则天时期墓葬的壁画中得以一窥究竟。比如武则天次子章怀太子李贤墓中的人物形象，应该是"武家诸王样"幞头所属的年代。从这些人物形象看，"武家诸王样"幞头有一个明显特点，幞头顶端分成两瓣，中间呈凹陷状，并且要比平头巾子高出许多。

章怀太子墓壁画

内样巾子,因为最初是出现在皇宫大内,故而称作"内样"。内样巾子是唐中宗景龙四年(710年)三月,也是在皇家宴会时,由皇帝亲自赐给王公大臣的。内样巾子其实就是中宗以前还是英王时戴的巾子式样,主要特点就是巾子向前倾斜,好像要倒下来一样。这种内样巾子也称"英王踣(bó)样","踣"就是前倾摔倒的意思。

内样巾子的样子,可以从出土文物中获得验证。唐节愍太子李重俊的墓中出土过一座三彩牵马俑,这个俑所戴的幞头应该与内样巾子的时代吻合。从造型上看,内样巾子比"武家诸王样"巾子的个头更大,分成的两瓣好像两个球那么大,同时,两个球有明显的前倾趋势。

唐节愍太子墓出土的三彩牵马俑

内样巾子在中宗、睿宗和玄宗朝初期比较流行，而到了开元十九年（731年）以后，随着另一种"官样巾子"出现，内样巾子逐渐消失在了历史舞台。

官样巾子，也叫"圆头巾子"，这基本上就是盛唐以后比较固定的幞头样式了。这种幞头，比内样巾子更高，左右分瓣，依然是呈两球状。但是，官样巾子一改内样巾子前倾的造型，而是将巾子造型向上延伸，让巾子呈现一种上小下大的塔形，从视觉上更加显得端庄和挺拔。据《唐会要》记载："开元十九年（731年）十月，赐供奉及诸司长官罗头巾，及官样圆头巾子。"

官样巾子的造型，在唐朝的《虢国夫人游春图》中就有展现。比如其中这位白衣骑士，其所戴的就是官样巾子。

虢国夫人游春图（局部）

官样巾子的造型，电视剧《长安十二时辰》就还原得很好。剧中官员所戴幞头，大多都是这种造型。比如剧中有一位甘守成将军，他的幞头就是典型的官样巾子。有兴趣大家可以留意一下。

据一些文献记载，这种官样巾子的推出似乎还有一些别样的味道。据唐人的《封氏闻见记》记载：玄宗开元年间，燕国公张说是文臣领袖。玄宗有点猜忌他，于是专门赐给他这种内样巾子。张说二话不说戴着这种御赐幞头进宫谢恩，玄宗这才解了猜忌之心。于是这种巾子就推广到了全国各地。从此幞头基本上都是这种造型了。

从这个故事看，玄宗赐给张说官样巾子，似乎有敲打张说的成分，而张说也很配合，就坡下驴表示了对玄宗的臣服。在古代，头上戴的东西关乎人的尊严。如果不是特殊情况，一般人不愿意随便更改头部的装饰。张说对玄宗所赐幞头的欣然接受，也是表示对玄宗的恭顺与臣服。

总体上看，幞头造型随着巾子的不断增高而变化，最终在玄宗开元时期形成了比较固定的形式。

2. 材料—— 一代更比一代硬

幞头不仅造型在变化，其材料也是不断变化的。比如巾子，最早是用桐木等木头做的，但是木头比较重，而且不透气。后来就用竹篾、藤皮或芒草之类的材料编制，外部涂上漆，使其坚固不易腐坏。1964年和1972年，新疆吐鲁番阿斯塔那唐墓中分别出土了两件巾子的实物。这两件巾子都是由丝葛植物编制后再浸漆制成的。

阿斯塔那唐墓出土的巾子

其实幞头还有一个元素在唐朝也发生了演变，那就是"脚"。这里的"脚"，是指脑后面的两根布带。在唐朝幞头的脚经历了从短到长、从软到硬的变化。

关于幞头脚的长短，大概是身份尊贵者脚更长些，普通老百姓脚就短。其实这很好理解。普通老百姓得干活，幞头脚太长了比较碍事。王公贵族则无此麻烦，想多长就多长。据《封氏闻见记》记载："至尊、皇太子、诸王及仗内供奉以罗为之，其脚稍长。士庶多以纱縠而脚稍短。"说的就是这意思。

幞头脚最初就是布条，肯定是"软脚"。比如唐人就有"幞头脚赤如风吹直竖"之语，风一吹就直竖起来了，肯定是软的了。随着时代的发展，逐渐有人在幞头脚中加入铁丝、铜丝或者竹丝等物，使得幞头脚摆脱了自然下垂、迎风吹立的状态，而且可以实现平伸和上翘的形态。这与其说是"脚",不如说是"翅"更为确切。

据《封氏闻见记》记载,唐朝名臣刘晏当吏部尚书时,裹头非常慢。每次裹头时,后面这两个翅总弄不太好。旁边人跟他说:"尚书何不抽两翅?"你直接把两个翅抽掉不就完了。刘晏一脸懵懂地说:"啊?那两个翅还能拿掉?两边是通的?"刘晏当吏部尚书是唐代宗大历年间(766年—779年),这时已经是中唐了。也就是说硬脚幞头在中唐时就已经有了,只是还未普及,否则刘晏也不会问这么呆萌的问题。

其实,硬脚幞头的出现与其说是为了美观,倒不如说是为了方便。幞头是一种头巾,使用时要裹在头上,比较麻烦。安史之乱后,唐朝战乱频发,官员百姓没有时间裹头,所以把头巾盖在巾子上固定好,类似帽子,戴上就走,这样就方便多了。

据宋朝人的《云麓漫钞》记载:"唐末丧乱,自乾符后,宫城宦官皆用木围头,以纸绢为衬,用铜铁为骨,就其上制成而戴之,取其缓急之便,不暇如平时对镜系裹也。僖宗爱之,遂制成而进御。""乾符"是唐僖宗的年号(874年—879年),这时已经到了晚唐。宫女宦官为了战乱时逃跑方便,用布围在铜丝、铁丝上面做成帽子,用时戴在头上,就不用对着镜子裹头了。

敦煌莫高窟 144 窟供养人画像
(复原)

上面的画于唐代的从敦煌莫高窟 144 窟供养人画像可以看出,他戴的幞头很像唐以后官员的乌纱帽。所以在唐以后,五代至宋时期,幞头逐渐演变成官员的乌纱帽了。

幞头作为唐朝官员百姓的"首要"问题,其发展从初唐到晚唐,经历了造型上由低矮平头到圆顶高头,材料上从软质到硬质,使用上从复杂到简单的过程。幞头作为唐代型男"首要"时尚单品,上承东汉以来的幅巾,下启五代至宋明的乌纱帽,其所具有的承前启后作用和大众消费品的时代风貌,使之成为唐代时尚界当之无愧的"全民爆款"。

其实从幞头的造型变迁能够很明显地感觉到,每次造型变化都代表着一个新的历史阶段的开始。武则天发布"武家诸王样",正是武则天代唐自立时期;中宗发布"内样巾子",也是在李唐复位之时;而玄宗发布"官样巾子",正是玄宗一扫女主阴霾,奠定开元盛世的时期。那么,为什么在时代转变时期,皇帝要在幞头样式上做文章呢?

首先,自古以来,中国一直就有重视头饰的传统。对于古代士大夫来说,头饰冠冕代表一种文化意义上的尊严。孔子的弟子子路在与敌人战斗时,死前都要念叨着"君子死,冠不免",正好冠才从容赴死。所以在时代政治风向发生重大变化时,通过对士大夫最为重视的冠冕形制进行改动,可以更为明确地传达皇帝改元更服的信号。

其次,头饰对于士大夫最为重要。皇帝可以通过改动头饰的形制,来对士大夫群体的忠诚进行试探。在幞头形制发生改变的初唐到盛唐时期,门阀士族手中依然掌握着较多的政治资源,即使皇帝想要发布新的国策,也必须获得门阀士族的支持。皇帝对于门阀士族是否真正支持自己,是存疑的。所以皇帝往往选择在皇家宴会这样一个较为轻松的场合,以一种不太正式的方式,比如发布一种新的幞头样式,来对门阀士族的态度进行试探。如果大臣选择接受新幞头样式,就像玄宗朝张说的表现那样,皇帝的新政策也就能够安稳地推行下去。

第七章

舌尖上的大唐

舌尖上的大唐更是丰富多彩。想吃面食？还是米饭？唐朝长安都应有尽有。吃饱了，想来点喝的，是像诗仙李白一样饮金樽清酒？抑或是像茶圣陆羽一样品香茗清茶？吃饱喝足，来点甜点，是香甜可口的点心？还是鲜嫩多汁的水果？只要你想吃，咱长安都有！

一、穿越到唐朝吃面条？——原来面条叫"饼"啊

假如你穿越到唐朝，找个饭馆坐下来要吃碗面条，那店小二会告诉你："客官，面条是什么？我们有汤饼，给你来一碗？"这是因为面条在唐代不叫"面条"，而是叫"汤饼"。

面条怎么会叫"饼"呢？其实在唐代，所有用面制作的食物统统叫作"饼"。东汉刘熙的《释名》对饼做了解释："饼，并也，溲麦使和并也。"饼就是合并的意思，把水和面混合在一起所形成的食物，最早都是叫饼。

自从小麦在西汉初年取代粟类成为关中平原的第一主粮，北方人的食谱就逐渐被各种各样的面食占据。老百姓充分发挥自己的智慧，从而制作出了各种各样的"饼"，比如有烤的饼、蒸的饼、煮的饼、炸的饼等。下面我们就来盘点一下，唐朝的这些"饼"。

1. 烤的饼——胡饼、烧饼、古楼子

先说说烤的饼。烤的饼，排在唐朝人心目中第一位的当属胡饼，又叫炉饼或者麻饼。胡饼，一种说法是最早由胡人制作的，还有一种说法是饼上面洒有胡麻。这两种说法应该都对。胡饼在汉代就已经由丝绸之路传入中原，很快成为上至皇帝下至百姓都爱吃的"网红食品"。

怎么能够证明胡饼是烤的呢？很多文献和诗词都有这方面的记载。比如白居易有一首诗《寄胡饼与杨万州》中就写道："胡麻饼样学京都，面脆油香新出炉。寄与饥馋杨大使，尝看得似辅兴无。"又脆又香，还新出炉，肯定是刚烤出来的，所以胡饼采用烤制工艺，这应该是可以确定的。此外诗中还提到了"辅兴"，就是长安城的辅兴坊，位置是在宫城西侧，北数第二坊。白居易在四川忠州吃到了跟长安味道一样的胡饼，迫不及待地送给好友尝尝，让他看有没有辅兴坊的味道。这说明辅兴坊的胡饼应该是当时最地道的。

在唐朝，胡饼已经成为家喻户晓、老少咸宜的一种大众美食。比如唐传奇《任氏传》里的主人公早上从外面回家，到了自己家坊门前发现还没开门，于是就在旁边的胡饼铺子坐下休息，等着早上敲鼓开坊门。胡饼铺子都摆到坊门口了，这说明坊内的人经常买胡饼吃，最起码销量有保证。再比如，《资治通鉴》中记载，安史之乱玄宗向蜀中逃跑，中途到了咸阳，没有吃的，杨国忠去买了胡饼给玄宗吃。"日向中，上犹未食，杨国忠自市胡饼以献"。可见胡饼确实是到处都有了。

胡饼有没有馅呢？据《唐语林》记载，唐朝确实有一种有馅的胡饼，名叫"古楼子"，用一斤羊肉切薄，分层放置在胡饼中，其中撒上胡椒、豆豉，再涂上酥油，放进炉子烤，等羊肉烤到半熟时就能吃了。这种"古楼子"在当时非常受达官贵人的青睐，在豪门盛宴中是一道必不可少的佳肴。

2. 蒸的饼——没馅是馒头，有馅是包子

蒸的饼，唐朝叫作"蒸饼"，也叫"笼饼"，其实就是现在的馒头。蒸饼并不是唐朝才有的，据说三国时期就有了。传说诸葛亮七擒孟获时，听说蛮人以人头祭神，觉得太残忍了，就用面包着肉代替。看起来像人头，所以叫"蛮头"，后来

就叫成馒头了。蒸饼在民间也广泛食用。皇亲国戚，公子王孙，平民百姓，出家僧道，都很喜欢吃。

据唐人的《次柳氏旧闻》记载：肃宗做太子时，有一次伺候玄宗用膳。桌上有一份烤羊腿，玄宗就让太子给他割一块肉。太子割完肉一看，刀子上全是油，随手拿起一张饼把刀擦了擦。玄宗看了有点不高兴，觉得他糟践粮食。结果太子拿起擦刀的饼直接吃了，玄宗这才高兴起来。这里用来擦刀的饼，应该是蒸饼。胡饼是烤制的，比较硬，肯定擦不了刀。而蒸饼软，比较适合擦刀。所以在唐朝宫廷，蒸饼已经是常见的食物了。

蒸饼这么好吃，甚至有的人为吃一口蒸饼连官都升不了了。据《朝野佥载》记载，有一位叫张衡的人，"路旁见蒸饼新熟，遂市其一，马上食之，被御史弹奏。则天降敕：'流外出身，不许入三品。遂落甲'。"张衡看见路边蒸饼刚熟，买了一个，边骑马边吃，结果被御史给参奏了，说他没个当官的样子。武则天直接就不让他升官了。

不过，到了几十年以后的唐代宗时期，吃蒸饼就不是个事了。当时朝中重臣，仆射刘晏，有一次上朝就吃了个蒸饼充饥。据《刘宾客嘉话录》记载："五鼓入朝，时寒，中路见卖蒸胡饼之处，热气腾辉，使人买之，以袍袖包裙帽底啖之，且谓同列曰：'美不可言，美不可言。'"堂堂国之重臣，拿袍袖包着热乎的蒸饼吃，一边吃一边还说"美不可言"。这要是在武则天时期，估计也得降职了。不过，要是光吃馒头，估计不会美成这样。所以刘晏吃的有可能是一种有馅的馒头。

馒头还有馅？有馅那不是包子吗？唐朝还没有包子这种称呼，但是有馅的馒头确实有。据《太平广记》记载，武则天时期有位御史叫侯思正，有一次想吃蒸饼，就让人给他做。他跟做蒸饼的人说："与我作笼饼，可缩葱作。比市笼饼，葱多而肉少，改令缩葱加肉也。"就是说，给我做蒸饼，能不能少放点葱，多放点肉。我们似乎能够听到侯思正内心的声音——"我要吃肉！"既然蒸饼里有葱有肉，自然就是有馅的了。

3. 煮的饼——汤饼和馄饨

汤饼，广义上泛指一切用水煮的面食，狭义上指面片汤。宋代欧阳修在《归田录》中写道："汤饼，唐人谓之不托，今俗谓之馎饦（bó tuō）矣。"而北魏的《齐民要术》记载："馎饦，接如大指许，二寸一断，著水盆中浸。宜以手向盆旁接使极薄，皆急火逐沸熟煮。非直光白可爱，亦自滑美殊常。"就是说，把面揉成大拇指粗细，切成两寸长的段，在盆边揉成薄片，在开水中煮熟。

如果是在冬天，来碗汤饼，连汤带面稀里呼噜一起吃了，那真是太舒服了。晋代束皙的《饼赋》中写道："玄冬猛寒，清晨之会。涕冻鼻中，霜凝口外。充虚解战，汤饼为最。"大概就是这个意思。

可是如果我们不想吃面片汤，想吃面条怎么办？这个其实也有。在唐朝，面条叫作"索饼"，一看到这个名字就能联想到面条了。吃汤面对胃比较好，古代甚至将索饼作为一种治疗胃气不足消化不良的偏方。

馎饦和索饼都有热汤，冬天喝挺好，暖胃，夏天喝就有点热了。所以，唐朝人夏天喜欢吃的汤饼，是一种叫作"冷淘"的食物。据《唐六典》记载，管理宫廷食物供给的光禄寺在夏天会增加"冷淘"供应，"夏月加冷淘、粉粥"。可见冷淘是当时夏天皇家都喜欢的食物。冷淘有很多种类，最受欢迎的是槐叶冷淘。大诗人杜甫曾经专门写了一首诗《槐叶冷淘》，描写了这种食物。诗曰：

> 青青高槐叶，采掇付中厨。新面来近市，汁滓宛相俱。
> 入鼎资过熟，加餐愁欲无。碧鲜俱照箸，香饭兼苞芦。
> 经齿冷于雪，劝人投此珠。愿随金騕褭，走置锦屠苏。
> 路远思恐泥，兴深终不渝。献芹则小小，荐藻明区区。
> 万里露寒殿，开冰清玉壶。君王纳凉晚，此味亦时须。

清代诗人杨伦在为这首诗作注的时候解释道："槐叶味凉苦。冷淘，已熟面名，盖以槐叶汁和面为之。"也就是说，槐叶冷淘就是用槐树叶榨成汁和面做成的面条，面条煮熟以后，再放在冰水中浸凉而成。

除了像馎饦、索饼和冷淘这种单纯的面制品之外，还有一种有馅的"汤饼"，其实这就是馄饨或者饺子。只不过，唐朝没有饺子这个名称，所有有馅、煮着吃的面食都叫作馄饨，所以馄饨在唐朝也叫"浑沌饼"。比如南北朝时的颜之推就曾经说："今之馄饨，形如偃月，天下通食也。"馄饨形状像弯月？那不就是饺子吗？还确实是。1972年，新疆吐鲁番阿斯塔那的一座唐代墓葬中，出土了三只陶碗，碗中盛着三只面制的半圆形食物。这和现在的饺子一模一样。由此可见，唐代已经有了类似饺子的有馅面食,只是不叫"饺子",而是称作"馄饨"。

唐朝长安有专门的馄饨店。《酉阳杂俎》中就提到了一家馄饨店,叫萧家馄饨店:"今衣冠家名食,有萧家馄饨,漉去汤肥,可以瀹(yuè)茗。"也就是说,萧家馄饨店的馄饨汤如果过滤一下,能用来煮茶,可见其清爽。

4. 炸的饼——毕罗、油䭔和馓子

除了烤的、蒸的、煮的,还有一种油炸饼,也是唐朝人非常喜欢的美味。比如毕罗、油䭔(duī)和馓子,都是唐代广受欢迎的佳肴。

毕罗,也叫"饆饠",是一种有名的外来食品。据唐代释慧琳的《一切经音义》记载:"胡食者,即饆饠、烧饼、胡饼、搭纳等事。"可见毕罗也是从胡人那里传过来的。那么,为什么叫毕罗呢?这是跟胡食的起源分不开的。据唐朝的《资暇集》记载:"毕罗者,蕃中毕氏、罗氏好食此味,今字从食,非也。"也就是说,胡人中姓毕和姓罗的氏族很喜欢吃这种食品,所以叫毕罗。

毕罗在宋代以后的典籍中就消失了。不过通过一些蛛丝马迹,我们还是可以得知毕罗的制作材料。《一切经音义》在解释"夹饼"这个词的时候写道:"夹饼、毕罗之类,著含油煮饼也。"这说明毕罗是用油炸的面饼。

《一切经音义》卷三十七

从做法上看，毕罗有可能是一种带馅的食物。《酉阳杂俎》中曾经提道："韩约能作樱桃毕罗，其色不变。"用樱桃做毕罗，还要保持樱桃颜色不变，那么樱桃只能是包在毕罗里面，否则如果在外面的话下油锅一炸肯定变色了。所以樱桃毕罗是把樱桃包在面里，下油锅炸。这个做法有点像樱桃派。

油䭔，也是唐朝的一种油炸面食。油䭔的形状是球形，有点像现在的麻团。唐人的《卢氏杂谈》中记载了一位尚食局的厨子制作油䭔的情景：等油烧开，用手团一个面团，把手指把外面透出来的面弄掉，然后放在油里炸熟，再用笊篱捞出来控油，然后就能吃了。"以新汲水良久，却投油䭔中，三五沸取出，抛台盘上，旋转不定，以太圆故也。其味脆美，不可名状。"拿出来的油䭔还能在盘子里四处旋转，圆咕隆咚的，又脆又甜。

馓子，这种食物现在经常见，逢年过节家里也会备一点。其实馓子在唐朝已经有了。馓子，又被称作"寒具"和"环饼"。之所以叫"寒具"，是因为馓子通常是在古代寒食节才吃的。寒食节，是为了纪念春秋时期的介子推。这一天人们不能开火，只能吃冷食。而馓子作为油炸饼，可以提前做好，在寒食节这一天食用。

馓子在唐朝还有一个别名，叫作环饼。顾名思义，环饼是用面做成环形，然后下锅炸制而成。据《齐民要术》记载："细环饼，一名寒具，脆美。"这里的细环饼＝寒具＝馓子。

5. 各种各样的"饼"，背后是唐代小麦的大量种植

烤的、蒸的、煮的、炸的，这么多饼，饼类之所以成为很多唐朝人的首选主食，其根本原因就是小麦成了关中平原种植的首选粮食。

其实一直到汉朝，以前中原种植的首选主粮还是粟，也就是现在的小米。现代考古认为，小麦起源于美索不达米亚地区，大约在公元前5000年作为人类的粮食作物开始种植。在新疆塔里木盆地附近的古墓中出土过距今3800年保存完好的小麦麦粒。据考古发现，在商周时就有小麦种植了。可是小麦产量始终没有在粮食中占据较大比例。究其原因，还是小麦对农业技术水平要求较高导致的。

小麦相比粟类，优点是出粮率高。同样的种植环境，小麦亩产要超出粟类一半左右。但是，小麦的缺点也非常明显：生长周期比粟类长，用水比粟类多，耐旱性能不如粟类。其次，古代缺乏磨面技术，只能以麦粒的形式来食用，这导致小麦吃

起来口感很差，也很难被消化吸收。

以粟类为主粮的传统种植方式，往往是粗放型的，其使用的农业耕作工具较为简陋。因为缺乏冶铁技术，无法制造出结实的犁来翻整土地，水利灌溉条件不足，粮食产量低而且不稳定。所以人们宁可种省事、产量低的粟类，也不种植用水多、产量高的小麦。

随着秦汉时期冶铁技术的发展，铁制农具的出现使得人们可以打造农具对土地进行深耕细作，农业的抗旱保水能力增强。此外，石磨盘的出现，可以将麦粒变成面粉。于是小麦开始在关中平原大量种植。唐朝初年，小麦种植已经形成了空前规模。也正是因为如此，唐朝才有了这么多好吃的面食。

二、黄米饭、糯米饭、胡麻饭、青粳饭……长安有米饭，粗粮好消化

有人不爱吃面，就爱吃米饭。那么，唐朝有没有米饭呢？当然是有的。唐朝的米饭，制作原料多种多样，有稻米饭、粟米饭、黄米饭、糯米饭、胡麻饭、青粳饭以及雕胡饭等。这些米饭的制作材料很多都属于粗粮的范畴。多食用粗粮，有助于消化系统的正常运转，降低患高血压、糖尿病等疾病的风险。下面我们就来聊聊唐朝的那些米饭。

1. 稻米饭、粟米饭和黄米饭——官员工资、贵族享受

杜甫在《忆昔二首》中这样回忆大唐开元盛世："忆昔开元全盛日，小邑犹藏万家室。稻米流脂粟米白，公私仓廪俱丰实。"杜甫选择了稻米和粟米来作为盛世气象的符号，其实是有着背后寓意的。

前面提到唐朝长安盛产小麦，流行各种面食。而稻米（也就是大米）就麻烦些，要从南方由漕运运来。众所周知，南方是稻米种植的主产区。稻米在唐朝粮食生产中是仅次于粟和麦的第三主粮。为了保证长安的稻米供应，唐朝长安附近的粮仓都储存了不少南方运送来的大米作为国家储备粮。稻米的充盈反映着农业技术的

进步以及交通运输的畅通，这都是天下太平的盛世气象。这可能就是杜甫选择稻米和粟米来作为盛世表征的原因。

当然，稻米不只是南方有，当时长安附近也产水稻。但是，仅长安本地的水稻无法满足有百万人口的国际大都市的需要。因此还是需要将南方的稻米源源不断地运往长安。

米饭是唐朝人不可缺少的主食。而且，唐朝给官员发工资，就是用稻米来代替，因此官员的工资称作"禄米"。当时官员按照不同品级，每个月会领到不同数量的禄米。一品官是七百石，到了九品官就只有三十石了。此外，给基层公务员发的往往都是陈米，九品以上的给白米。据《唐六典》记载："凡在京诸司官人及诸色人应给食者，皆给贮米，本司据见在供养，九品以上给白米。"

其实除了稻米，粟米（也就是小米）也是一种做米饭的好材料。日本留学僧人圆仁在《入唐求法巡礼记》中记载了他在登州的经历："山村县人，殆物粗硬，爱吃盐茶粟饭。"就是说，登州人好吃粟饭，也就是小米饭。再比如黄米饭，也就是传说中的"黄粱"。据《太平广记》记载："道者吕翁经邯郸道上邸舍中……是时主人蒸黄粱为馔。"可见当时用黄米蒸成饭，也是比较流行的吃法。

2. 青粳饭——道家养生餐

青粳饭，又称"青䭀饭"或"乌饭"。与其他"饭"不同的是，稻米饭、粟米饭和黄米饭，都是以粮食作为单一材料制成的。而青粳饭则增加了药材。普通的饭只是充饥，青粳饭则能够治病养生。在唐朝，青粳饭是修道人的一种"养生餐"，不但可以益寿延年，据说还能美容养颜。

那么青粳饭到底怎么做呢？据唐代陈藏器的《本草拾遗》记载："取南烛树茎叶捣碎，渍汁浸粳米，九浸九蒸九曝，米粒紧小，黑如莹，袋盛可以适远方也。"用南烛的茎叶榨汁，用这个汁来泡粳米，然后经过反复浸泡、蒸和晾晒，最终形成了黑色的干米粒，吃的时候用水一泡就行，感觉很像现在的方便米饭。

这里的南烛是一种药材。据《千金月令》记载："南烛煎益髭、发及容颜，兼补暖。"可见青粳饭有保健作用，还是有一定道理的。

正是因为青粳饭的保健作用，以及道教的背书，使得青粳饭成为非常受唐朝文人欢迎的一种食物。杜甫在给李白的诗中也曾经有过"岂无青粳饭，使我颜色好"

的诗句。再比如，晚唐诗人皮日休有一次收到了隐居茅山的华阳博士张贲赠送的青粳饭，很高兴地写了一首诗："传得三元馄饭名，大宛闻说有仙卿。分泉过屋春青稻，拂雾漂衣折紫茎。蒸处不教双鹤见，服来唯怕五云生。草堂空坐无饥色，时把金津漱一声。"这首诗基本上把青粳饭的制作特点说得非常清楚，尤其是把吃后的感受表达得很恰当。"草堂空坐无饥色"，就是说青粳饭吃了特别顶饱。唐朝道教徒经常辟谷，有时候一天吃一顿青粳饭就足够了，就是利用了青粳饭抗饿的特点。

由于青粳饭制作过程太过烦琐，道教徒也不是每天都吃，只是在一些重大节日或者斋日时才吃。虽然青粳饭是道教比较推崇的，但是其繁复的制作过程和高昂的制作成本还是劝退了大部分没钱的道教徒，所以这种"道教养生餐"基本上只能是一些王公大臣的贵族享受了。

3. 雕胡饭——唐代独有，李白最爱

唐朝大诗人李白，晚年获罪被赦免，沿江游览，路过五松山下（在今天安徽省铜陵市），受到山下一位贫困的老妇人真诚热情的款待，内心感动莫名，于是写下了一首《宿五松山下荀媪家》。诗曰：

> 我宿五松下，寂寥无所欢。
> 田家秋作苦，邻女夜舂寒。
> 跪进雕胡饭，月光明素盘。
> 令人惭漂母，三谢不能餐。

在诗中，李白谈到了老妇人给他呈上的一种食物——雕胡饭。

雕胡饭，就是用"雕胡"来做的饭。"雕胡"是一种植物"菰"的别名。菰也叫"苽""蒋"。《说文解字》中解释："苽，雕胡，一名蒋。"菰这种植物生长在潮湿的河边，长得有点像芦苇。它的种子长得很像细长的黑米，因此称作"菰米"，这就是雕胡饭的原材料。

这种菰米是不是粮食呢？其实早在西周时，菰米就已经列入粮食的行列，当时甚至把菰米跟五谷一起，作为第六谷列入周礼。《周礼》中说："凡王之馈，食为六谷。"郑玄注解道："六谷，稌（稻）、黍、稷、粱、麦、苽（菰米）。"可见菰米很

早就算粮食了。

到了唐朝，菰米的食用范围更加广泛。比如唐代王维的《送友人南归》中就有："郧（yún）国稻苗秀，楚人菰米肥。""肥"字，一下就把雕胡饭的香滑口感描绘得淋漓尽致，让人感同身受。再比如杜甫病中食欲不佳，回想起自己吃过的美食，于是有"滑忆雕胡饭，香闻锦带羹"的诗句，也是突出菰米的口感就是一个"滑"字。

令人遗憾的是，菰米在唐朝如此受欢迎，却在唐以后的典籍中迅速消失。难道唐朝人把菰米给吃灭绝了吗？不是这样的。菰米在唐以后消失的原因，是因为菰米本身发生了一些变化。菰米是菰的种子，只有在菰开花结籽以后才能够得到。可是菰在抽生花茎时，非常容易被一种黑穗菌侵入。被黑穗菌侵入后，菰就像患了不育症，再也不会开花结籽，也就不会长出菰米了。

有趣的是，这种"不育"的菰，其根部会形成一种肥大的嫩茎。这种嫩茎，采下来就是现在菜市场上常见的"茭白"。茭白，长得像竹笋，生熟都可吃。很可能是唐朝以后，人们发现茭白比雕胡饭好吃，所以故意让菰感染黑穗菌而多长茭白。如此折腾以后，菰米自然就越来越少，最终淡出了老百姓的餐桌，成为一个历史名词。

4. 粥——水少是饭，水多是粥

如果经常吃干饭，有时候也想喝口稀的，这时候我们就想起了粥。粥也是用米做的，喝起来暖胃，好消化。制作也比较简单，米跟水放一起煮沸就行。在唐朝，粥也是老百姓喜闻乐见的一种食物。

现代人喝粥，基本上就是这么几种情况，要么是日子不太好过，要么就是身体不太舒服。唐朝人也一样。比如灾荒年间，日子不太好过时，不管你多大的官，也得喝粥。

比如《新五代史》记载，唐昭宗天复年间（901年—903年），朱全忠（也就是后来的后梁太祖朱温）把唐昭宗困在陕西凤翔，昭宗自述："朕与六宫皆一日食粥，一日食不托。""不托"前面说了，是一种面食。你看，就算是皇帝，遭难了也得喝粥。再比如身体不舒服，大鱼大肉吃不下去，就想喝点粥。据《大唐新语》记载：唐代名将李勣的姐姐病了，他坚持为姐姐熬粥喝。"李勣既贵，其姊病，必亲为煮粥。"

既然唐朝人这么喜欢喝粥，所以粥的花样也渐渐多了起来。人们喜欢往粥里添加很多比如干果之类的其他东西。比如饧（xíng）粥，是寒食节吃的，熬制时要在粥里添加杏酪和麦芽糖，芳香甜美，还营养丰富。唐朝大诗人李商隐的《评事翁寄赐饧粥走笔为答》中就有这样的诗句："粥香饧白杏花天，省对流莺坐绮筵。"

除了在粥里添加干果，有人还在粥里添加药材。据唐朝人的《云仙杂记》记载："白居易，在翰林，赐防风粥一瓯，剔取防风得五合馀，食之口香七日。"白居易做翰林时，皇帝赐给他防风粥一瓯，里面放了中药防风，吃了以后嘴里很久都有余香。细想一下，皇帝为什么要赐给白居易让人口香的防风粥呢，是不是因为白居易口不太香，所以要对症下药呢？

三、吃罢主食，来些点心——唐朝点心

唐朝人跟现在一样，除了正餐之外还经常吃点零食。只不过，唐朝没有零食这个说法，大多都叫点心。

"点心"这个词，唐朝已经有了。在南宋吴曾所著的《能改斋漫录》中记载："世俗例以早晨小食为点心，自唐时已有此语。按，唐郑修为江淮留后，家人备夫人晨馔，夫人顾其弟曰：'治妆未毕，我未及餐，尔且可点心'。"唐朝有一位叫郑修的，有一次早上起来，夫人跟弟弟说："我早上起来得化妆，你要是饿了，不行就先吃点点心。"可见那时就有点心了。唐朝的点心，主要分两类，一类有花，一类有果。有花的点心叫花馔，有果的点心叫果馔。下面我们就来聊聊这两种唐朝零食。

1. 花馔——鲜花入馔，美味清香

人们用花卉做美食由来已久。到了唐朝，花卉的用处有很多，能酿酒，能泡茶，能蒸能煮，还能做成糕点；既能给人吃，还能上供给祖先吃，可以说是全能选手。

一般来讲，因为花卉芬芳甘美、清幽雅洁，所以人们往往用花卉来祭祀神灵和祖先，这有点像现在，扫墓时献上一束鲜花。在唐朝，不光是给神灵祖先要献一束花，还要放一些花卉做成的食品，也就是花馔。唐朝魏徵所著的《五郊乐章》中就有这样的诗句："苾苾兰羞，芬芬桂醑（xǔ）"。这里桂醑指的是桂花酒，兰羞指的是用兰花做成的食品。这表明，用花卉制作的珍馐美食是唐朝祭祀的常备供品。

花馔常见的烹饪方式主要有这么几种：煮成粥、做成饭、做成点心。煮着吃的比如杨花粥。唐人所著的《云仙杂记》中记载："洛阳人家……寒食装万花舆，煮杨花粥。"杨花就是杨树开的花。做成饭的比如桃花饭，当时南方很流行。唐朝诗人李群玉在《沅江渔者》中就有这样的诗句："倚棹汀洲沙日晚，江鲜野菜桃花饭。"这个桃花饭就是将米饭用桃花染过，煮出来的米饭有淡粉红的颜色，既好看又好吃。

唐朝用花卉制作的点心也有很多，比如有一种叫脂花馎（dàn）的点心。据《云仙杂记》记载："洛阳人家……腊日造脂花馎。"这里的馎，是一种分很多层的饼，也叫饼馎，有点类似现在的千层饼。五代时的《清异录》中记载了一种莲花饼馎："郭进家能做莲花饼馎……有十五隔者，每隔有一折枝莲花，作十五色。"莲花饼馎，有十五层，每一层都加了莲花，吃起来别有清香。这大概有点儿像云南的鲜花饼。

花卉除了可以跟面结合做成饼馎之外，还可以跟米结合做成糕。明朝彭大翼所著的《山堂肆考》中记载："武则天于花朝节游园，命宫女采百花和米捣碎蒸糕，以赐从臣。"花朝节，传说是花神的生日。唐朝花朝节是二月十五，武则天让宫女采花，跟米捣碎了蒸成百花糕，赐给群臣享用。可见，花卉无论是做成饼还是做成糕，都是当时很受欢迎的零食点心。

2. 果馔——果干蜜饯，香甜可口

唐朝农业技术的发展，以及与周边诸国的密切联系，使得唐朝长安根本不缺水果。比如北方产的桃杏和石榴，南方产的柑橘和荔枝，西域产的葡萄等，都能够从各地运到长安人的餐桌上。然而，水果毕竟有时令限制，不易长久保存。所以在每年水果成熟后，人们都要对水果进行加工，以增加水果的贮藏时间。

常见的水果加工方式有两种，一种是制成果干，另一种是制成蜜饯。果干和蜜饯无疑都是唐朝很受欢迎的零食。下面我们就挨个说一说。

首先是果干。果干，我们现在也经常吃到，比如葡萄干。唐朝的果干一般都是晒干水分而成的。有的为了让水分流失得更快些还会在水果上撒一点儿盐。不过，唐朝的果干除了用太阳晒之外，还会增加一些其他工序。比如北魏时的《齐民要术》记载了一种"作干枣法"。唐朝离北魏不远，手法应该没太大的差异。

据《齐民要术》记载："新菰蒋，露于庭，以枣著上，厚三寸，复以新蒋覆之。凡三日三夜，撤覆露之，毕日曝，取干，内屋中。率一石，以酒一升，漱著器中，密泥之，经数年不败坏也。"意思是说，把枣放在菰的叶子上晾三天三夜，然后在太阳下暴晒，再把晒干的枣，用酒喷洒，大概是为了杀菌，然后密封储藏在器物中。如此处理过的干枣，好几年都坏不了。

其次是蜜饯。蜜饯就是用糖或盐腌制的水果。唐朝的蜜饯不叫蜜饯，而叫作"煎"。比如《新唐书·地理志》中就记载了很多盛产水果的州县给长安进贡蜜饯的例子。比如，洪州（江西南昌）贡梅煎，太原府贡葡萄煎，成都府贡梅煎，戎州（四川宜宾）贡荔枝煎。这些都是给长安进贡的果脯蜜饯。

"煎"的制作方法也有所不同。比如荔枝煎，是把荔枝皮去掉，榨出荔枝果浆，然后用蜜煮，出来的成品就是荔枝煎。再比如梅煎，据《尚书》记载："若作和羹，尔惟盐梅。"这里的"盐梅"，应该是指用盐腌制的梅子。这可以说是有史料记载的最早用作蜜饯的果品。再比如"樱桃煎"，是将樱桃煮烂去核，放到有花纹的模子里捣实，压为极薄的小饼，再加蜜食用。

3. 点心好吃？全靠糖当家

唐朝的那些花果点心之所以好吃，有很大一部分原因是制作过程中添加了蜜糖，做出来的点心甘甜可口。喜爱甜食是人类的共同爱好。唐朝之所以有这么多种类的点心，很大程度上就是因为唐朝制糖技术的进步。

唐代日常使用的糖，主要有三种，蜜糖、饴糖以及蔗糖。蜜糖就是蜂蜜。饴糖指的是麦芽糖。蔗糖是指从甘蔗中提炼出来的糖。唐朝主要是在蔗糖的制造技术上取得了突破。唐朝的蔗糖被称作"石蜜"。这里需要说明一下，"石蜜"在唐朝文献里主要分两种，一种是国产的，一种是进口的。国产"石蜜"是指野生蜂蜜，进口

"石蜜"是指蔗糖。

早在汉朝,就有外国进贡石蜜。到了唐朝,西域国家仍然在向朝廷进贡石蜜。由于进口的石蜜质量太好了,唐朝宫廷就开始琢磨着石蜜能不能"国产化"。于是唐朝宫廷开始专门派人到国外去学习制糖技术。据《新唐书·西城传》记载:"贞观二十一年(647年)始遣使者自通于天子……太宗遣使取熬糖法;即诏扬州上诸蔗,拃瀋如其剂,色味愈西域远甚。"看来西域也没对大唐进行技术封锁,唐朝使者学成回来后,拿本地甘蔗试验了一下,效果还是不错的。

到了高宗龙朔元年(661年),可能是蔗糖的技术攻关遇到点问题,高宗又派人去大夏(也就是吐火罗)学习制糖技术。据《续高僧传》记载:"又敕王玄策等二十余人,随往大夏,并赠绫帛千有余段,王及僧等数各有差。并就菩提寺僧召石蜜匠,乃遣匠二人、僧八人,俱到东夏。寻敕往越州,就甘蔗造之,皆得成就。"这一次直接把外国的石蜜技工带回大唐做顾问,有什么问题直接问。

那么,唐朝的制糖技术学得如何呢?应该说还是不错的。主要体现在两个方面,首先是颜色。石蜜的颜色起初因为杂质比较多,呈黑色。比如南北朝时,来我国翻译佛经的伽跋陀罗,在其所译佛经《善见律毗婆沙》的夹注中记载:"广州土境有黑石蜜,是甘蔗糖,坚强如石,是名石蜜。"可见那时的石蜜还是黑色的。在经过两次出国考察学习后,到了高宗显庆四年(659年)所修的《新修本草》中就这样描述石蜜了:"石蜜出益州、西域,煎砂糖为之,可做饼块,黄白色。"从黑色变成黄白色,这说明制糖技术在过滤杂质方面有了较大的改进。

其次是砂糖工艺。唐朝以前,砂糖就是把甘蔗汁熬干了形成的结晶。经过学习,唐朝改进了现有的砂糖工艺。外国的工艺在砂糖制作过程中,添加了灰作为吸收杂质、澄清糖浆的辅料,生产的砂糖质量得到了很大提高。不过,这时的砂糖还不是现在的白糖,因为在过滤杂质方面没有石蜜工艺要求高,所以当时的砂糖是紫黑色,大概跟现在的红糖差不多。

正是由于唐朝通过对外国技术的学习,提高了制糖的工艺水平,才可以让各种各样的点心变得甘甜可口,回味悠长。从这个角度说,糖才是唐朝点心好吃的幕后功臣。此外,唐朝之所以能够在制糖技术上有所突破,就是因为对外来技术引进吸收消化的结果。如果只是抱着天朝上国的体面,对新技术嗤之以鼻,没有一个开放的胸怀和姿态,那无疑只能是一个抱残守缺的结局。所以,唐朝的点心和糖,其实背后也是唐朝包容开放的时代风貌的一个体现。

四、李白斗酒诗百篇，长安街上酒家眠
——唐朝人喜欢喝哪些酒？

唐朝的酒，其实早已流淌进那些辉煌灿烂的唐诗中。诗人们对酒当歌，举杯邀月，把千古的寂寥融进传世的杰作中穿越千年而不朽。从那些光芒万丈的诗中，我们依旧能够感受到酒香悠悠。那些激越的情感和忧伤的愁绪，至今仍然伴着酒香激荡在我们的心中。

比如李白，诗文大多都有酒。怪不得杜甫在《饮中八仙歌》中写道："李白斗酒诗百篇，长安街上酒家眠。天子呼来不上船，自称臣是酒中仙。"似乎李白作诗，没有酒就缺少了很多韵味。

如果要说唐朝的酒文化，那可能单独写一本专著都不够。弱水三千只取一瓢，我们只能从一些侧面，来谈谈唐朝人喜欢喝的那些美酒。

1. 喝酒到底喝谁家的？——官酿、坊酿和私酿

中唐李肇的《唐国史补》中记载了唐代各地的很多美酒，读起来让人眼花缭乱："酒则有郢州之富水，乌程之若下，荥阳之土窟春，富平之石冻春，剑南之烧春，河东之乾和、蒲萄，岭南之灵溪、博罗，宜城之九酝，浔阳之湓水，京城之西市腔，虾蟆陵、郎官清、阿婆清。"石冻春、烧春、郎官清、阿婆清等这些都是美酒的名字。由于大唐府库充盈，存粮丰厚，所以用粮食酿酒的工艺也得到了充分发展，以至于唐朝疆域内到处都有本地出产的名酒。

那么，唐朝人一般都是喝谁家的酒呢？这里就涉及酒的来源问题，唐朝的酒一般主要有三个来源，即官酿、坊酿和私酿。

首先说说官酿。官酿顾名思义，就是官府主办和管理的酿酒业，各个生产环节都有官府把控。官酿专门供皇家与朝廷官员饮用，相当于现在的"特供"之类的。

唐朝为了管理皇家官府用酒，设立了专门部门进行管理。据《旧唐书·职官志》记载，负责皇室官方饮食的是光禄寺。光禄寺下面有一个机构叫"良酝署"，

专门负责管理皇家和官府用酒。具体来说,一方面是国家大型祭祀所用的酒和酒器,另一方面是皇家宴会、大型国宴的酒和酒器的供应管理。这种国宴上喝的酒大概就是传说中的"宫廷玉液酒"吧,也就是御酒。

此外,官酿的御酒还经常作为皇帝赏赐臣子的礼品。比如《酉阳杂俎》中记载,安禄山受到皇帝恩宠,玄宗曾经赐给他桑落酒。再比如《永乐大典》中记载:"大历八年(773年)春正月晦日,赐郭子仪桑落火炙酒八瓮。"这里的桑落酒,就是一种宫廷御酒。

本来官酿只供官府,按说质量应该是最好的。但是在安史之乱以后,军阀割据,税收锐减。皇帝没钱了,就把主意打到了酿酒上。唐德宗时期,国家垄断了酒的生产和经营。有点经济学常识的人都知道,什么东西一旦垄断了,质量马上就会迅速下降。《册府元龟》中曾一针见血地指出:"官中自酤,交缘为奸,酒味薄恶。"大诗人白居易曾经写诗说:"惟是改张官酒法,渐从浊水作醍醐。"这意思原来的官酒都是"浊水",这质量可想而知了。官方垄断酿酒这个制度实行了没多长时间,到了德宗贞元二年(786年)又开始重新开放民间酿酒,而官方只是对民间酿酒征税。所以,总的来说,在唐朝中后期,官酿的品质一落千丈,口碑渐渐不行了。

下面说说坊酿。坊酿,就是民间专门经营酒业的作坊,比如一些酒肆酒坊酿制的酒。

唐德宗贞元二年(786年),官方重新开放了民间酿酒,只是要从中征税。《唐会要》中记载:当时的税是"每斗榷酒钱百五十文"。其实只要让民间酿酒,交点税大家也都不是很在意。收税,这代表民间酿酒业总算是得到了朝廷的认可。民营酒业,给点阳光就灿烂,政策稍微松动马上就蓬勃发展。

比如长安附近的虾蟆陵、新丰、渭城、扶风等都是坊酿高度密集的地方。比如虾蟆陵的郎官清、西市的西市腔,都是坊酿中的上品,算得上是大唐名酒了。不过,要说长安周围最好的酒,那应该是李白、王维等都打卡过的新丰酒。王维的《少年行》中写道:"新丰美酒斗十千,咸阳游侠多少年。相逢意气为君饮,系马高楼垂柳边。"这里的新丰美酒看来确实是好酒,价格也挺贵的。一斗酒,大概相当于现在六升,需要十千,也就是一万钱。唐开元年间,一斗米只需要不到二十文钱。而一斗酒就要一万钱,的确价格超级贵。

此外,唐朝长安的西市还有很多胡姬酒肆,里面主要售卖胡人酿制的酒。这里也是"网红打卡"的好去处。

最后说说私酿。私酿顾名思义，就是个人酿的酒。有的好饮之人，外面卖的酒满足不了自己的口味，索性请高手工匠，来家里专门为自己酿制好酒，平时自己过酒瘾，有客人时就拿出来宴客。当时长安城里很多官宦人家都有自己的私酿。比如诗人姚合有一次到同僚家喝酒，喝完了赞不绝口，写下了一首《晦日宴刘值禄事宅》，诗云："花落莺飞深院静，满堂宾客尽诗人。城中杯酒家家有，唯是君家酒送春。"

再比如，据唐朝吕才的《东皋子后序》记载，唐朝初年，太学有一个小官叫焦革。他家特别擅长酿酒，在当时口碑极好。有一位诗人叫王绩，号东皋子。他为了喝到焦革家的好酒，专门跑去做焦革的上司。后来焦革去世了，他的妻子袁氏还经常给王绩送美酒。为了喝口酒，专门调动工作，王绩也是个奇人了。

正是因为私酿是给个人喝的，所以对品质的要求更高。当时唐朝的顶级美酒，往往都是出自私酿。

2. 国产酒——浊酒和清酒

我们在读唐诗时，经常会看到不同的酒。比如李白的《行路难》中写道："金樽清酒斗十千，玉盘珍羞直万钱。"这里的酒是清酒。杜甫的《登高》中写道："艰难苦恨繁霜鬓，潦倒新停浊酒杯。"这里的酒是浊酒。那么，唐朝的酒到底是清的还是浊的？其实，清酒、浊酒在唐朝是并存的。

从字面意思上来看，清酒、浊酒似乎主要区别是在酒的品质上。清酒自然清澈些，浊酒自然浑浊些。其实两者的区别远不止如此，无论是酿制所用原料，还是酿制工序以及观感、口感都存在一定差别。

先说清酒。清酒是用谷子、稻子等黏性比较低的粮食酿成，在制作过程中需要经过反复过滤，才能呈现比较清澈的视觉观感。也正是因为如此，清酒的酒浓度相比浊酒要高，而糖分含量低于浊酒。用现在的话来说这酒属于高度酒，所以口感自然要更好些。

清酒在唐代也被称为烧酒或者薄酒。在命名上往往用某某清、某某春之类的，比如虾蟆陵的郎官清、剑南的烧春，都属于此类。由于清酒工序较为复杂，增加了很多过滤提纯的步骤，产量更低，自然价格也要更加昂贵。前面提到"金樽清酒斗十千",一斗酒要花一万钱,真的挺贵。

那么清酒到底是什么样子呢?是不是跟现在的白酒一样呢?清酒和白酒还是有区别的。我们现在说的白酒是指蒸馏酒。研究认为,蒸馏酒工艺应该是宋代才有的。唐朝清酒虽然也被称为"烧酒",但只是把酒加热以滤去杂质,并不是像现在的烧酒那样蒸馏提纯。唐朝的清酒应该跟现在黄酒的样子差不多。李白的《客中作》中写道:"兰陵美酒郁金香,玉碗盛来琥珀光。"这种琥珀光,应该与现在黄酒的品相差不多。这可能就是唐代清酒的样子。

下面说说浊酒。浊酒又称浊醪(láo),主要是用黍米(也就是小米)、黄米、糯米酿成。浊酒的原料比清酒的原料黏性更高,所以酿成的酒往往比较浑浊,酒精浓度低,含糖量比较高,而且有一些沉淀。因为少了过滤杂质的工序,其酿制过程比清酒简单多了,价格自然比较便宜。

正是因为浊酒价格更便宜,所以往往潦倒落魄之人才喝浊酒。这么一对比,我们就明白了,为什么李白就能"金樽清酒斗一千",因为当时他正是得意之时,诗名满长安,有的是人请客。而杜甫为什么只能"潦倒新停浊酒杯"呢,因为杜甫一辈子不是战乱就是窘迫,兜里没钱,潦倒落魄,自然只能喝浊酒了。这也给我们一个启示,看唐朝人有钱没钱,就看他喝的是清酒,还是浊酒。

前面提到,浊酒里有杂质,这主要是酿酒时谷物与酒发酵形成的气泡粘在一起,形成的绿色粉末状的杂质,有点像绿色的蚂蚁。所以唐朝也有人用"绿蚁"或"浮蚁"来指代浊酒。比如白居易的《问刘十九》中写道:"绿蚁新醅酒,红泥小火炉。晚来天欲雪,能饮一杯无?"这里的"绿蚁新醅酒"指的就是浊酒。

3.进口酒——三勒浆与葡萄酒

说完了国产的清酒和浊酒,下面我们聊聊进口酒。从酿造原料上看,国产酒往往是用粮食酿造的,而进口酒往往是以水果为主要原料。用水果酿造的美酒,甘甜醇美,别有一番风味,与粮食酒大有不同。这种独特的异域风情,也吸引了大唐的很多爱酒之人品尝。而进口酒中最为著名的,就是三勒浆和葡萄酒。

先说说三勒浆。据唐人李肇的《唐国史补》记载:"又有三勒浆类酒,法出波斯。三勒者谓庵摩勒、毗黎勒、诃黎勒。"三勒是指三种名字带勒的水果,分别是庵摩勒、毗黎勒和诃黎勒。一听这三种水果名称就知道是外国水果的音译。

那么，这三种水果到底是什么呢？据唐代的《新修本草》记载："庵摩勒……树叶细，似合欢，花黄，子似李、柰，青黄色，核圆作六、七棱，其中仁亦入药用。""毗黎勒……树似胡桃、子形亦似胡桃。""诃黎勒……树似木梡，花白，子形似枝子，青黄色，皮肉相着。"从这些文字大概可以知道，庵摩勒长得像青黄色的李子，毗黎勒长得像胡桃（也就是核桃），诃黎勒长得像枝子（也就是栀子）。总之大家知道这是三种产自西域的水果就行了。

那么三勒浆怎么制作呢？唐末韩鄂的《四时纂要》中记载了三勒浆的酿造方法："造三勒浆：诃黎勒、毗黎勒、庵摩勒，已上并和核用，各三大两。捣如麻豆大，不用细。以白蜜一斗、新汲水二斗，调熟，投干净五斗瓮中，即下三勒末，搅和匀。数重纸密封。三四日开，更搅。以干净帛拭去汗。候发定，即止。但密封。此月一日合，满三十日即成，味至甘美，饮之醉人，消食、下气。须是八月合即成，非此月不佳矣。"书中介绍，就是把这三勒连皮带核捣成碎末，然后把三勒末跟蜂蜜和水一起搅和匀了密封发酵，隔几天打开搅和一下，再封上继续发酵。三十天以后，三勒浆就酿成了。不过，三勒浆最好是八月份制作，其他月份制作的质量就不太好。这很有可能是八月份天气热，发酵充分的缘故。

原料是进口的，做法又这么复杂，时间要求这么苛刻，三勒浆的产量肯定不多。因此三勒浆在唐朝可能是社会顶层人士的专属特供。元朝人王恽曾经写过《三勒浆歌》，其序言中曾经提道："唐代宗大历间幸太学，以三勒浆赐诸生。"太学作为全国最高学府，里面全是王公贵族子弟。他们在皇上视察时才能喝上三勒浆，可见三勒浆的贵族专享地位。

下面再聊聊葡萄酒。葡萄酒，唐朝也叫蒲桃酒。中原最早接触到葡萄酒可以追溯到汉武帝时期，张骞出使西域以后从西域带回了葡萄酒和葡萄种子。不过，取得葡萄种子是一回事，取得葡萄酒的酿造方法，就是另一回事了。根据史料记载，从汉以后至魏晋南北朝，中原也有些地方种葡萄，葡萄也作为水果出现在中原王朝的餐桌上。但是，葡萄酒还得靠进口。

中原王朝最早掌握葡萄酒酿制方法，是在唐朝初年。据《唐会要》记载："葡萄酒，西域有之，前世或有贡献，及破高昌，收马乳蒲桃实于苑中种之，并得其酒法，自损益造酒，酒成，凡有八色，芳香酷烈，味兼醍醐。既颁赐群臣，京中始识其味。"唐朝攻破高昌国是唐太宗贞观十四年（640年）。这大概是中原掌握葡萄酒酿造的最早记载了。

那么，唐太宗派人从高昌取来的酿酒方法是什么呢？根据现在的研究，当时很有可能已经采用了"踏浆之法"，就是把葡萄都收进大木桶里，人进去用脚将葡萄踩碎后再把果皮果肉和酵母混在一起发酵。现在欧洲的一些酒庄还在用此法酿葡萄酒。

唐朝有了葡萄酒酿造技术，中原的葡萄种植也已经有了一定规模，葡萄酒的酿制自然很快就全面铺开，很快连民间也有了坊酿的葡萄酒。比如唐朝诗人王绩的《过酒家》中就有这样的诗句："竹叶连糟翠，蒲萄带曲红。相逢不令尽，别后为谁空。"描写的就是民间酒家卖葡萄酒的情景。

不过，对葡萄酒有研究的人应该知道，葡萄酒的品质，有七成是葡萄品种决定的，剩下三分才是酿造技术。虽然说唐朝人掌握了葡萄酒酿制技术，可是葡萄品种不如西域的好，酿的葡萄酒还是不如西域。所以，虽然唐朝也能酿葡萄酒，但是最好的葡萄酒还是来自西域。比如唐玄宗天宝末年进士鲍防的一首诗《杂感》中写道："汉家海内承平久，万国戎王皆稽首。天马常衔苜蓿花，胡人岁献葡萄酒。"即使贞观年间已经掌握了葡萄酒酿造技术，胡人还是经常来献葡萄酒，说明西域的酒确实好。

唐朝的酒，虽然有一些现在已经见不到了，但是早已流入诗人的心中，或化作蒙眬的醉意，或化作豪迈的情怀，或化作洒脱的意境，或化作深沉的悲哀。在酒杯中，盛满的是千金散尽的豪气，是直挂云帆的志向，是隔篱呼取的恬淡，是闲话桑麻的洒脱，是白日放歌的喜悦，是西出阳关的苍凉，是万里悲秋的潦倒，是举杯消愁的无奈。唐诗若无酒，便要失去半壁江山，暗淡一多半的光芒。

大唐的酒，醉了诗人，也醉了那些光耀千古的唐诗。

五、药？粥？汤？——唐朝人喝茶为何这么非主流

在中国文化中，茶和酒可谓各擅胜场。茶淡，酒烈；茶清雅，酒豪迈；茶解口渴，酒消心忧；茶使人清醒，酒使人沉醉；茶有白绿红黑，酒分凤清浓酱；茶是人间惆怅客，酒是天涯逆旅人。

人们借由喝茶、品茶而感悟生命，修身养性。一口香茗，消去满身的疲惫，疏

解油腻，浑身舒畅。

我们现在喝茶，都是把茶叶放在茶壶里，然后用开水冲泡。这种饮茶法，称作"泡茶"。但是，在茶文化初兴的唐朝，茶的喝法与现在大不相同。那么，唐朝人是怎么喝茶的呢？

1. 唐初茶是什么？是药、是粥、是汤，唯独不是茶

茶在中国可谓是源远流长。早在先秦时期，《诗经》中就有："槚，苦荼。"这里的"荼"其实就是茶。这是文献中最早出现的与茶有关的注释。汉代的《神农百草经》中记载："神农尝百草，日遇七十二毒，得荼而解之。"看来茶最初是作为一种可以解毒的药材出现的。从两汉一直到隋，茶都是作为一种药材来使用的。

唐朝初年，当时人对于茶依然是当作药材。据唐初的《新修本草》记载：茶"味甘苦，微寒无毒，主瘘疮，利小便，去痰热渴，令人少睡，春采之。苦茶，主下气，消宿食。逸利大肠，去热解痰，煮取汁，用煮粥良。"你看，这完全就是当药喝的节奏。

除了当药喝之外，唐朝人也会用茶来煮粥喝。比如唐朝有个诗人叫储光羲，有一首诗《吃茗粥作》写道："淹留膳茗粥，共我饭蕨薇。"意思是，主人留他吃饭，吃的是茗粥，也就是茶粥。

除了拿茶当药喝，当粥喝，还有很多奇特的喝法。比如唐代诗人薛能有一首诗《蜀州郑史君寄鸟觜茶，因以赠答八韵》，里面写道："盐损添常诫，姜宜著更夸。"这首诗里说，朋友为诗人寄来茶。可是这茶里面怎么还有盐和姜？因为当时人们在煮茶粥时会往里面添一些作料，比如葱姜、桂皮之类的。这也好理解，光喝粥多清淡啊，来点佐料更好喝。

唐德宗喜欢喝一种茗粥。唐朝李繁在《邺侯家传皇孙奉节王煎茶》中记录了德宗的爱好："皇孙奉节王煎茶加酥、椒之类。"这里的奉节王是指德宗李适，他喜欢在茶里面加牛奶和花椒，这有点类似西藏的酥油茶或蒙古的奶茶。这可以说是奶茶的雏形。

把茶当药、当粥、当汤，这几种喝法都是把茶叶放在水里煮，然后直接喝掉。这种喝茶方法，称作"煮茶法"。这种喝法对茶叶没啥要求，茶饼、茶叶末、鲜茶和干茶都行。那么茶叶什么时候才能作为一种单独的饮料而存在呢？这就要归功于

一个人。

2. 陆羽的《茶经》与煎茶法的流行

唐朝杨晔的《膳夫经手录》中记载:"茶,古不闻食之,近晋、宋以降,吴人采其叶煮,是为茗粥。至开元、天宝之间,稍稍有茶,至德、大历遂多,建中已后盛矣。"也就是说在玄宗开元天宝时期,茶开始以一种单独的饮料而存在,而在唐德宗建中年间(780年—783年)达到了鼎盛期。

为什么唐德宗建中年间会成为茶发展的鼎盛期呢?主要是因为有一位大牛出版了一本关于茶的著作。这本书叫《茶经》。这位大牛,就是茶圣陆羽。

陆羽生于玄宗开元二十一年(733年),卒于德宗贞元二十年(804年),字鸿渐,唐朝复州竟陵(今湖北天门市)人。陆羽的这本《茶经》,就是出版于唐德宗建中元年(780年)。全书七千余字,分成上中下三卷,共十章,分别是:茶之源、茶之具、茶之造、茶之器、茶之煮、茶之饮、茶之事、茶之出、茶之略、茶之图。在这部《茶经》中,陆羽系统地研究和总结了我国的茶历史源流以及唐代饮茶的时代现状、生产技术以及茶具、茶道原理等。

《茶经》在当时有多火呢?唐人封演的《封氏闻见记》中这样描述:"楚人陆鸿渐为《茶论》,说茶之功效并煎茶炙茶之法,造茶具二十四事以都统笼贮之。远近倾慕,好事者家藏一副……于是茶道大行,王公朝士无不饮者。"陆羽推荐的饮茶方法与茶具,在当时成为士大夫阶层最流行的时尚。

据《封氏闻见记》记载,陆羽的饮茶方法与初唐的"煮茶法"不同,名为"煎茶法"。煮茶法是抓把茶叶直接扔锅里煮。而煎茶法则使用茶末。相比茶叶,饮用茶末自然更容易吸收。但是制备上也更为烦琐,具有鲜明的仪式感,比较符合文人士大夫修身养性的需要。

《茶经》将煎茶法分为备茶、备器、择水、取火、候汤、煎茶、酌茶、品茶等步骤。下面我们挑几个关键步骤讲一下,让大家对于唐朝的煎茶流程有个初步了解。

首先是备茶。这是煎茶的关键步骤。备茶就是制备茶末。包括:炙茶、捣茶、碾茶、罗茶。炙茶,是指在制备茶末前先得把茶饼烤一下。唐朝茶叶以茶饼为主。饮茶前,先把茶饼的水分烤干,再进行后续的制备。烤干的茶饼要经过捣茶和碾茶过程，将茶叶碾成茶末。碾碎的茶末再用筛子罗一下，滤去粗末，只留细末。《茶经》中说："末之上者，其屑如细米。"

法门寺地宫出土的唐代茶具

茶末制好了，下面就要进入择水和取火的环节。择水就是选择煎茶用的水。陆羽将水质分为三种，最好的是山泉水，其次是江河水，最下等是井水。好茶当然要有好水，甘泉清冽，更增添茶的香气。取火就是选择什么燃料把水烧开，这也有讲究。陆羽认为，煮茶的火最好是用木炭。木炭的火称为"活火"，因为木炭的火力比较稳定，而且燃烧时间比较长。如果用木柴，可能会因不断添柴而影响火力的稳定。唐朝温庭筠的《采茶录》记载："茶须缓火炙，活火煎。活火谓炭火之有焰者。当使汤无妄沸，庶可养茶。始则鱼目散布，微微有声；中则四边泉涌，累累连珠；终则腾波鼓浪，水气全消，此谓老汤。三沸之法，非活火不能成也。"用木炭的活火，可以使茶汤不会突然暴沸，可以更好地煮出茶汤的滋味。

水火齐备，后面就要煮茶了。陆羽提出的煎茶法精华就在煮茶方式上，也就是"三沸法"。所谓三沸，就是将烧茶水的过程分成三个不同阶段，分别称作：一沸、二沸和三沸。唐朝烧水时不加盖子，可以通过肉眼观察水沸腾的情况。

水在容器中烧开，最初会冒一些大气泡，"沸如鱼目，微有声"，这是一沸。这时需要去除一些漂浮在水面上的杂质，比如木炭燃烧形成的灰会漂浮在水上面，这些需要去除。此外，一沸时需要在水中加点盐，这是为了中和茶叶的苦涩味。陆羽虽然比之前的煮茶法添加的东西少了，但至少还得加点儿盐。

继续烧，水会从容器边缘连续不断地泛起小的泡沫，"缘边如涌泉连珠"，这就是二沸。此时先要从容器里舀出一部分水，然后往水里放茶末。放茶末时，要先用竹夹在水中搅动，形成一个漩涡，然后把量好的茶末放入烧水容器里。

继续烧下去，水就全开了，出现"腾波鼓浪"，这是三沸。这时要把前面二沸舀出的水倒入，减缓沸腾的态势，以此来养育茶的精华，使得煮茶中泛起的泡沫与茶水能够达到浑然一体的境界。这有点像煮饺子那意思。当然，古人煎茶肯定比煮饺子要风雅多了。

那么，这样煎茶到底好喝吗？唐朝大诗人卢仝有一首脍炙人口的诗《七碗茶歌》，诗云："一碗喉吻润，两碗破孤闷。三碗搜枯肠，唯有文字五千卷。四碗发轻汗，平生不平事，尽向毛孔散。五碗肌骨清，六碗通仙灵，七碗吃不得也，唯觉两腋习习清风生。"仅仅是喝几碗茶，就喝得要升仙了，可以从中体验到唐朝人喝茶的那种清爽通透之感。

相比唐朝之前的煮茶法，陆羽提倡的这种煎茶法，无论是对于茶叶本身以及水、炭的选择，还是茶汤的烹煮过程，无不臻于极致。陆羽将原本粗放的饮茶方式，注入了精致风雅的文化元素，使茶由一种药材登堂入室，成为一种文化概念，并且引领了后世一千多年茶文化的发展。

3. 茶文化发展的背后，是安史之乱引起的唐代文化重心转移

茶本来产于南方，《茶经》开篇头一句话就是："茶者，南方之嘉木也。"南方饮茶的习惯早已经有了，而北方喝茶相对较晚。《封氏闻见记》中也说："南人好饮之，北人初不多饮。"在这个阶段，对茶起到推广作用的，一部分是南方来京参加科举的士子，另一部分就是僧侣。

僧侣为什么喜欢喝茶？其实这是跟茶的本身特性有关。茶具有一定的提神效果，口感比较清爽。而寺院的僧侣常常要坐禅或者背诵经典，难免疲劳，来一口热茶，提神醒脑，浑身清爽。《封氏闻见记》中记载："开元中，泰山灵岩寺有降魔师，大兴禅教，学禅务于不寐，又不夕食，皆许其饮茶，人自怀挟，到处煮饮，从此转相仿效，遂成风俗。"在僧侣的推动下，饮茶逐渐开始在民间风靡开来。

虽然如此，但是唐朝初年的茶文化发展还是比较缓慢的。究其原因，无疑是当时在文化界掌握话语权的北方文人对茶不太感冒的缘故。而真正让茶文化在唐朝成型的，其实是那场让大唐盛世戛然而止的安史之乱。

安史之乱对于大唐的影响是灾难性的。安史之乱后，原本繁盛的关中平原，成了人间地狱。战争破坏了整个大唐北方的社会经济基础，大量的北方人南下避祸。"天下衣冠士庶，避乱东吴，永嘉南迁，未盛于此。"与战乱频繁的北方相比，南方则无疑是远离战乱中心的世外桃源。

安史之乱，让唐朝的经济中心由关中平原南迁。从此，南方士族开始登上政治文化舞台的中心。南方才子多了，代表南方饮食习惯的茶也就更为文人士大夫阶层所接受。而文人士大夫对于饮茶的喜好，又将饮茶由一种日常行为提升到艺术和美学的程度。唐朝裴汶在《茶述》中说，茶"其性精清，其味淡洁，其用涤烦，其功效和。参百品而不混，越众饮而独高"。除了艺术和美学感受，文人们还在茶中寻找到了精神共鸣。

所以，唐朝茶文化是在唐朝的特定历史时期所形成的一种与当时文化阶层需求和心理融合而成的一种文化现象。其背后，其实是唐朝自安史之乱后，文化重心摆脱了关中本位南移的一种体现。

以陆羽的《茶经》为代表的唐朝茶文化，终结了此前"一锅乱炖"的非主流饮茶方式，开创了饮茶的新方式，为饮茶注入了新的文化内涵，也为后世一千多年的茶文化传承和发展奠定了基础。随着时代的变迁，虽然茶的饮用方式几经改变，但是人们为茶所赋予的恬淡隐逸的文化内涵和清雅高洁的精神追求，成为中华民族文化基因的一部分而亘古流传，继千年而不绝。

六、吃饱喝足，来点水果？
唐朝人爱吃的那些水果到底有什么寓意？

穿越到唐朝，吃了米面点心，饮了美酒清茶。吃饱喝足之际，如果再来点水果那就完美了。唐朝虽然没有现在这么强大的物流系统，但是要论水果品种那也是不遑多让。

比如，初唐徐坚等所编著的《初学记》中记载了12种水果：李、柰、桃、樱桃、枣、栗、梨、甘、橘、梅、石榴、瓜。欧阳询编撰的《艺文类聚》中则记录了李、桃、梅、梨、甘、橘、樱桃、石榴、柿、楂、柰、枣、杏、栗、胡桃、林檎、沙棠、椰、枇杷、木瓜、杜梨、杨梅、葡萄、槟榔、荔支、芭蕉、甘蔗、瓜等35种水果。由于唐朝疆域广大，与其他国家交流比较频繁，所以在唐朝，国内外的各种水果都可以吃到。西域的葡萄、南方的荔枝、北方的樱桃等，从四面八方汇聚到唐朝人的餐桌上，真可谓是"食兼中外，果通南北"了。

1. 西域葡萄——西域风物？征服象征？

葡萄，也叫"蒲陶"，最早是西域的特产，葡萄是怎么传进中原的，有两种说法，一种认为葡萄是张骞通西域后带回来的，另一种认为葡萄是用武力取回来的。据《汉书·西域传》记载："又发使十余辈，抵宛西诸国求奇物，因风谕以伐宛之威。宛王蝉封与汉约，岁献天马二匹。汉使采蒲陶、苜蓿种归。"汉武帝派遣贰师将军李广利打败了大宛，大宛国王为汉室每年进贡天马两匹，汉朝的使节带着葡萄种子回到了中原。葡萄从此开始在中原落地生根，广泛种植。

到了唐朝，诗人的笔下也经常将葡萄与西域连接在一起。葡萄在诗人的笔下，或者代表西域的风物，或者代表大唐对西域的征服。总之诗人眼中的葡萄不再是普通的水果，而是有了丰富的寓意。

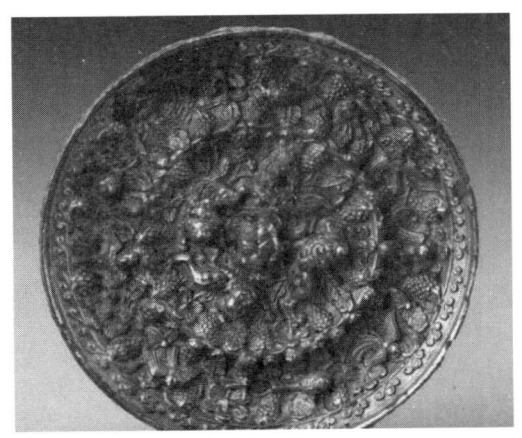

唐代海兽葡萄纹铜镜（现藏于山东省淄博市博物馆）

第七章 舌尖上的大唐

葡萄作为西域传入中原的水果，又被人们所熟知。因此以葡萄作为西域风情的指代，再合适不过了。葡萄花纹也被唐朝人广泛用于装饰，比如出土的很多唐朝铜镜背后都有葡萄的纹样。因为葡萄是藤蔓植物，所以葡萄纹样往往是既有满串葡萄，又有藤蔓蔓延，有枝有叶又有果，果实满架，显得繁缛富丽，花团锦簇，也比较符合唐朝中晚期繁复华丽的审美风格。

除了铜镜之外，葡萄纹还经常被用在锦缎袍带上。比如岑参的《胡歌》中写道："黑姓蕃王貂鼠裘，葡萄宫锦醉缠头。"再比如白居易的《和梦游春诗一百韵》中写道："裙腰银线压，梳掌金筐蹙。带襻紫蒲萄，袴花红石竹。"无论是缠头还是腰带，如果带有葡萄纹，就仿佛很"洋气"。

还有葡萄美酒，此处就不多作赘述了。

前面提到，葡萄最早进入中原，是在汉朝时期，大宛进贡天马，汉朝使者带回了葡萄和苜蓿的种子。所以，天马、葡萄以及苜蓿就成了汉武帝征服西域的标志性战利品。到了唐朝，唐太宗被四夷尊为"天可汗"，并于贞观十四年（640年）攻破高昌，再次取回了西域优良的葡萄种子，让唐朝成为自汉朝以后又一个征服西域的强盛王朝。因此，唐朝诗人往往以汉朝自比。

比如王维的诗《送刘司直赴安西》中写道："苜蓿随天马，葡萄逐汉臣。当令外国惧，不敢觅和亲。"其中就用天马、苜蓿和葡萄这三种意象，表现了大唐的赫赫国威。

汉朝就有以"蒲陶宫"命名的宫殿，用来安置前来进贡的外国使节。据《汉书·匈奴传》记载，汉哀帝时匈奴单于前来朝贡，被安置在蒲陶宫，也就是葡萄宫。有些唐诗借用葡萄宫来表现唐朝万国来朝的气象。比如李白的诗《送族弟绾从军安西》中写道："君王按剑望边色，旄头已落胡天空。匈奴系颈数应尽，明年应入蒲萄宫。"这里显示了对大唐军威的自信，暗示西域各国难敌兵锋，必然对大唐俯首称臣。所以，在唐诗中，葡萄不仅是一种水果，还是西域风情的代表和唐朝征服西域的象征。

2. 南方荔枝——南方佳果？误国之兆？

说完了西域葡萄，我们再看看南方独有的一种水果——荔枝。

荔枝是汉武帝攻破南越时引进的。荔枝也叫离枝、荔支、荔子、丹荔等，主要生长在南方亚热带地区。据《三辅黄图》记载："汉武帝元鼎六年（公元前111年），破南越，起扶荔宫，以植所得奇草异木……荔枝自交趾移植百株于庭，无一生者。连年犹移植不息，后数岁偶一株稍茂，终无华实，帝亦珍惜之。一旦萎死，守吏坐诛者十人。遂不复莳矣。其实则岁贡焉。"汉武帝攻破南越，将南越的珍贵草木移植到长安。结果荔枝很是娇气，到了北方气候不适应，很难存活。汉武帝一怒之下杀了好多人，那也没办法，只好让南方每年进贡荔枝。

汉武帝攻破西域，想吃葡萄就起了个葡萄宫，攻破南越，想吃荔枝就起了个扶荔宫。好好的皇宫，整得跟水果市场似的。可见荔枝有多珍贵，竟然让汉武帝以此命名宫殿。

不过，古代没有现代发达的物流系统，水果又容易坏，想吃荔枝可不容易。据《后汉书·和帝纪》记载："旧南海献龙眼荔枝，十里一置，五里一堠，奔腾险阻，死者继路。"从南海（现在广东海南一带）到长安，一路上经过多少驿站，累死多少"快递小哥"。因为运送荔枝太耗费人力物力，所以东汉和帝时就把进贡荔枝这事给废除了。

自东汉以后，本来只在广东、海南一带才有的荔枝，到了唐朝时已经有了北移的倾向。唐朝前期（公元7世纪）是一段气候比较温暖湿润的时期。这为荔枝种植北移提供了气候上的保证。唐朝白居易的《荔枝图序》记载："荔枝生巴峡间，树形团团如帷盖，叶如桂，冬青；花如桔，春荣；实如丹，夏熟。果如葡萄，核如枇杷，壳如红缯，膜如紫绡，瓤肉莹白如冰雪，浆液甘酸如醴酪。"这表明唐朝时四川也种植荔枝，而且品质跟岭南荔枝还是比较接近的。

与汉朝人一样，唐朝人也喜爱荔枝。然而，荔枝一方面有着鲜美甘甜的口感，另一方面其保鲜时间短、长途运输导致了劳民伤财。尤其安史之乱后，越来越多的诗人将荔枝与杨贵妃联系在一起，使荔枝背负了"误国之兆"的印象。

汉朝人为了吃口荔枝，路上死伤无数，到了唐朝情况也没有太多好转。究其原因，还是由荔枝的特性所决定的。白居易的《荔枝图序》记载：荔枝"若离本枝，一日而色变，二日而香变，三日而味变，四五日外，色香味尽去矣。"也就是说荔枝摘下来三五天就坏了，极其不易保鲜。所以运送荔枝到长安，本来就是个跟时间赛跑的差事。

而荔枝是怎么跟杨贵妃扯上关系的呢？史料记载，杨贵妃确实特别喜欢吃荔枝。据《新唐书·后妃传》记载："妃嗜荔支，必欲生致之。乃置骑传送，走数二里，味未变已至京师。"又据《资治通鉴》记载："妃欲得生荔枝，岁命岭南驰驿致之，比至长安，色味不变。"当然，唐朝不光岭南有荔枝，四川也有。但无论是岭南还是四川，都要翻越崇山峻岭，花费巨大的人力物力才能将荔枝运到长安，怎么看都是一件劳民伤财的事。

大唐盛世时，杨贵妃想吃个荔枝，本来也无可厚非。可是安史之乱后，文人墨客就不这么看了。杨贵妃喜欢吃荔枝，就成了君王沉迷享乐而误国的证据。国家都快完了，你还在这吃荔枝？所以这个时期，很多文人墨客都以荔枝来讽刺时政，其中翘楚自然就是杜牧的那首《过华清宫》诗了："长安回望绣成堆，山顶千门次第开。一骑红尘妃子笑，无人知是荔枝来。"安史之乱使大唐盛世陡然坠落，当时人们的愤怒失落和愤愤不平，都让荔枝在唐朝变成了误国之兆的代表。

3. 北方樱桃——祭祖？赏赐？美人红唇？

樱桃，也称含桃、荆桃、莺桃、朱樱等。跟葡萄从西域来、荔枝从岭南来不同的是，樱桃北方本来就有。樱桃在我国的栽培历史源远流长，1965年发掘的战国墓葬就发现了樱桃种子，而《礼记》和《汉书》也都有樱桃的记载。

由于樱桃在长安更为常见，吟咏樱桃的诗词自然也就更多，其文化层面的寓意也就更丰富一些。

首先是荐新。荐新是国家主导的祭祀活动，人们以新鲜的五谷或者时令鲜果祭奠天地和祖先，感谢四方神灵以及祖先的庇佑，祈祷来年风调雨顺。给祖宗进献的供品自然要力求新鲜。古代皇家祭祀往往是在春季。而樱桃作为开春以后最先成熟的果品，自然是当仁不让的荐新首选。

荐新用樱桃古已有之。据《礼记》记载："羞以含桃，先荐寝庙。"在汉代，用樱桃荐新正式成为国家礼仪。据《汉书·叔孙通传》记载："通曰：'古者有春尝果，方今樱桃熟，可献，愿陛下出。'因取樱桃献宗庙。上许之。诸果献由此兴。"既然荐新是国家礼仪，后来荐新逐渐被当作国家主权和朝廷合法性的象征。

安史之乱时，皇帝逃出长安，弃社稷而走，国家祭祀礼仪处于中断状态。所以当时很多文人墨客都希望朝廷能够早日克复长安，举行祭祀礼仪，以作为唐朝国家主权的象征，其中也就包括荐新。比如杜甫在《收京三首》中写道："赏应歌杕（dì）杜，归及荐樱桃。"杕杜是指《诗经》里的《杕杜》，表达了战争结束回家的心情。而后面的荐樱桃，指的是荐新。就是希望皇帝在收复长安后，祭祀宗庙，确认政权的合法性。

其次是赐樱。赐樱，就是赏赐樱桃。虽然樱桃在北方广有种植，但是樱桃确实也很难养活。俗话说："樱桃好吃树难栽。"说的就是这个意思。樱桃树对于温度、湿度要求比较高，须种在向阳背风、温暖湿润的环境里。而且樱桃皮比较薄，稍微不小心就容易碰个口子。杜甫在《野人送朱樱》一诗中写道："数回细写愁仍破，万颗匀圆讶许同。"杜甫万般小心还是怕把皮弄破了，可见樱桃也是挺娇贵的。

因为樱桃得来不易，所以早在魏晋时期就有皇帝以樱桃赏赐大臣的记载。这是皇帝为了笼络臣子，营造君臣之间其乐融融的气氛。唐朝也延续了这个传统，据《旧唐书·文宗纪》记载，在唐文宗大和年间（827年—835年），"有司尝献新苽、樱桃，命献陵寝宗庙之后，中使分送三宫十宅。"在完成祭祀之后，剩下的樱桃就分给了宫妃太后和王公大臣。

不过，皇上赏赐大臣樱桃，大臣也不能白拿，最起码也得写首诗给皇帝歌功颂德。唐朝很多诗人都写过这类歌颂皇帝赐樱的应制诗，比如王维有一首诗《敕赐百官樱桃》写道："芙蓉阙下会千官，紫禁朱樱出上阑。才是寝园春荐后，非关御苑鸟衔残。归鞍竞带青丝笼，中使频倾赤玉盘。饱食不须愁内热，大官还有蔗浆寒。"可以说是把赐樱的场面描绘得很全面。

除了皇帝赐给大臣樱桃之外，新科进士也会在曲江举行樱桃宴。无论是赐樱还是樱桃宴，都是营造出君王臣子，或是新科进士同乐的景象，可见樱桃在唐朝人生活中所起到的重要作用。

荐新和赐樱，都有一些皇家礼制的味道。中唐以后，樱桃逐渐由皇家专供转而飞入了寻常百姓家，成为民间的一种美食。比如唐朝有樱桃毕罗，就是樱桃走进民间的体现。也正因为如此，樱桃在民间还有了新的含义，从神圣严肃走向了生动活泼。

现在常说的"樱桃小口"一词，也是源于这一时期。据唐孟棨的《本事诗》记载："白尚书姬人樊素善歌，妓人小蛮善舞，尝为诗曰：樱桃樊素口，杨柳小蛮腰。"这里的"白尚书"指的是大诗人白居易，白居易作诗赞美他家的歌妓樊素，说她是樱桃小口。大诗人随手写了两句诗，就奠定了后面一千多年的审美标准。其实用樱桃比小口，还是挺贴切的。也不知道这位歌妓用的口脂到底是哪个色号。

自白居易以后,很多诗人都把女子的红唇比喻成樱桃。樱桃小巧红润,玲珑剔透,娇嫩欲滴,正好与美人的娇艳双唇相匹配。比如李商隐的《赠歌妓二首》中就用"红绽樱桃含白雪",来比喻歌妓朱唇微启、唇红齿白的美貌。看来樱桃既有庙堂之高的神圣,又有歌舞宴饮的艳情,其文化寓意可谓丰富矣。

第八章

长安人的快乐你想象不到——娱乐活动

作为天下第一城的居民，长安人的快乐，我们真的想象不到。上至贵族运动——马球，下至街头玩耍——斗鸡，都能让长安人乐此不疲。长安人既欣赏精彩纷呈的百戏，又追捧幽默滑稽的参军戏。连现在风靡的桌游，长安人也是玩得不亦乐乎。

一、逐将白日驰青汉，衔得流星入画门
——唐朝马球

唐朝长安人，有很多娱乐方式。而马球无疑是其中最重要的一个。我们现在常见的是欧美的马球运动，但是早在唐朝，马球就已经风靡全国，从皇帝到大臣都热衷于此。据不完全统计，唐朝20位皇帝中，喜欢马球的就有11位，其中很多皇帝如中宗、玄宗、穆宗、宣宗等都是马球高手。

1. 想打马球，先得有马——唐代马政

马球，顾名思义，想打马球，先得有马。唐朝马球之所以能够风靡全国，其主要原因，首先是马匹数量的充足。这体现了唐朝从中央到地方对养马的重视。政府为此还出台了专门的管理制度，统称"马政"。

在古代，马匹除了是一种牲畜，还是军事和交通的重要物资。唐朝政府设立了专门机构负责马匹的牧养管理。比如，中央设立了太仆寺专门负责此事，地方则设

立牧监。唐初在兰、原、秦、渭四州设立陇右牧监,后在关中设立八马坊,并将马匹养殖列入官员的政绩考核,如果达不到要求就要被问责。

为了便于管理,唐朝还给马"上户口",称为"马籍制度"。一匹马从哪里来,什么血统,是好马还是一般的马,适合上战场还是适合送皇家,全部记录在案。与马籍制度相配合的还有"马印制度",就是给不同用途、不同质量的马盖不同的印记,现在话来说就是"卡个戳"。

随着唐朝国力的增长以及国家对于马政的重视,马匹数量从唐太宗时开始增长,到唐高宗麟德年间(664年—665年)达到了巅峰时期。据《唐会要》记载:"大唐承周、隋离乱之后,贞观初,仅得牝牡三千……至麟德中,四十年至七十万六千匹。"唐高宗时马匹数量达到了70.6万匹,这在整个中国历史上也算是数一数二了。雄厚的马匹资源,为马球运动的风靡奠定了基础。

虽然唐朝马多,但不是什么马都可以用来打马球。参加马球比赛的马要经过严格的挑选和训练。唐朝诗人徐寅有一首诗《尚书打球小骢步骤最奇因有所赠》描述的就是一匹善于打马球的好马:"善价千金未可论,燕王新寄小龙孙。逐将白日驰青汉,衔得流星入画门。步骤最能随手转,性灵多恐会人言。桃花雪点多虽贵,全假当场一顾恩。"意思是说,这匹马非常聪明,自己能够跟着球跑,不用人引导。这样球手的注意力就放在击球上,而不用放在控制马上了。这样的好马,当然给球手带来了很大的便利。

看来,对于打马球的马主要要求就是聪明,"球感"好。好的球手和马匹能做到"人马合一"。唐朝大诗人元稹的《进马状》里写道:"同州防御使供进乌马一匹,八岁,堪打球及猎……解击球者,每嘉其环回斗转,动可惬心。"不仅进退灵活,还能够做到随心而动,与球手心意相通,这对马的要求可以说是很高了。

2. 球、球杆以及球场——唐代马球

前面说了马球的基本要素——马,可是光有马不行,还需要马球、球杆、球场。下面就说说这几样。

先说马球。马球的球在唐朝称为鞠。唐朝诗人鱼玄机的诗《打球作》里写道:"坚圆净滑一流星","坚",说明球是用硬质材料制作的,通常是木头。像"流星",这说明大概有拳头大小。

唐朝诗人沈佺期的《幸梨园亭观打球应制》里写道:"宛转萦香骑,飘飖拂画球。"可见,当时的马球应该是涂漆的,而且是彩色的。这也是为了醒目,增加对抗的激烈性。比赛时,人马交错奔驰,彩球滚动跳跃,就更像流星了。

再说这个球杆。大唐西市博物馆收藏了一面唐朝铜镜,背面是四名骑手打马球的图案。四位骑手都拿着一根顶端弯曲像月牙形状的长杆。这就是唐朝的马球球杆,称作"球杖"或者"鞭杖"。因为顶端弯曲像月牙,也称"月杖"。

唐打马球纹铜镜(大唐西市博物馆藏)

唐朝诗人蔡孚有一首诗《打球篇》,记载了很多关于球杖的信息。比如"初月飞来画杖头",这是说球杖的造型像初月一样。还有一句"宝杖雕文七宝球",这应该是说球杖的材质。能雕文的材料,十有八九是木制的。但是打球过程中,球杖会经常碰撞,如果是纯木球杖容易断,所以后人认为球杖外面可能包着铁皮。

再说说球场。1956年,在唐大明宫遗址的考古发掘过程中出土了一块石碑,上面刻着"含光殿及球场等,大唐大和辛亥岁乙未月建"的字样。

大明宫遗址出土的石碑

第八章 长安人的快乐你想象不到——娱乐活动　183

大和（827年—835年）是唐文宗的一个年号。这块石碑说明在修建含光殿时，还修了一个马球场。可见皇室对马球的重视。

唐朝马球场在文献中称为"鞠场"或者"鞠壤"。古代马球场不只是打球场地，还承担了贵族社交场所的很多功能。

那么，球场是怎么建造的呢？唐朝的球场应该是以土夯建造的。如果让许多人骑马奔跑，场地难免暴土扬尘。于是，一些王孙贵族就在球场上洒油，防止尘土飞扬。据《资治通鉴》记载："上（唐中宗）好击球，由是风俗相尚。驸马武崇训、杨慎交洒油以筑球场。"可见当时皇室打马球是何等的劳民伤财。

唐代彩绘打马球俑

不光如此，唐朝还出现了"灯光球场"，不过，那时没有电灯，只好点蜡烛。据《资治通鉴》记载，晚唐名臣杨行密之子杨渥为了在夜间打马球，"燃十围之烛以击球，一烛费钱数万"。一根蜡烛就得几万钱，打一晚上球还不知道要烧掉多少钱。真不愧是"贵"族运动啊。

3. "金球决胜"还是"比分决胜"？——唐朝马球赛制

马球作为一项体育活动，输赢怎么判断呢？唐朝马球有点像现在的足球，要把球打进对方的球门。足球进球叫作得分，唐朝马球进球叫作"得筹"。双方每攻入一球就是得一筹。据文献记载，决定胜负的形式有两种，一种是"金球决胜"，另一种是"比分决胜"。

唐代章怀太子墓壁画《马球图》

先说"金球决胜"。这个词足球迷一定秒懂，简单来说就是双方谁先进球谁就赢。在唐朝，先进球就叫作"头筹"或者"先筹"，成语"拔得头筹"就是由此而来。

唐朝诗人王建的《朝天子词十首寄上魏博田侍中》写道："无人敢夺在先筹，天子门边送与球。"意思是说，跟皇帝打球，即使球都到皇帝的球门边了，也没人敢在天子前头进第一个球。这就说明，"先筹"是判定胜负的重要手段。再比如五代时期花蕊夫人的宫词里，就有"上棚知是官家人，遍遍长赢第一筹"这样的诗句。这也说明赢得"第一筹"就赢得了胜利。这跟"金球决胜"制度就很像了。

还有就是"比分决胜"。这跟现在的足球很像，一场比赛，谁进球多谁就赢。比赛结束后以总分判定输赢，这在唐朝叫作"结筹"。

在敦煌出土的写本中有一篇《杖前飞》，就提到了关于马球比赛输赢的问题："前回断当不赢输，此度若输后须赛"，"或为马乏人力尽，还须连夜结残筹"。按照诗里所说，比赛肯定不是按照"金球决胜"方式来决出输赢的。一场比赛如果进一个球就决出胜负，怎么能打到人困马乏的境地？另外，打完了还要"结残筹"，如果是"先筹"定胜负，用一个筹就行了，哪来的残筹呢？所以，这场比赛一定是按

第八章　长安人的快乐你想象不到——娱乐活动

比分决胜负的。

4. 唐朝那些有关马球的趣事

马球的风靡最早始于唐中宗时期。据《资治通鉴》记载："上（唐中宗）好击球"。正是在唐中宗的影响下，皇亲国戚、达官显贵、军队将士、平民百姓都纷纷玩起了马球。正是由于马球在唐朝的风靡，也就有了很多与马球有关的趣事。

留给吐蕃队的时间不多了

这个故事记载于唐朝的《封氏闻见记》。唐中宗景龙三年（709年），吐蕃派了一个庞大的使团来长安，迎接金城公主入藏。中宗带着吐蕃使臣到梨园看打马球。吐蕃使臣说："我手下也有打马球高手，能不能咱们比试一下？"（臣部曲有善毬者，请与汉敌。）

中宗开始没当回事，就让皇宫卫军神策军的马球队跟吐蕃人对战。没想到，吐蕃队几次比赛都胜利了。（估计这次比赛是"金球决胜"，如果是"比分决胜"不可能很快就决出胜负。）

中宗脸上挂不住了，看来这得出动大唐"国家队"了。于是他一声令下，让儿子临淄王李隆基上场。李隆基带了三位球友参赛，总共四人上场，与吐蕃十个人比赛。四个对十个，这怎么打？别着急，行家一出手，就知有没有。只见李隆基上场后，"东西驰突，风回电激，所向无前"，出入吐蕃阵中如入无人之境，轻松地击败吐蕃。

这不仅让人想起以前经常听到的那句话，正好用在吐蕃身上："留给吐蕃队的时间不多了。"

击球赌三川

唐朝皇帝自玄宗以降，很多都喜欢打马球。到了中晚唐，甚至出现了皇帝将官位当作任意赏赐的筹码。打马球打得好就可以加官晋爵的现象。

"击球赌三川"就是这个时期发生的一件荒唐事。据《资治通鉴》记载，晚唐时期，黄巢起义军日益强盛。长安城岌岌可危，当时专权的宦官田令孜打算带着唐僖宗逃到蜀中去。于是他向僖宗提出，让自己的哥哥陈敬瑄和自己的三个心腹杨师立、牛勖及罗元杲去镇守三川（现在四川一带）。

当时三川最大的官是西川节度使四个人一起去，谁当老大呢？田令孜拿不定主意，只好让唐僖宗自己定。于是唐僖宗就想出一个空前绝后的选拔方式——打马球。

唐三彩马球阵

僖宗让这四位一起打马球，谁先进球谁就是西川节度使。"令四人击球，赌三川，敬宣得第一筹，即以为西川节度使。"陈敬宣头一个进球，所以他就成了西川节度使（这肯定是"金球决胜"的方式）。拿国家大事当儿戏，可见唐朝当时的政局混乱，后来唐朝衰亡，也就是意料中的事了。

前面说的都是男人打马球，其实唐朝作为古代最为开放的王朝，唐朝女子也在马球运动中找到了乐趣。想象一下，杨柳细腰的女子跨鞍挥杖，让人感觉英姿飒爽，显示出了不同于一般闺阁小姐的英气之美。

不过马球毕竟是个高强度、高危险性的运动，女子的体力毕竟不如男子，玩久了也扛不住。想打马球，又受不了骑马的激烈运动，于是唐朝出现了专门为女子量身定做的运动，球还是那个球，只是骑马换成了骑驴。因为驴的体格比马要小，所以骑驴运动的激烈程度比骑马要小一些。骑驴打球在唐朝叫作"驴鞠"。

马球变"驴鞠"

"驴鞠"大大降低了马球的危险程度,其实也挺精彩。因为唐朝的一些皇帝很喜欢看"驴鞠"。比如《旧唐书·敬宗纪》里记载,唐敬宗时期,教坊就曾经组织歌妓"分朋驴鞠",进行驴鞠表演赛,供宗室国戚观看取乐。

有一些皇亲国戚或者军队大佬也很喜欢看"驴鞠",比如玄宗时期的节度使郭英乂(yì),就喜欢看"驴鞠"。据《旧唐书·郭英乂传》记载,郭英乂在任剑南节度使时"聚女人骑驴击球,制钿驴鞍及诸服用,皆侈靡装饰,日费数万,以为笑乐"。看来这"驴鞠"也不是一般人玩得起的,钱也不少花啊。

5. 唐朝马球流行的原因

在唐朝马球流行的背后,其实有着深刻的时代原因。

首先是经济方面。马球在现在都是当之无愧的贵族运动,在古代更是如此。马球并不是一般老百姓负担得起的运动,无论是马匹、装备还是场地都不是普通人能够承受的。在唐朝,养一匹马的费用约等于养一个六口之家的费用。唐朝在马政制度的规范管理下,马匹数量在高宗时期就曾经多达70.6万匹,这是后世所望尘莫及的。这反映了唐朝社会经济的繁荣。有了雄厚的国力为后盾,唐朝才能够有大量的马匹资源用来进行马球运动。唐朝雄厚的经济实力是马球运动得以推广的物质基础。

其次在政治上,马球的推广是统治阶级的爱好向下延伸造成的。在唐朝的所有皇帝中,不喜欢马球的寥寥无几,马球高手却大有人在。所谓"上有所好,下必甚焉",唐朝马球能够有这样的规模,也与统治阶级的不懈推广有着密切的关系。

再次在文化上,唐朝在文化上的包容性促进了惊险刺激的马球比赛的观赏需求。大唐处在国家实力最为强盛的高峰。在进取的心态下,人们越来越喜欢惊险刺激、豪情万丈的运动,而健儿与骏马结合的马球运动,无疑更加符合唐朝人的观赏心态。

唐代马球白陶俑

从马球身上,我们看到了盛唐时期昂扬向上的朝气蓬勃,也看到了晚唐时期沉迷享乐的纸醉金迷。其实马球何辜,它只是一种运动而已,真正起决定作用的,毫无疑问是人。一些历史学家很喜欢把国家兴亡的责任推给一个女人,推给一项运动。说女人是"红颜祸水",说运动是"玩物丧志",其实,我们都知道,丧志的不是物,而是那个人,是那个选择了沉迷于玩物,而忘记了自己责任的人。

 二、唐朝开个桌游吧,哪些游戏是必选?
——樗蒲、双陆、叶子戏

古人的娱乐生活之丰富,丝毫不比我们逊色。古人其实也有"桌游",而且玩得不亦乐乎。比如唐朝就有很多"桌游"——樗蒲、双陆和叶子戏。

1. 樗蒲——李杜最爱的国民游戏，杨国忠发迹就靠它

杜甫有一首诗《今夕行》，里面写道："今夕何夕岁云徂，更长烛明不可孤。咸阳客舍一事无，相与博塞为欢娱。冯陵大叫呼五白，袒跣不肯成枭卢。英雄有时亦如此，邂逅岂即非良图。君莫笑，刘毅从来布衣愿，家无儋石输百万。"

这首诗描述的杜甫在咸阳客舍与客人一起玩游戏的景象。大家闲着没事，于是开始玩游戏。一群人玩得热火朝天。怎么看出来是热火朝天呢？诗里有个词"袒跣"，"袒"是指敞开衣襟，"跣"是指光脚。想象一下，杜甫敞开衣襟，光着脚，这还是人们印象中的那个满面愁苦、忧国忧民的杜工部吗？

这事其实也不奇怪。杜甫这首诗写于天宝五载（746年），这一年他34岁，正值壮年，正是意气风发的时候。你看杜甫这么大的诗人，跟别人玩起游戏来也是挺投入的。而让他这么投入的游戏，就是唐朝桌游界的元老——樗蒲。

樗蒲，也叫"五木"，传说是由老子发明的。樗蒲本质上是一种棋类游戏，它主要由枰、杯、矢、马、五木几样东西构成。枰，其实就是棋盘，也就是摆放棋子的区域。杯，主要是用来投子的一个小盆，一般是往里扔五木用的。

矢，代表兵卒，矢的数量特别多。据唐朝李翱的《五木经》记载："矢百有二十"。一百二十个棋子，这得多大的棋盘才能装下啊？这么多棋子当然不是用来冲关的，而是用来当作道具的，可以在枰上组成很多造型，比如战阵、关卡以及沟壑等。而这些矢所要阻挡的，就是对方用来冲关的棋子——马。马作为用来行进、闯关的棋子，根据五木的投掷结果而行进，冲击对方的关卡。

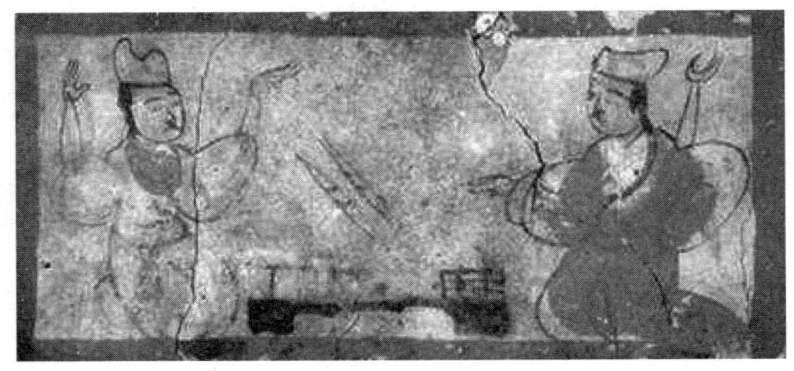

樗蒲图

五木，这是樗蒲的重要构成，樗蒲的别名"五木"就是来源于此。五木顾名思义，就是五块木头。据《唐国史补》记载："其骰五枚，分上为黑，下为白。黑者刻二为犊，白者刻二为雉。"就是说，有五个类似骰子的东西，上面黑色，下面白色，其中两个黑面刻上牛犊，两个白面刻上雉鸡，这就是五木的构成。

把五木一扔，就会出现很多不同的组合。然后，根据不同的黑白组合数量，决定不同的"采"，也就是棋子前进的步数。最高的"采"是全黑，得采十六，这种最高采称为"卢"。比"卢"稍微差点的就是二雉三黑，这种被称为"雉"，得采十四。卢和雉是最大的两种采，人们如果掷出这两种采往往都要大声喊。所谓"呼卢喝雉"指的就是这个情景。比如李白有一首诗《少年行》，里面写道："呼卢百万终不惜，报仇千里如咫尺。"就是形容少年玩樗蒲一掷千金的豪爽。

唐朝樗蒲是一种非常受欢迎的游戏。早在隋末唐初时期，当时还没起兵反隋的唐国公李渊就跟好友裴寂经常一起玩樗蒲、喝酒到深夜。据《新唐书·裴寂传》记载："唐公雅与厚，及留守太原，契分愈密，至蒲酒通昼夜"。这里的"蒲"指的就是樗蒲。

再比如一代奸相杨国忠，他的上位其实也有着樗蒲的功劳。虽然杨国忠是杨贵妃的哥哥，但是真正让唐玄宗注意到杨国忠的，是他的樗蒲技艺。据《新唐书·杨国忠传》记载："诸杨日为兼琼誉，而言国忠善樗蒲，玄宗引见，擢金吾兵曹参军、闲厩判官。"就是说杨贵妃给唐玄宗推荐杨国忠，说他特别擅长樗蒲，玄宗就给他封了个官。

其实樗蒲用了那么多棋子，那么大棋盘，最好玩、最吸引人的就是掷五木的过程。后来很多人干脆把其他棋子都省了，直接掷五木。因为掷五木有一定的随机性，所以樗蒲逐渐从一个有趣的棋类游戏变成了一种类似赌博的行为。

由于樗蒲由最初的桌游演变成了赌博，很多人因为玩樗蒲而倾家荡产。所以宋朝宋太宗时期，樗蒲被朝廷禁止。从此，樗蒲逐渐消失在历史的尘烟中，再也无处追寻。

2. 双陆——武则天的最爱，狄仁杰靠它赢件皮大衣

据《新唐书·狄仁杰传》记载：武则天晚年总是在继承人问题上纠结，到底是该立武家人还是该立李家人，是立侄子还是立儿子？有一次，她召见狄仁杰，问

道："朕最近总是梦见玩双陆输了，这是为什么啊？"（朕数梦双陆不胜，何也？）狄仁杰马上明白了，赶紧说："双陆输了，那不就是说陛下无子嘛。没有棋子自然就输了。这是天意给陛下的警示啊！"（双陆不胜，无子也。天其意者以儆陛下乎！）然后狄仁杰给武则天讲了一大堆道理，建议武则天立自己的儿子为太子。

《新唐书》讲述这个故事当然是为了突出狄仁杰的忠诚和正直。可是其中有一个情节很值得我们注意，武则天睡觉都能梦见玩双陆，可见满脑子都是这个。实际也是如此，武则天确实非常喜欢玩双陆。她经常在下朝以后，跟自己的面首和大臣一起玩。由此可见，双陆在唐朝"桌游界"的重要地位。

双陆的最初起源已经很难考证。据南宋人洪遵的《谱双序》记载："双陆……曰'握槊'、曰'长行'、曰'波罗塞戏'、曰'双陆'。盖始于西竺，流于曹魏，盛于梁、陈、魏、齐、隋、唐之间"。这样看来，双陆应该是起源于天竺，而且还有很多其他名字。

为啥叫双陆这个名呢？这源于双陆用的骰子。樗蒲也会用到类似骰子的五木，但是五木是两面的，玩起来变化比较少，而且，玩家还需要记住不同情况对应的"采"的数量。双陆用的是一对正方体骰子。一个骰子六个面，一对骰子就是双六，六跟陆通用，所以叫双陆。

据明朝人的《名义考》记载："今双陆古谓之十二棋，又谓之六博……投六着看六棋。着，簺也，今名骰子，自幺至六，曰六着……此六博之意也。"可见，双陆是从骰子得名的。这骰子比五木方便多了，也不用记什么情况对应什么采，直接按数字比大小就行。所以在唐朝双陆的普及程度比樗蒲广泛多了。

那么，双陆怎么玩呢？我们首先来看一下双陆的棋盘。

双陆棋盘

在棋盘上下各有 12 个圆形区域，共计 24 个圆形区域。整个棋盘因此被分为 12 个道。这 12 道就叫作梁。双陆棋子一共 15 枚。

双陆棋

双方对面而坐，一方执黑一方执白。走棋的顺序是黑棋自上左向右，然后向下右向左，其实就是顺时针方向。白棋自下左向右，然后向上右向左，其实就是逆时针方向。根据所掷骰子的数字决定棋子走的步数。如果某一道梁中只有单独的某色棋子，则这个棋子可以被攻击吃掉。最终，谁先把自己的所有棋子先走到终点，谁就赢了。

读者朋友看到这个规则时，也许感觉有点儿眼熟。棋子有固定的路径，根据骰子的数字决定棋子所走的步数，谁先把全部棋子走进最后的格子谁就算赢。这不就是飞行棋吗？对，其实现在飞行棋的玩法跟双陆还确实有一些相同点。

唐朝双陆是一种非常热门的游戏。除了武则天特别喜欢双陆外，宰相狄仁杰也是此中高手。据宋朝人的《类说》记载，狄仁杰有一次跟武则天奏事，武则天让他跟自己的面首张昌宗一起玩双陆。

武则天问："你俩是不得赌点啥？"（赌何物？）狄仁杰说："我赌张昌宗的那件貂裘，我要是输了，就把我的紫袍官服输给他。"（赌昌宗毛裘，以臣紫袍为对）武则天一听，有点不乐意："这件貂裘可是价值千金啊。"狄仁杰说："我这袍子是朝见皇帝的衣服，他那是皇帝赏赐的衣服，拿貂裘跟我的官袍对比，我还觉得不平衡呢。"（对臣之袍，臣尤怏怏）

于是二人开始玩双陆。结果狄仁杰一鼓作气，连赢张昌宗好几盘。按照约定，张昌宗只好把这件价值千金的貂裘给了狄仁杰。狄仁杰接了貂裘谢恩而去，出门就把这件貂裘给了仆人，然后上马而去。这事元芳你怎么看？——不得不说，干得漂亮！

所以，双陆仅是一种游戏，游戏本身只承担娱乐性，而利用游戏达到什么目的，那就是玩游戏的人所要考虑的问题了。同样是玩双陆，别人只是娱乐，狄仁杰却能借此整治那些祸乱朝纲的面首。可见，游戏只是游戏，高手就是高手。

双陆在清朝雍正年间，因为官方禁赌而被彻底禁绝，最终也消失在历史中。

3. 叶子戏——现代扑克的老祖宗，最早竟然是书签？

前面说的樗蒲和双陆，都属于棋类游戏。有的朋友喜欢玩纸牌类游戏，这类游戏唐朝有没有呢？是有的。那就是起源于唐朝，被认为是现在扑克牌鼻祖的叶子戏。

叶子戏，也叫叶子格，其实起源不是一种游戏，而是书签。据宋代欧阳修的《归田录》记载："唐人藏书，皆作卷轴，其后有叶子……凡文字有备检用者，卷轴难数，故以叶子写之。"就是说唐朝人藏书都是采用卷轴的方式，这可能是装订技术还不够成熟的原因。因为卷轴太多，有时查个资料，翻来翻去太麻烦，所以有时就把书里的一些内容写在小卡片上，用时去翻卡片就行了。这么看来，"叶子"最早是被用来作书签或者做读书笔记的小卡片。

后来人们发现卡片除了能做读书笔记，还能写写画画。于是，慢慢地大家就把叶子做成一张张纸牌，用来娱乐，所以就出现了叶子戏。

叶子戏纸牌

关于叶子戏的记载最早出现在唐中晚期。据《太平广记》记载:"唐李郃为贺州刺史,与妓人叶茂莲江行,因撰骰子选,谓之叶子戏。"这可以作为叶子戏起源的证据。李郃担任贺州刺史是在唐文宗开成元年(836年),所以叶子戏出现的时间应该可以确认是在中晚唐时期。

据唐人苏鹗的《同昌公主传》记载:"咸通九年(868年),韦氏诸家好为叶子戏。夜则公主以红琉璃盛光珠,令僧祁捧之堂中,而光明如昼焉。"咸通是唐懿宗的年号,此时距离开成元年李郃创造出叶子戏已经过去了30多年。可见在这30多年中,叶子戏已经从一个文官的自娱自乐发展成了一项连皇亲国戚都非常热衷的游戏。

叶子戏

那么,叶子戏怎么玩呢?很遗憾,唐朝叶子戏的玩法到了宋朝中期已经基本没有什么人会了。据欧阳修的《归田录》记载:"叶子格者,自唐中世以后有之……今其格,世或有之,而人无知者。"所以,我们只能从历史记载的一些蛛丝马迹以及后世由叶子戏演变而来的游戏来推测叶子戏的玩法。

首先是骰子,叶子戏虽然是纸牌游戏,但是也用到骰子。据五代冯鉴的《续事始》记载:"唐末有叶子,不知谁置,遂加投子至六……今按唐李贺州郃撰《叶子格》,世有其书,则六只当自郃矣。"就是说叶子戏应该有六个骰子。

既然有骰子,就可以根据骰子点数的大小来决定胜负,为什么还要玩纸牌呢?

所以，叶子戏中骰子的作用，可能与打麻将时骰子的作用类似，主要用来决定出牌和抓牌的先后顺序以及座位位置。而真正决定胜负的应该还是纸牌本身。

此外，据宋代王辟之的《渑水燕谈录》记载：叶子戏"当时士大夫宴集皆为之"。看来叶子戏最初主要是在宴席上娱乐，用于行酒令。既然唐朝人这么喜欢叶子戏，为什么到了宋朝会失传呢？这可能跟游戏规则太复杂有关。想象一下，六个骰子扔下去，会有多少种组合？这么多组合哪个大哪个小，得有专门的等级分类和记录表格，这也是叶子戏也被称为"叶子格"的由来。

据《渑水燕谈录》记载：叶子戏"凡名彩二百二十七，逸彩二百四十七，总四百七十四彩。余家有其格，而世无能为者"。四百多个不同的彩，这不是玩个游戏还得带字典？这么复杂的计算方式，除了少部分王公贵族，平民百姓基本上是没法上手的。这应该是唐朝叶子戏在宋代逐渐消亡的主要原因。

值得一提的是，唐朝叶子戏虽然失传了，但是叶子戏的很多元素都在后世的很多游戏中传承了下来，比如牌九和马吊，其实就是叶子戏发展的变种。其中，诞生于明清时期的马吊，在后面的发展中，经过与骨牌、骰子的结合和发展，最终形成了今天的麻将。

近代著名科技史学家李约瑟在1954年出版的《中国科学技术史》中，将桥牌的发明归于中国人。法国学者莱麦撒也曾经说："欧洲人最初玩的纸牌，形状、图式大小以及数目，皆与中国人所用相同。"所以，诞生于中唐时期的叶子戏，应该可以认为是现代扑克牌的老祖宗。

4. 小玩怡情，大玩伤身

假如你穿越到唐朝，怎样才能跟唐朝人玩到一起呢？了解唐朝人都喜欢的一些游戏肯定是很有必要的。其实，无论是樗蒲、双陆，还是叶子戏，这些游戏反映的是唐朝社会经济的高度繁荣，老百姓生活水平的提高。

当社会进步已经让大多数人都满足了基本要求以后，整个社会的精神需求也就开始萌芽和生发。人们有了多余的收入，有了空闲的时间，可以进行一些娱乐消遣，满足一下自己的精神需求。

无论是樗蒲、双陆所代表的棋类游戏，还是叶子戏所代表的纸牌游戏，由于有骰子的加入，为游戏增加了很多的不确定性。这种不确定性，虽然增加了游戏本身的惊险和刺激性，让玩家能够有更多的娱乐体验。但是也让这些游戏多少有了一些赌博性质。人们会为了极低的概率付出非常高的代价。这也是这些游戏相继在历史上消失的重要原因。

其实从古至今所有游戏都是一样的。游戏只是一种娱乐，如果让这种娱乐过于泛滥以至于侵蚀了我们的正常生活，那我们就会被游戏绑架。

三、生儿不用识文字，斗鸡走马胜读书
——唐朝斗鸡

斗鸡，也是唐朝广为人喜爱的一种娱乐活动。不论是宫廷贵族，还是街头巷尾，都喜欢观看斗鸡。斗鸡的历史可以追溯到春秋战国时期。到了唐朝，斗鸡更是进入了其发展的"黄金时代"。下面就来聊聊唐朝关于斗鸡的那些事。

1. 唐以前的斗鸡——为了斗鸡能把国家打烂

斗鸡，就是双方各出一只鸡，放在场地里，让它俩斗呗。场地里两只鸡你来我往，闪转腾挪，场地外双方也是上蹿下跳，悲喜交加。表面上斗的是鸡，其实斗的还是人。

斗鸡，早在春秋战国时期就已经有所记载。在当时的贵族中，斗鸡是非常风靡的。甚至会因为斗鸡而引起贵族之间的冲突。据《左传》记载，鲁昭公二十五年（公元前517年），鲁国有两家贵族分别是季氏和郈（hòu）氏。两家家主季平子、郈昭伯在一起斗鸡。他俩谁都没有遵守斗鸡规则。"季氏介其鸡，郈氏为金距。"季氏在鸡的翅膀上洒芥末，这容易刺激对方的鸡睁不开眼。郈氏也不含糊，在鸡爪子上绑了刀。一方是暗器，一方是武器，双方都开挂，谁也不让谁。最后鸡也别斗了，干脆斗人吧。于是，季氏和郈氏各自拉起军队开始打仗。这场仗搅得鲁国天翻地覆，连国君鲁昭公都跑到齐国去了。因为斗鸡把国家都打烂了，国君都打跑了，这可以说是史上代价最大的一场斗鸡了。

从上面的故事可以看出，当时的斗鸡已经从单纯的斗进入"拼装备"的阶段。

自春秋战国以降，斗鸡在两汉魏晋南北朝一直都有传承。而到了唐朝，斗鸡迎来了其发展的黄金期。

2. 唐朝斗鸡有多重要？——有人丢了前途，有人走上巅峰

唐朝斗鸡之风，在朝野间更是大行其道，上至王公贵族下至贩夫走卒，无不为了斗鸡而痴迷。因为斗鸡，有人丢了前途，也有人走上人生巅峰。人生起伏都定在一只鸡身上，让人读史至此都会常常感叹。

先说说因为斗鸡丢了前途的，那就是"初唐四杰"之首，写下千古名文《滕王阁序》，才华横溢但是英年早逝的大诗人王勃。据《旧唐书·王勃传》记载：王勃在沛王李贤的府上做修撰时，赶上"诸王斗鸡，互有胜负，勃戏为《檄英王鸡文》。高宗览之，怒曰：'据此是交构之渐。'即日斥勃，不令入府"。诸位王爷一起斗鸡，王勃随手写了一篇《檄英王鸡文》，也就是给英王的鸡下战书。结果这份战书传到了高宗那里，高宗觉得王勃这是有意挑拨皇子们之间的斗争。于是高宗"即日斥勃，不令入府"。直接把王勃给免官了。王勃因为斗鸡丢掉了自己的前途，真是可悲。

唐朝很多皇帝都喜欢斗鸡，但是最热衷的无疑是唐玄宗了。唐玄宗喜欢斗鸡，可能与他属鸡有关。玄宗生于武则天垂拱元年（685年），这一年是乙酉年，按属相就是鸡年。据《新唐书·五行志》记载："玄宗好斗鸡，贵臣、外戚皆尚之，贫者或弄木鸡，识者以为：鸡，酉属，帝生之岁也；斗者，兵像。近鸡祸也。"玄宗喜欢斗鸡，导致皇亲国戚家里纷纷养鸡，连穷人都在家里弄个木头鸡装装样子。《新唐书》里说玄宗因为斗鸡惹了灾祸，这是迷信，但是唐玄宗对斗鸡的喜好可见一斑。

据《明皇杂录》记载："每赐宴射酺会，则上御勤政楼。金吾及四军士未明陈仗，盛列旗帜，皆被黄金甲，衣短后绣袍。太常陈乐，卫尉张幕后，诸蕃酋长就食。府具教坊大陈山车旱船、寻橦走索、丸剑角抵、戏马斗鸡。"每当宫廷有重大宴会活动，都会安排很多表演项目，斗鸡表演也在其中。

所谓"上有所好，下必甚焉"，玄宗喜欢斗鸡，自然有人投其所好，并通过斗鸡走上人生巅峰。玄宗时有一个长安童谣，说的就是这事："生儿不用识文字，斗鸡走马胜读书。贾家小儿年十三，富贵荣华代不如。能令金距期胜负，白罗绣衫随

软舆。父死长安千里外,差夫治道挽丧车。"诗里的这位富贵荣华的贾家小儿,就是被称为"神鸡童"的贾昌。他父亲去世的时候,连县官都得给置办丧车。

据唐朝陈鸿祖的《东城老父传》记载,贾昌的一生确实称得上传奇。贾昌七岁时,"善应对,解鸟语音"。贾昌能听懂鸟语。玄宗还当王爷时,就特别喜欢民间的斗鸡。等到玄宗继位以后,在宫里设立鸡坊,专门选了一千多只雄鸡养在里面,还选了五百多士兵负责训练斗鸡。

有一次,玄宗出游,看见贾昌在玩木鸡,就把他召入鸡坊。结果贾昌一进鸡坊,马上就显出行家的境界,"三尺童子,入鸡群,如狎群小,壮者、弱者、勇者、怯者、水谷之时、疾病之候,悉能知之"。鸡群里,哪只壮实,哪只弱小,哪只勇敢,哪只怯懦,哪只饿了,哪只病了,贾昌扫一眼就全明白。玄宗一看这小孩有斗鸡的天赋,马上安排他做鸡坊主管,斗鸡"总教头"。从此贾昌就走上了人生巅峰,"天子甚爱幸之,金帛之赐,日至其家"。

除了贾昌之外,玄宗朝还有很多人凭借斗鸡得宠。史书认为,这是玄宗玩物丧志的表现。玄宗爱好斗鸡,进而宠信善于斗鸡之人,这事有些文人看不惯。李白的《古风》第二十四首,就写了这么一个场景:"大车扬飞尘,亭午暗阡陌。中贵多黄金,连云开甲宅。路逢斗鸡者,冠盖何辉赫。鼻息干虹蜺,行人皆怵惕。世无洗耳翁,谁知尧与跖。"李白走在路上,遇到一些因为斗鸡发达的人,车马冠盖都非常华丽。他们眼高于顶,飞扬跋扈。李白对此非常看不惯,所以写诗讽刺。这首诗浓缩成一句话就是:"不够你嘚瑟的!"

除了皇室的推崇之外,民间也盛行斗鸡。唐朝在寒食节和清明节期间,民间往往会有斗鸡表演。据《东城老父传》记载:"玄宗在藩邸时,乐民间清明节斗鸡戏。"可见在唐朝,寒食、清明期间斗鸡,是民间的常见风俗。

3. 唐朝斗鸡之风——大唐盛世精神的一个侧面

鸡在中国古代的文化中有着独特的地位。在古代,人们都是鸡鸣而起,拿鸡鸣作为早上起床的闹钟。所以,鸡也象征着旭日东升,生机初兆。鸡是一种好斗的动物,而被用作斗鸡的更是"公鸡中的战斗机",特别能战斗。斗鸡身上这种英勇好斗的气质,无形中贴合了唐朝尚武崇军的时代精神。那时的文人墨客,并不是躲进小楼低吟浅唱,而往往有着仗剑边塞的慷慨雄壮。能去边关的就仗剑卫国,去不了边关就把自己的战斗精神和希望映射在斗鸡上，借斗鸡来获得心理满足。

斗鸡战况比较激烈，往往是血气方刚的年轻人比较喜欢。唐朝人都有一种"少年游侠心态"，希望自己能够做重义轻生、慷慨洒脱的游侠。而这种心态也反映在唐诗中。比如卢照邻的《结客少年场行》中就有"斗鸡过渭北，走马向关东"这样的诗句。再比如李白的《叙旧赠江阳宰陆调》中自称是斗鸡徒："我昔斗鸡徒，连延五陵豪。邀遮相组织，呵吓来煎熬。"可见在大唐盛世时期，斗鸡与少年游侠的豪迈洒脱形象有着紧密的关联。斗鸡的战斗勇气也无形中符合了唐朝社会的任侠尚武之风，这也是大唐盛世社会心态中张扬和自信的缩影。

 四、相声小品，魔术杂技——唐朝百戏

穿越到唐朝，你想看什么节目？相声小品？魔术杂技？我们现在看到的这些表演，很多在唐朝也能看到。只不过，它们在唐朝有一个共同的名字叫——百戏。

1. 百戏是个筐，什么表演都往里装

百戏，也叫散乐，《辞海》中的定义是，百戏为"古代乐舞杂技表演的总称"。我们现在的很多艺术形式都属于百戏的范畴，比如杂耍、魔术、杂技、马戏等。总而言之，大概古代所有的娱乐表演形式都可以归入百戏的范畴。

据《旧唐书·音乐志》记载："散乐者，历代有之，非部伍之声，俳优歌舞杂奏。秦汉已有，又有杂技，其变非一，名为百戏。亦总谓之散乐。自是历代相承有之。"由此观之，百戏早在秦汉时期就已经发端。百戏发展的第一个高峰，是在大一统的汉朝。汉代国力强盛，文化繁荣，西域的各种娱乐表演也在中原广为流传，大大丰富了汉代的百戏艺术。比如那个非常著名的汉代说唱俑，就是汉代百戏繁荣的写照。

随着时代的发展，到了唐朝，百戏更是呈现出前所未有的繁荣。无论是项目的精彩和惊险度，还是表演种类的丰富性以及表演的规模，无疑都成为百戏发展史上新的高峰。

唐朝百戏的繁荣，光从包含的内容上就可见一斑。据《明皇杂录》记载："每赐宴射酺会，则上御勤政楼。金吾及四军士未明陈仗，盛列旗帜，皆帔黄金甲，衣短后绣袍。太常陈乐，卫尉张幕后，诸蕃酋长就食。府具教坊大陈山车旱船、寻橦走索、丸剑角抵、戏马斗鸡。又令宫女数百，饰以珠翠，衣以锦绣，自帷中出，击雷鼓为《破阵乐》《太平乐》《上元乐》。又引大象、犀牛入场，或拜舞，动中音律。"可见在皇室举办的招待"诸蕃酋长"的大型国宴及演出中，百戏无疑是舞台上的主角。其中的山车旱船、寻橦走索、丸剑角抵以及大象、犀牛拜舞，无疑都属于百戏范畴。

汉代击鼓说唱俑

上面的记载告诉我们，百戏包含两个重要门类，一是杂技类，比如"寻橦走索、丸剑角抵"。二是驯兽类，比如最后出场的大象、犀牛入场拜舞。下面我们挨个说说。

2. 杂技——寻橦走索、丸剑角抵

现在把一些靠人或者借助道具完成的难度较高的技巧性表演称作杂技。杂技在唐朝也是百戏中的一大门类。"寻橦走索，丸剑角抵"就属于杂技。那么，这几种唐朝杂技，现在还能看到吗？当然能看到，只不过不叫这个名字了。这四项分别代表了唐朝杂技表演的四类主要项目——竿技、绳技、力量型表演、个人技巧型表演。

下面首先说说"寻橦"，也就是竿技。竿技，起源于汉朝，也叫"扶卢""都卢""寻橦"等，唐朝也称"戴竿"。竿技，其实就是现在的顶竿，演员把竿木顶在头上，竿木上面有女子或小孩做出各种动作。

第八章　长安人的快乐你想象不到——娱乐活动

戴竿杂技俑（现藏于西安博物院）

据《明皇杂录》记载：玄宗有一次在勤政务本楼举行宴会，"时教坊有王大娘者，善戴百尺竿，竿上施木山，状瀛洲、方丈，令小儿持绛节出入于其间，歌舞不辍"。当时有位顶竿表演者叫作王大娘。她顶的竿上面还有两座木山，分别代表瀛洲和方丈这两座仙山。然后有小孩在两座木山中间来回玩耍，表演歌舞。这位王大娘确实挺厉害。难怪当时的神童刘晏作诗称赞她："楼前百戏竞争新，唯有长竿妙入神。谁谓绮罗翻有力，犹自嫌轻更著人。"后来到了唐文宗时期，文宗觉得这个表演太危险，容易出事，就废除了这项演出。

吐鲁番阿斯塔那的唐代墓葬曾经出土一个顶竿倒立木俑。他们的动作既协调优美又惊险刺激，让人看来觉得似乎摇摇欲坠而又稳如泰山。

唐代顶竿倒立俑，吐鲁番阿斯塔那出土

由于顶竿表演所用的竿木比较长，顶起来挺高，大老远就能看见，比较吸引眼球。所以有时候顶竿也作为一些王公贵族出门时开路仪仗的先导，以彰显他们的奢华气派。简单来说就俩字——"嘚瑟"。在敦煌莫高窟第156窟的《宋国夫人出行图》中仪仗前列就有一位顶竿表演者。一个人顶着一根十字形竿，上面有三个小孩在做动作。这位宋国夫人是晚唐时归义军张议潮的夫人，在当时也是地位显赫了。

宋国夫人出行图，莫高窟156窟，画面左侧有两位顶竿艺人

接下来我们说说"走索"，也就是绳技。走索也叫"高絙（gēng）""绳戏"等。据《文献通考》记载："汉世以大丝绳系两柱头，间相去数丈，两倡对舞行于绳上，对面道逢，肩相切而不顷。"也就是两个柱子之间系一根丝绳，然后人在绳子上面来回走，即使两个人对面走绳子，都能面对面擦肩而过，而不掉下来。这就是现在的走钢丝。只不过古代没钢丝，只好走绳子。

走索发展到了唐朝，在原有的基础上有了新的内容，增加了高空动作的难度，表演更为刺激。除了普通的用脚走索之外，还发明了很多新鲜玩法。据《封氏闻见记》记载，唐代的走索演出有多种不同形式："妓者先引长绳，两端属地，埋鹿卢以系之。鹿卢内数丈立柱以起绳，绳之直如弦。然后妓女自绳端蹑足而上，往来倏忽之间，望之如仙。有中路相遇，侧身相过者；有著屐而行，从容俯仰者；或以画竿接胫，高五六尺；或蹋肩蹈顶至三四重，既而翻身掷倒，至绳还住曾无蹉跌；皆应严鼓之节，真奇观者。"这些表演走索的演员，艺高人胆大，有的两人相向走索，走到跟前互相侧身而过的；有的还穿着木屐，在绳索上来回晃荡；还有的踩着高跷走索，或者好几个人叠着罗汉来走索。这些高难度动作显示出了演员高超的技巧。

角抵

真是精彩绝伦,令人赞叹不已。

下面说说角抵。角抵,也叫"争交",其实就是现在的相扑。角抵的起源比较早,在先秦时期就已经有了。这个传统一直到唐朝依旧存在。玄宗办国宴时,常常会安排角抵节目。唐穆宗更是看角抵从早看到晚。据《旧唐书·穆宗纪》记载:唐宪宗元和十五年(820年)二月,当时还是太子的穆宗"幸左神策军观角抵及杂戏,日昃而罢"。看来确实是喜欢。

角抵,对身体素质和反应速度要求都比较高。所以,唐朝普遍用角抵来锻炼士兵,提升士兵的体质、战斗技能以及反应能力。史书中也不乏角抵高手由普通士兵跻身将领行列,从而走上人生巅峰的成功例子。据《旧唐书·李载义传》记载:"载义少孤,与乡曲之不令者游。有勇力,善挽强角抵。刘济为幽州节度使,见而伟之,致于亲军,从征伐。"李载义最初只是一个有膀子力气的大头兵,因为特别擅长角抵,被幽州节度使刘济赏识,成为他的亲军。后来李载义官至山南西道节度使、河东节度使,也是一方诸侯。由此看来,在军中,角抵水平比较高,还是前途很光明的。

最后聊聊丸剑。丸剑其实是两种表演,一种是弄丸,另一种是跳剑。弄丸,也叫跳丸,就是手里几个丸铃快速抛接。跳剑跟弄丸差不多,只不过把丸铃换成危险系数更高的剑而已。这种表演,对于演员的灵活性、反应灵敏度和平衡感要求都很高。

弄丸要是玩好了,还能跟其他项目进行混搭。比如,跟绳技混搭,一边走绳索,一边抛丸铃。惊险程度一下就叠加了几倍。唐朝刘言史有一首诗《观绳伎》,里面就有"两边丸剑渐相迎,侧身交步何轻盈"这样的诗句,可以想见当时的惊险场景了。

除了宫廷宴席表演外，其实民间也有很多高人。据《酉阳杂俎》记载：有一位京兆尹（相当于唐朝长安市市长）叫黎干，有一次出门因为有一位老人没避让把人家打了几板子。老头站起来没事人一样就走了。黎干觉得这老头不简单，于是派人找到老头的居所，登门道歉。老头于是就给他表演了一段跳剑。"良久，紫衣朱囊，盛长剑七口，舞于中庭，迭跃挥霍，批光电激，或横若掣帛，旋若救火。有短剑二尺余，时时及黎之衽。黎叩头股栗。食顷，掷剑于地，如北斗状，顾黎回：'向试尹胆气。'"七柄长剑，上下翻飞，有的剑好几次碰到黎干的衣襟。这可是一不小心就会出人命的。黎干吓得赶紧跪下叩头。老头舞完了，看看黎干说："没事，我就是试试你的胆量。"黎干赶紧说："大哥，我错了，我以后跟你混行不？（今日已后，性命丈人所赐，乞役左右。）"老人淡淡地拒绝了，然后就走了，深藏功与名。

你看，有点手艺的人，连长安市市长也不敢随便得罪。这个故事也让我们了解了丸剑的惊险场面。

信西古乐图中的丸剑图样

第八章　长安人的快乐你想象不到——娱乐活动

3. 驯兽——舞马，大唐盛世的余晖

唐朝还有驯兽表演，大象、犀牛等都是驯兽表演的常客。不过，驯大象这些现在也能看到，似乎没有什么新鲜的。要说哪样表演是唐朝比较独特，后世少见的，要首推舞马了。

要说舞马，要从一件文物说起。1969年10月，文物考古工作者在西安南郊何家村即唐长安城兴化坊旧址一带发现了很多珍贵的唐朝文物，其中有一件"舞马衔杯纹仿皮囊银壶"。壶上图案展示了舞马表演的情景。

唐代鎏金舞马衔杯纹皮囊银壶（陕西历史博物馆藏）

壶上面，有一匹身形矫健的骏马正在用后腿跪地，前腿支撑着身体，颈上系着的飘带随风飘舞，仿佛充满了动感的韵律。马口中衔着一个酒杯，好像在向人敬酒。这就是唐朝的舞马，因此这个图案也被称为舞马衔杯。

现在的马术比赛有一个项目"盛装舞步"，马需要在骑手的驾驭下，完成舞步动作。唐朝时的舞马所要完成的动作难度可比盛装舞步难多了。

说起舞马，要从唐玄宗说起。唐玄宗的生日（八月五日）叫"千秋节"，全国放假三天。每逢千秋节，都是举国同庆的日子。这一天唐玄宗要在兴庆宫的"勤政务本楼"前大宴群臣和番邦使臣。在宴会上，有各种杂耍戏法等民间节目。整个宴会的最高潮，就是舞马祝寿。

让马跳舞确实不容易。这些马都是边塞送来的名贵的青海马，它们必须在专门的教习地点进行培训。据《明皇杂录》记载，正式表演时，马都要穿上华丽的

锦袍，鬃毛上装饰彩带，挂上金银、铃铛、珠宝、美玉等名贵的珍宝。随着《倾杯乐》音乐的节奏，昂首奋尾，翩翩起舞。

有时还会让一位壮士举一张榻，然后让马在榻上翩翩起舞。一曲终了，舞马屈膝跪地，口衔酒杯，为玄宗敬酒祝寿。

唐朝诗人张说曾经写过三首《舞马千秋万岁乐府词》，其中第二首写道：

圣王至德与天齐，天马来仪自海西。
腕足齐行拜两膝，繁骄不进蹈千蹄。
髬（xiū）鬣（ér）奋鬣（liè）时蹲踏，鼓怒骧身忽上跻。
更有衔杯终宴曲，垂头掉尾醉如泥。

字里行间，仿佛看见马匹身姿如飞、转圜舞蹈的样子。当然，马口衔酒杯，它自己肯定也沾了点酒，所以马也有点醉意。诗的最后一句"垂头掉尾醉如泥"，写出了马醉后步履蹒跚的姿态。

但是，随着安史之乱爆发，长安陷落，皇帝带着王公大臣逃往蜀中。人尚且不能自全，何况马乎？安禄山攻入长安以后，因为他曾多次观看舞马表演，心里很喜欢，于是就带了一些舞马回到范阳。安禄山死后，舞马被另一位将军田承嗣所得，田承嗣从来没有看过舞马表演，以为这些马也是战马，就跟普通战马一起养在马厩里。

有一天，田承嗣在军中大宴，敲鼓奏乐。舞马们听到乐曲的节奏，记忆中的动作此时涌上心头。突然这些舞马开始在马厩中跳起舞来。马夫以为这马成精了，就拿鞭子抽它们。马不知道人的想法，它还以为挨抽是因为自己跳舞跳得不好，于是更加努力地跟上音乐的节拍，更加卖力地跳舞。

马夫赶紧禀报了田承嗣，田承嗣命令继续打这些马。可是这些马越是挨打越是以为自己没跳好，所以跳得越起劲，跳得越起劲就挨打越厉害，最终竟然被活活打死！其实马又何辜，要为人犯下的错误买单？这些马可能到死都不明白，为什么自己那么努力地跳舞，换回的却是更多的毒打？也许，它们并不知道，曾经喜爱它们表演的人们，再也没有心情和能力看它们了。而那个需要它们跳舞来烘托的绚烂如花的伟大时代，也已经一去不复返了。

所以，舞马既是盛唐兴旺的象征，又是大唐衰败的预兆。自安史之乱后，因为舞马身上所附加的这层意义,后世君王再也没有进行过舞马表演,我们只能通过这件舞马衔杯纹银壶来想象那些华丽盛景了。

 五、唐朝人喜欢的戏,到底什么样子——参军戏

唐朝有一种戏,受到上至皇家下至百姓的喜爱,堪称唐朝的"顶级流量",那就是参军戏。这种戏由两个人表演,有点儿像相声和二人转。

1. 为什么叫参军戏?——"茶圣"命名

参军戏为什么要叫这个名字?这要从参军戏的起源说起。参军戏的起源有两个说法,一个是说起源于南北朝时期后汉一个叫石耽的,另一个说起源于南北朝后赵一个叫周延的。他们的故事大同小异。据唐人段安节的《乐府杂录》中"俳优"这一条记载:"开元中,黄幡绰、张野狐弄参军——始自后汉馆陶令石耽。耽有赃犯,和帝惜其才,免罪。每宴乐,即令衣白夹衫,命优伶戏弄辱之,经年乃放。"意思是说,石耽曾经担任馆陶令,因为贪污被发现,皇帝宽恕了他,但是每次宴会都让演员戏弄他。

周延的故事跟石耽差不多,也是因为做官贪污,每次宴会都会被演员戏弄。所以,参军戏的最早起源应该是皇帝戏弄官员的行为,这可能就是"弄参军"的"弄"字由来。其实最早参军戏不叫参军戏,叫弄假官,就是一个人扮演官员,其他人捉弄他。

那弄假官怎么就变成参军戏了呢?这事其实跟传说中的"茶圣"陆羽有关。

据《乐府杂录》记载:"开元中,有李仙鹤善此戏,明皇特授韶州同正参军,以食其禄,是以陆鸿渐撰词,云《韶州参军》,盖由此也。"就是说,唐玄宗开元年间,有一位叫李仙鹤的演员,演这个演得特别好。唐玄宗喜欢,给李仙鹤赏赐了一个官职:韶州(今广东韶关)参军,还有正式俸禄。陆羽(字鸿渐)看不惯此事,专门写了一个戏叫《韶州参军》来讽刺李仙鹤。因为李仙鹤是参军,陆羽写的戏也叫参军,后来这种表演方式就叫参军戏了,也有的文献叫弄参军。

茶圣陆羽为什么掺和人家演戏的事啊？其实陆羽不光是茶圣，还是一位很好的编剧。据《新唐书·陆羽传》记载："茶圣陆羽……匿为优人，作诙谐数千言。"就是说，陆羽曾经有一段时间藏起来去当演员了。陆羽的自述《陆文学自传》中写道："著《谑谈》三篇，以身为伶正，弄木人假吏藏珠之戏。"意思是说陆羽曾经做过"伶正"，大概相当于艺术团团长。这里的"假吏"其实是参军戏的别称。

那么，说了半天，参军戏到底是怎样的表演形式呢？

2. 参军、苍鹘上台鞠躬

参军戏是一种两人表演的形式。晚唐诗人李商隐有一首《骄儿诗》，里面有这么一句："忽复学参军，按声唤苍鹘。"这里是说参军戏的两位角色：一位叫作参军，一位叫作苍鹘。

参军戏顾名思义，参军是主角。据唐人赵璘的《因话录》记载：唐玄宗天宝年间，番将阿布思犯了罪，其妻子进了掖庭。到了肃宗年间，因为阿不思妻子擅长表演，成了参军戏名角，每次宴会都能逗得皇帝和王公大臣哄堂大笑。在这个故事中，阿不思妻子所饰演的角色叫参军桩，也是参军戏的主角。这说明，参军是参军戏中绝对的主角。

唐代参军戏俑

那么另一个角色"苍鹘"是什么？其实是一种隼。古时候人们驯化鹰隼来打猎，唐朝也有专门养鹘的地方，叫作鹘坊。于是，苍鹘成了一种为人奴役的工具。此外，古代也把奴仆称作"苍头"，这两个概念合二为一，就形成了参军戏里的苍鹘。苍鹘主要扮演参军的奴仆，总是被参军欺负，但是有时反过来欺负参军。

那么，参军和苍鹘主要演什么呢？主要以滑稽讽刺为主。由于参军戏是由皇帝捉弄犯官发展而来的，所以参军戏中有捉弄官员的滑稽内容。不过，阿不思的妻子作为参军戏的主角在皇家宴会上逗乐皇帝和大臣，这个场合所表演的节目应该不能是捉弄官员，很有可能就是纯搞笑的节目，类似现在的"段子"。

总体来说，参军戏表演的内容主要是讽刺和搞笑。讽刺内容可能多一些，因为参军戏往往在宫廷表演，观众是皇帝和王公大臣。而优伶（也就是演员）们如果觉得国家有哪些需要改进的，有时也会在参军戏中以讽刺的方式来对皇帝提点意见。

据《资治通鉴》记载：唐玄宗开元年间，侍中宋璟特别烦那些被判了罪又不服判决到处上诉的，于是干脆定了个规矩：认罪不上诉的就放了，不认罪的就关着。这样一来搞得民怨沸腾。

于是有两位演员编了个小段，其中一位演旱魃（古代怪兽），另一位问他："你怎么出来啦？"旱魃回答："都是相公（宋璟）处分的。"另一位继续问："什么意思？"旱魃说："有三百多个被冤枉的人关在监狱里，乱成了一锅粥，我能待得了嘛，这不赶紧出来了嘛。"唐玄宗一看这个段子，心里秒懂。

除了讽刺以外，还有一种就是纯搞笑的。这种往往以插科打诨，歪批歪讲，故意说错，不懂装懂作为笑点。比如当时非常著名的一个节目叫《三教论衡》就是这方面的典型。

据唐人高彦休的《唐阙史》记载，这个节目是唐懿宗咸通年间名角李可及的拿手好戏。他说自己博通三教（儒释道），旁边人问他："那释迦牟尼是什么人？"李可及说："妇女。《金刚经》说：'敷座而坐。'你看，丈夫先坐然后儿子再坐，

参军戏俑

不是妇女是什么？"故意把"敷座而坐"解释成"夫坐儿坐"，典型的歪解。

然后旁边人又问了："那太上老君是什么人？"李可及说："也是妇女。《道德经》有句话：'吾有大患，是吾有身。'你看都有身子了还不是妇女？"旁边人又问："那孔子呢？"李可及说："还是妇女。《论语》说：'吾待贾者也。'这不就是待嫁的女子吗？"

你看这类歪解的节目，纯粹是为了搞笑，跟相声里的《歪批三国》基本上属于一个路子。

无论是捉弄参军，还是说段子、歪批搞笑，参军戏的表演方式都很像现在的相声。那么，为什么说参军戏也有二人转元素呢？这就涉及另一个问题，参军戏到底有没有歌舞。

3. 相声？二人转？——参军戏到底有没有歌舞？

现在的相声和二人转，其实并没有太多区别。相声有俩人，二人转也有两个人；相声讲段子，二人转也讲段子。如果非要划界线，那就是相声的歌舞成分少一些，二人转的歌舞成分多一些。

那么参军戏到底有没有歌舞呢？这要从不同的历史阶段来看，不同历史阶段的参军戏不太一样。

首先我们要了解参军戏在唐朝属于哪一类。据宋朝人陈旸的《乐书》中《胡部》记载："唐胡部：乐有琵琶、五弦、筝、箜篌……拍板……戏有参军、婆罗门。"这说明，在唐朝，参军戏首先是戏，其次是被列在胡部之下。

那什么叫作"胡部"呢？据《新唐书·礼乐志》记载："开元二十四年（736年），升胡部于堂上。"还说"乐用龟兹，鼓、笛各四部，与胡部等合作"。综合这两句话，胡部看来应该是一组用于宴会奏乐助兴的以西域乐器为代表的音乐班底。而参军戏列在胡部之下，应该是有音乐伴奏的。

唐朝诗人薛能有一首诗《吴姬》，诗中写道："此日杨花初似雪，女儿弦管弄参军。"既然是有弦管，那应该是有音乐伴奏的。所以参军戏有音乐伴奏，这一点是确凿无疑。有伴奏自然就有歌唱，唐人的《云溪友议》中写道："有俳优周季南、季崇，及妻刘采春……善弄陆参军，歌声彻云。"由此可见，参军戏在唐朝是有音乐伴奏和歌唱的元素。

既然有歌，那么有没有舞呢？唐朝诗人路延德有一首诗《小儿诗》，里面写道："头依苍鹘裹，袖学柘枝揎。"这意思是把头发裹成苍鹘的样子，把袖子弄成柘枝的样子。这里的柘枝就是一种舞蹈。据《乐书》记载："柘枝舞童衣五色绣罗宽袍，胡帽银带……对舞相占，实舞中之雅妙者也。"拓枝舞是一种唐朝的舞蹈，而这首诗将参军戏中的角色苍鹘跟拓枝舞联系在一起，可以表明：在唐朝参军戏的表演中是有舞蹈的。唐朝参军戏有音乐、有歌唱、有舞蹈，似乎更接近二人转。

随着晚唐社会动荡，战乱频繁，要想凑齐一套歌舞班底就不太容易了。所以，到了晚唐五代时期，参军戏在讽刺搞笑这条路上开始迅速发展，而原有的歌舞伴奏也都逐渐取消了。在这个时期，参军戏逐渐脱离了二人转风格，开始形成以对话为主类似相声的表演形式。

据《新五代史》记载，后唐庄宗李存勖，特别喜欢演戏。他老丈人叫刘叟，是个走街串巷卖药算卦的。刘叟的闺女，也就是庄宗皇后，特别避讳谈到家世。有一次庄宗穿上刘叟的衣服，背上卖药的行头，让儿子戴着破帽子跟在后面，跑到皇后卧室说："老刘来看闺女啦！"吓得皇后刘氏把庄宗的儿子给打了一顿。"宫中以为笑乐"。闲着没事跑去捉弄皇后，这皇帝可是真没溜儿。

庄宗和儿子的装扮很明显是参军戏的装扮。这次"表演"也没有歌舞伴奏。由此可见，到了五代时期，参军戏逐渐由有说有唱有舞蹈变成了单纯以说为主的表演形式。到了宋代，所有关于参军戏的记载均是以说为主，再也没有见到歌舞的影子。到了这个阶段，参军戏就更靠近相声了。

参军戏作为在唐朝广泛流传的一种艺术形式，在某种程度上继承了自秦汉以来俳优的讽谏传统。其起源就是对贪官的嘲讽和捉弄。虽然看起来大快人心，但只是执行君王的命令而已，其嘲讽也只是停留在居高临下的侮辱和戏耍上，难以对君主形成真正的讽谏效果。

那么，参军戏到底是更接近相声还是二人转呢？其实，唐朝参军戏有歌有舞有音乐还有滑稽搞笑，更靠近二人转，但是进入五代以后，参军戏逐渐转向了以说为主，此时就更加靠近相声了。

第九章

唐朝的婚丧嫁娶红白喜事

唐朝结婚有着非常繁复的仪程。而且在婚姻中，女性有了一定的自主权。无论是处置自己的嫁妆，还是离婚，都代表着唐朝女性地位的提升。与婚姻相比，唐朝丧事礼仪也有很多的讲究，有的还要专门出动仪仗队，甚至还出现了专门经营丧葬事宜的商铺——凶肆。

 一、结婚不是你想结就能结——唐朝结个婚有多麻烦？

婚姻在人的一生中有着重要的意义。自古以来，人们对于结婚的流程仪典等方面都非常重视。唐朝婚姻也是如此，无论是官方法律的规定，还是民间仪典的流程，都给唐朝婚俗增加了很多内容。此外，唐朝由于胡风较盛，很多源自少数民族的婚姻风俗也融入了唐朝婚俗中。

1. 婚前普法教育之一——法律规定：满足这些条件才允许结婚

现在人们结婚，最起码也得先看看婚姻法的规定，比如结婚年龄，什么情况不能结婚之类的。唐朝也一样，结婚之前也有"婚前须知"，明白唐朝关于婚姻的法律规定，比如哪些情况可以结婚，哪些情况不能结婚。下面我们就了解一下唐朝"婚姻法"的相关规定。

首先说说满足哪些条件才能结婚？主要有三个，即：父母之命媒妁之言、结婚年龄、婚书和聘礼。

父母之命媒妁之言，这个大家都很熟悉。在儒家传统文化中，父母对于子女的婚姻往往有决定权。比如《唐律疏议·户婚》中有这么一条："诸卑幼在外，尊长后为订婚，而卑幼自娶妻，已成者，婚如法；未成者，从尊长。违者，杖一百。"就是儿女幼年在外，长大以后尊长给他订婚，如果儿女在外面已经结婚那就算了。如果没结婚，就必须服从尊长的要求，否则就得挨一百板子。你看，没父母之命还是不行。

据《唐律疏议》记载："为婚之法，必有行媒。"这就是说，唐朝婚姻成立的法定必备条件之一，就是有媒人，婚姻要有媒妁之言。

另外，人只有达到一定年龄才会具有养活自己的能力，才能承担婚姻和家庭的责任，所以法律会对适婚年龄做出一些规定。据《礼记》记载：男子"二十而冠"，女子"十有五年而笄"。古人认为，男子二十、女子十五才算是成年人，才能谈论嫁娶之事。唐初对于结婚年龄的规定也是如此。据《通典》记载，贞观元年（627年），唐太宗下诏："男年二十，女年十五以上……并须申以婚媾，令其好合。"这也跟《礼记》的要求符合。

然而，到了唐玄宗年间，可能是出于鼓励生育、增加人口、扩大生产力的需要，政府将结婚年龄进一步降低。据《唐会要》记载，玄宗在开元二十二年（734年）敕令："男年十五，女年十三以上，听婚嫁。"男子十五、女子十三，也就是现在初中生的年龄。那时女孩子要是二十来岁还没嫁人，就属于"大龄剩女"了。

聘书和聘礼，也就是订婚过程。唐朝法律认为，聘书和聘礼只要其中一个条件具备就代表了婚姻成立。《唐律疏议》规定："诸许嫁女已报婚书及有私约而辄悔者，杖六十。虽无许婚之书，但受聘财亦是。"也就是说，如果已经提供婚书或者有私约，想要悔婚的，就得挨六十板子。就算没有婚书，收了人家聘礼也代表婚姻关系已经成立，悔婚也得挨板子。

据《太平广记》记载，华州（今陕西渭南华州）有一位柳参军跟一个女子崔氏一见钟情。但是崔氏的表哥老王已经先给崔氏家里下聘礼提亲了。尽管柳参军后来也备了聘礼，并且在崔氏母亲的默许下与崔氏成亲，但是老王还是把柳参军告到了官府。官府也挺为难，两方都给了崔氏聘礼，而且柳参军都跟崔氏一起过日子了。最终官府判决，按照法律规定，只要接受了聘礼就代表婚姻成立。老王最先给了崔氏聘礼，所以崔氏跟老王结婚在先，且婚姻合法。于是官府把崔氏判给了老王。因此柳参军与崔氏被迫分离。这个故事可以算作唐朝法律的佐证——聘书和聘礼只要其中一个条件具备就代表了婚姻成立。

那么，假如一对唐朝青年男女，有了父母之命媒妁之言，到了结婚年龄，也有了婚书，是不是就可以结婚了呢？并不是。因为唐朝"婚姻法"除了规定什么情况下可以结婚，还规定了有些情况是不能结婚的。下面我们聊聊这些"禁止结婚"的条款。

2. 婚前普法教育之二——法律规定：以下情况禁止结婚！

不能结婚的条件第一个就是：身份等级存在差别的禁止通婚，包括良贱禁婚、监临官与监临女禁婚和犯罪逃亡者禁婚。

良贱禁婚，这里的"良"，指的是良人，也就是法律意义上的自由人，有人身自由，有土地财产，承担国家赋税徭役。这个"贱"，指的是贱民，比如奴婢、奴隶，倡优戏子等都属于贱民，他们没有人身自由和财产权，只从属于官府或者主人。唐朝法律规定，良人和贱民是不能通婚的。据《唐律疏议》记载："人各有耦。色类相同。良贱既殊，何宜配合？"简单说就是身份等级相同的人才可以结婚。

对于良贱通婚，唐代法律的处罚是很重的。《唐律疏议》中规定："诸与奴娶良人女为妻者，徒一年半；女家减一等，离之。其奴自娶者，亦如之。主知情者，杖一百；因而上籍为婢者，流三千里。"家奴娶良人为妻，家奴要做一年半的苦力，被娶的女方也得受罚，还要强制离婚。家奴主人如果知情也得挨一百板子。不但罚了家奴，还要罚他妻子，罚他主人，处罚还是挺严的。

监临官与监临女禁婚，这里的监临官是指地方官员。对于监临官的婚姻，《唐律疏议》中规定："诸监临之官娶所监临女为妾者，杖一百。若为亲属娶者，亦如之。"也就是说，地方官员不能娶自己管理地方的女子。这个规定主要是出于两个目的。第一，防止地方官员与地方势力通过联姻相互勾结，形成自己的势力，不利于朝廷管理。第二，防止地方官员发生强娶民女的不法行为，这也是对地方官员的约束。

犯罪逃亡者禁婚，这好理解，与逃亡犯人通婚，客观上形成了对犯人的包庇，这是违法的。《唐律疏议》中规定："诸娶逃亡妇女为妻妾，知情者与同罪，至死者减一等。离之。"娶逃亡妇女的，知情者与逃亡者同罪，而且官方还要强制离婚。

上面三类都属于因身份不同，而禁止通婚的。还有一种是由于血缘关系禁止通婚的。这种情况现在也有，近亲禁止结婚。唐朝称为"同姓不婚"。

这里的同姓不婚指的是同宗同族，姓一个姓的，不可以通婚。其实这也好理解，古代交通不发达，娶媳妇也不可能跑太远，基本上都是附近乡里。在古代，你想想就你身边这点人，如果是同姓那差不多都是同宗，怎么算也是近亲，肯定不能结婚。《唐律疏议》中规定："诸同姓为婚者，各徒二年；缌麻以上，以奸论。"同姓结婚要做两年苦力，如果是五服以内的亲戚，按通奸论处，罪加一等。

除了身份不同、血缘关系，还有一种原因也是禁止通婚的，那就是时间限制。具体来说，就是在服丧期间和父母、祖父母被囚禁期间，不允许结婚。

其实这很好理解，家里人去世或者被囚禁了，还要结婚，这不就是传说中的"坟头蹦迪"嘛，能干出这种事的人，在古代简直是连人都不配做了。《唐律疏议》中记载："诸居父母及夫丧而嫁娶者，徒三年；妾，减三等。各离之。知而共为婚姻者，各减五等；不知者，不坐。"父母以及丈夫去世丧期之内嫁娶，要做三年苦力。这是为了维护儒家传统社会的道德秩序需要，父母去世了还有心讨论嫁娶，这在古代是非常严重的不孝行为。这对于以孝治天下的封建王朝来说，是不可饶恕的。

还有一些其他行为，在法律中也认为不能通婚，比如欺诈、强娶之类的，这里就不赘述了。

好了，知道了什么情况可以结婚，什么情况不可以结婚，婚前普法教育到此就告一段落。下面，我们就正式进入婚姻的流程。

3. 六礼——唐朝婚姻的完整礼节

今天的婚礼，往往是指结婚当天所举办的仪式。对于古代人来说，所谓婚礼，指的是整个婚姻缔结过程中所有礼节的总和，这是一套非常烦琐的程序。具体地说，总共有六种礼节仪式，也叫"六礼"。只有经过"六礼"，一对新人才能够正式组成家庭，履行对于家庭的责任和义务。

六礼这套仪式，早在西周时就已经有了。在《仪礼·士昏礼》中记载："婚有六礼，纳采、问名、纳吉、纳征、请期、亲迎。"到了唐朝，六礼依然在婚姻过程中起到了重要作用。《唐律疏议》中记载："妻者，传家事，承祭祀，既具六礼，取则二仪。"可见在唐朝依旧遵循六礼的流程。下面我们就说说六礼。

六礼头一个是纳采。所谓纳采，就是指男方向女方提亲，如果女方愿意，那就收下男方带来的礼物。在先秦时期，按照《仪礼·士昏礼》的记载："纳采用雁。"男方会把一只大雁送给女方作为纳采的礼品。大雁是一种比较忠贞的禽鸟，一只大雁一生往往只有一个配偶，象征着对婚姻的忠贞不渝。其实有大雁当然好，要是没有大雁，送别的礼品也行。只要男女双方家长认可就行。

第二个是问名。就是男方在纳采之后，向女方询问待嫁女子的姓名、生辰和家庭情况，然后，将这些情况送去进行占卜。《仪礼·士昏礼》中说："问名者，将归卜其吉凶。"其实占卜倒是其次，主要是了解一下待嫁女方的实际情况，看看男方是否满意。这属于婚前的一个了解的流程。

第三个是纳吉。问名占卜之后，如果结果为吉，则将这个结果反馈给女方，并且将男方的情况也告知女方。女方如果满意，双方就可以缔结婚书了。

第四个是纳征，也就是男方给女方聘礼，也就是现在的彩礼。这是结婚时要讨论的首要问题。彩礼给多给少都不合适。给多了让人觉得卖闺女，给少了让人觉得不尊重女方。这事每家标准不一样，实在不好确定。所以，唐高宗在显庆四年（659年）下诏对聘礼做出了规定："天下嫁女受财，三品以上之家，不得过绢三百匹，四品五品不得过二百匹，六品七品不得过一百匹，八品以下不得过五十匹。"当然，诏书中的规定是针对官员的，民间嫁娶则不在此列。

聘礼在唐朝法律中非常重要，一旦女方接受了男方的聘礼，就视为男女双方从法律上正式确立了婚姻关系。如果收了聘礼还要反悔，那是要吃官司的。

第五个是请期。聘礼给了，剩下就是定日子了。男方算好黄道吉日，跟女方沟通好，就要在定好的日子娶亲了。结婚的日子一旦确定了，既不能提前也不能推迟，否则也是要挨板子的。《唐律疏议》中记载："即应为婚，虽已纳婚，期要未至而强娶，及期要至而女家故违者，各杖一百。"不管是男方日子没到，要提前娶亲，还是日子到了，女方不嫁，都会挨一百板子。

最后一个就是亲迎，也就是现在说的婚礼。一切都准备好了，就等到日子把女方接到家里行礼入洞房了。现在结婚有的地方是中午办婚礼，比如我老家内蒙古就是这样的。但是在古代，结婚都是在晚上。结婚的"婚"最早就是黄昏的"昏"，表示婚礼时间是在黄昏。唐朝的书仪（也就是结婚流程规定）记载："引女出门外，扶上车中，举烛，整顿衣服。男家从内抱烛如出，女家烛灭。"男方女方都得点蜡烛，显然也是在晚上举行典礼。

跟现在一样，唐朝婚礼也是非常热闹，亲朋好友聚在一起，为一对新人进行见证和祝福。等到婚礼结束，六礼才算是正式结束，这个小家庭才算是真正建立起来了。

4. 多种多样的婚俗——唐朝婚礼

唐朝的婚礼很有意思，其中既有一些来自北方少数民族的礼节，又有汉族传统的婚姻民俗。这样多种多样的婚俗，也让唐朝的婚礼更加缤纷多彩，妙趣横生。

现在结婚那天，一般早上男方要派出一支庞大的队伍去女方家迎娶新娘。到了女方家，新娘迟迟不肯出来。非得让新郎受到一些小小的为难后，才能够抱得美人归。唐朝也是这样。《酉阳杂俎》中记载："北朝迎妇，夫家领百余或十数人，随其奢俭扶车，俱呼'新妇子催出来'，至新妇上车乃止。"意思就是，男方带一些人跑到女方家去催女方赶紧化妆，这个过程叫"催妆"。

新娘子那么金贵，也不是你一催就出来的。唐朝是诗歌的时代，要想让新娘子出来那得写诗，这种诗叫"催妆诗"。一般来说，催妆诗都是跟新郎一起来的那些伴郎来写。唐朝的伴郎，叫"傧相"。比如唐顺宗的女儿云安公主下嫁，满朝文武推举陆畅作为傧相，让他写催妆诗。陆畅写道："云安公主贵，出嫁五侯家。天母亲调粉，日兄怜赐花。催铺百子帐，待障七香车。借问妆成未，东方欲晓霞。"意思是说，云安公主要是再不出门天都快亮了。

陆畅的诗里还提到了"待障七香车"，这就涉及下一个环节"障车"了。障车，是指男方迎亲归途中，有人会挡住车驾，向新郎官送上一些祝福，说一些吉祥话，借此向新郎官索要一些酒食财物等。这种事现在的婚礼中也有。在唐朝，无论是皇家贵女还是普通百姓结亲都有障车这个环节。据《新唐书·安乐公主传》记载，中宗李显的女儿安乐公主下嫁时，"是日，假后车辂，自宫送至第，帝与后为御安福门临观，诏雍州长史窦怀贞为礼会使，弘文学士为傧，相王障车。捐赐金帛不赀"。中宗李显嫁女儿，为了防止有人障车，专门安排相王（也就是后来的睿宗李旦）负责障车这事，当时给出去的红包不计其数。

好容易过了障车这一关，到了男方家，新娘就要下车轿了。现在婚礼要求新娘脚不能落地。这个习俗唐朝也有。唐朝为了让新娘脚不落地，在新郎家大门前特意铺几条毡子，新娘往前走，有人将后面的毡子不断地放在新娘的前面，一直延续到屋内,这叫"转席"。

走完了转席,就要进门了。门槛上放着一个马鞍,新娘要从马鞍上跨过去,寓意平平安安。这个习俗在唐朝叫作"坐鞍"。这"坐鞍"明显不是汉族的传统礼节,而是来自北方游牧民族。《封氏闻见记》中记载:"今士大夫家婚礼,新妇乘马鞍,悉北朝之余风也,今娶妇家新人入门跨马鞍,此盖其始也。"这种北方游牧民族的风俗,逐渐与汉族传统婚俗融合,到今天在传统中式婚礼中,依然能够见到"坐鞍"的礼节。

坐鞍之后,下一步就是要拜堂了。不过唐朝的拜堂跟古装剧里看到的不一样。古装剧里,拜堂往往是在屋里,但是唐朝真实的拜堂,却是在屋外。屋外以青布幔搭一个棚子,就在棚子里拜堂,这叫作"青庐"。《酉阳杂俎》中记载:"北朝婚礼,青布幔为屋,在门内外,谓之青庐,于此交拜。"可见唐朝的这个习俗与坐鞍一样同样是源自北方游牧民族。

《新唐书·十一宗诸子传》中记载:"太子、亲王、公主婚嫁并供帐于崇仁之礼院。此承平制云。"也就是说皇家婚礼也是在院子里搭个帐篷,可见唐朝继承了北朝的风俗。那么,为什么后来拜堂就进屋了呢?其实这是中唐以后一些臣子的建议。《唐会要》中记载:"颜真卿等奏:……相见行礼,近代设以毡帐,择地而置,此乃元魏穹庐之制,合于堂室中置帐,诸准礼施行。"也就是说,以颜真卿为首的一些大臣认为青庐是北魏旧俗,应该跟中原文化做一点结合,所以后来拜堂就在屋里了。

拜完堂了,这就要送入洞房。可是在洞房中,还不能马上睡觉。因为床上有好多东西,果子、花瓣、钱币之类的,躺上去硌得慌。这种往新房床上撒东西的风俗,唐朝叫"撒帐"。把床收拾一下,新郎要看看新娘长什么样子。有人说,是不是要掀盖头了?并不是,因为唐朝不是用盖头来遮挡新娘面容的。

不用盖头用啥呢?用扇子。所以,新郎要想看新娘长什么样子,就得让新娘把扇子拿下来,这叫"却扇"。

"却扇"这一关也不是那么容易通过的。前面说了唐朝是诗歌的时代嘛,想让新娘却扇,新郎就要念首"却扇诗"。前面的催妆诗,新郎可以让傧相代劳,这却扇诗也有让人提前写好的,反正就是走个过场。比如大诗人李商隐就给人写过却扇诗,诗名为《代董秀才却扇》。诗云:"莫将画扇出帷来,遮掩春山滞上才。若道团圆似明月,此中须放桂花开。"可能是觉得扇子挡不了那么严实,唐朝以后逐渐改成了用盖头来遮盖新娘的容貌。所以却扇这一习俗在唐朝以后就没有了。

到了这里，婚礼的仪式就算是结束了。其实还有一些流程，比如合卺、合髻之类的，受限于篇幅，这里就不再赘述了。唐朝婚俗中的很多仪式到现在还有，可见其在民间一千多年来一直都有传承。

二、结婚不容易，嫁妆是女方的——唐朝嫁妆

嫁妆，早在先秦时就有。《诗经》中有一首诗《氓》，里面写道，"以尔车来，以我贿迁"。什么意思呢？翻译成现在的话就是："用你的车来接走我的嫁妆。"古代社会的嫁妆习俗，以唐朝为分界线。唐宋以后嫁妆逐渐趋于奢华，种类日渐繁多。唐朝开启了宋代及以后的厚嫁之风。

1. 嫁妆从哪里来？——直接嫁妆和间接嫁妆

直接嫁妆和间接嫁妆，这是西方人类学者提出的定义。直接嫁妆，就是由女方娘家直接给女儿陪送的财物。间接嫁妆，是指女方娘家将男方送来的聘礼，作为嫁妆的一部分返还到男方家的一些财物。这两种情况现在也都有。

先说直接嫁妆。直接嫁妆，是女方娘家陪送的。比如《太平广记》中记载，唐宪宗元和十三年（818年），江陵成叔弁有一个女儿叫兴娘。兴娘十七岁时，有媒人上门提亲。成叔弁没看上男方的条件，便找借口，打发媒人回去。于是成叔弁就说："兴娘年小，未办资装。"意思是说，自己还没给闺女准备嫁妆。可见一般父母都是要给女儿准备嫁妆的。

如果女方是一个很大的家族，嫁妆也会由家族共同承担一部分。中国社会宗法观念很浓，对于嫁娶这样的大事，往往在家族中有着统一的管理。有时候，家族中如果出了一位比较有实力的人物，也会对宗族内女子的出嫁给予一些赞助。这也是体现了家族的实力。

比如北宋司马光在《温公家范》中就提到唐朝的河东节度使柳公绰（763年—830年）为族中女子置办嫁妆的事情："姑姊妹侄有孤嫠者，虽疏远必为择婿嫁之，

古代的妆奁

皆用刻木妆奁,缬文绢为资妆。"意思是,如果家族中的女子有失去亲人导致没法出嫁的情况时,柳公绰就会为她们提供木质雕花的妆奁(就是现在的首饰盒)和绣花的衣服作为嫁妆,确保她们顺利出嫁。

如果女子失去亲人,除了家族会帮助其置办嫁妆外,她父母的朋友也会在嫁妆上给予资助。《旧唐书·严挺之传》记载,开元年间的一位叫严挺之的人,"素重交结,有许与,凡旧交先殁者,厚抚其妻子,凡嫁孤女数十人,时人重之"。如果朋友先于严挺之去世,他就会帮助朋友的女儿出嫁,为她准备嫁妆。这人还是挺厚道的。

下面说说间接嫁妆。间接嫁妆,并不是由女方提供的嫁妆,它主要是由男方的聘礼转换而来。现在也有这样的情况,男方给了女方彩礼,女方把这份彩礼以嫁妆的形式返还给新娘。在唐朝也有这种现象。比如《唐会要》记载,唐高宗显庆四年(659年)颁布的旨意规定:"自今以后,天下嫁女受财,三品以上之家,不得过绢三百匹,四品五品,不得过二百匹,六品七品,不得过一百匹,八品以下,不得过五十匹,皆充所嫁女资妆等用。其夫家不得受陪门之财。"

其实唐高宗下旨的本来目的是想要杀一下当时的"重财"之风,防止人们通过娶亲获取大量的嫁妆钱财,所以规定了各级官员的嫁妆标准,并且要求官员把男方的聘礼都用来充作嫁妆。在法令的强制作用下,这种间接聘礼在民间也有着广泛的发展。

纵观唐朝历史,其实还有一种间接嫁妆,就是男方直接连聘礼带嫁妆都准备好了。这男方确实不容易,既要准备一份聘礼,还得准备一份嫁妆,娶一个媳妇出两份钱,这才是"真爱"啊。《旧唐书·王廷凑传》里记载,唐文宗开成二年(837年),成德节度使王元逵刚继位,就对唐朝政府表示了臣服:"颇输诚款,岁时贡举,结辙于途。"王元逵经常给唐朝政府进贡,表示恭顺。唐文宗于是将寿安公主下嫁给王元逵。

王元逵为了表示自己的忠心，不但为公主准备了丰厚的聘礼，而且还专门给公主准备了一份嫁妆："元逵遣段氏姑诣阙纳聘礼。段氏进食千盘，并御衣战马、公主妆奁及私白身女口等，其从如云，朝野荣之。"在军阀割据的中晚唐，王元逵让唐朝皇室真是感到了久违的尊重。

说了这么多，不管是直接的还是间接的嫁妆，嫁妆的内容都有什么呢？主要是一些田地、产业、布料、衣物、首饰、奴婢以及生活用品。这些都是为了让新媳妇在夫家的生活能够更舒适一些。

2. 嫁妆是谁的？女方不说话，谁也别想动！

在唐朝的大户人家，嫁妆可不是笔小数目。这么大的一份财产，到底归谁呢？虽然中国古代是男权社会，但是女性的财产权利仍然是能够保证的。在唐朝，嫁妆往往被认为是女方的私财，不会作为"夫妻共同财产"处置。能够有权利处理嫁妆的，只有女方。

一般来说，在家庭生活正常，夫妻双方没有发生感情问题的情况下，妇女对嫁妆是有绝对的占有和支配权利的。如果妇女愿意将嫁妆拿出来帮助丈夫，古人认为这是一种贤惠的表现。

唐朝的《云溪友议》中记载，唐肃宗和唐代宗两朝的宰相元载，娶妻王韫秀。元载不好好用功读书，王韫秀就跟他说："何不增学？妾有奁幌资装，尽为纸墨之费。"王韫秀愿意拿出嫁妆给元载买纸墨，激励丈夫好好学习。但是反过来想，王韫秀的嫁妆，她自己要是不想拿出来，元载是不能碰的。

唐朝人往往是聚族而居，显得人丁兴旺。可是如果父母亡故，兄弟姐妹就只好分家各过各的。分家时，妻子的嫁妆该归谁呢？《唐律疏议》中规定，"妻家所得之财不在分限"。意思是，妻子的嫁妆是不会放在家族共同财产内，作为分家的一部分的。

如果离婚，妇女的嫁妆也归自己吗？答案是肯定的。古代离婚的形式很多。现在那种好聚好散的"协议离婚"，在古代叫"和离"。跟现在一样，和离也是双方自愿。在划分离婚财产时，嫁妆都会还给女方，允许她带走。

据敦煌出土的唐朝文书记载，唐朝离婚不仅将嫁妆返还给妻子，有的还得给妻子赡养费。比如敦煌出土的"放妻书"（类似离婚协议）里就有这样的话："缘业不遂,见此分离。聚会二亲,以俱一别。所有物色书之……三年衣粮,便献柔仪,伏愿娘子千秋万岁。"意思是,离婚还得给妻子三年衣食费用作为赡养费。

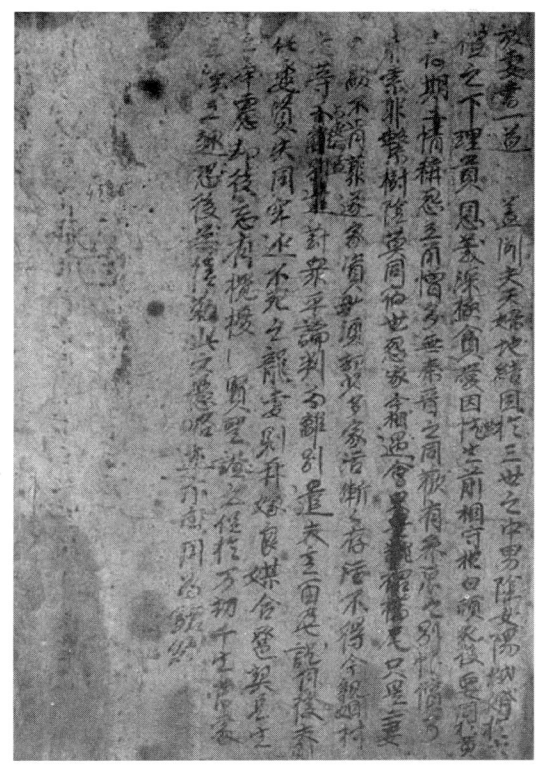

敦煌出土文书

如果妻子亡故了,嫁妆该怎么处理呢?是不是也要给妻子娘家送回去呢?这还真不是。《唐律疏议》中规定:"妻虽亡没,所有资财及奴婢,妻家并不得追理。"这就是说,一旦妻子亡故,嫁妆就由妻子的私有财产成为丈夫的财产。妻子娘家不能过问。

综上所述,在唐朝,除非妻子亡故,否则妻子对嫁妆拥有处理和支配的权利,无论是丈夫还是家人,不经过妻子同意不能动用嫁妆。这也是妻子在家中拥有财产权利的重要体现。

所以唐朝的妻子对于自己的嫁妆完全可以说:"我不说话,谁也不别想动!"

3. 由"重聘礼"到"重嫁妆"

其实在唐朝初期，嫁妆并没有在婚嫁中引起重视，当时大家更为看重的是聘礼，也就是现在的彩礼。

唐朝初年，还是停留在门阀政治状态，士族虽然失去了政治上（尤其是做官方面）的特权，但仍然是高门大户、历代公卿，历史地位就摆在那里。所以随着唐朝建立而崛起的一些新兴权贵，对于跟这些士族联姻还是非常向往的。

而这些传统的士族门第，为了在朝廷中巩固自己的地位，也不得不纡尊降贵与这些他们看不上的李唐勋贵联姻。但是联姻归联姻，派头还是得拿出来。为了平衡双方在身份地位上的不平等，士族嫁女儿往往会索取大量的聘礼。《贞观政要》里这样评价："每嫁女他族，必广索聘财，以多为贵"，其实士族也不缺钱，而是将其作为平衡双方联姻地位的砝码。

那么，为什么唐朝后期开始由"重聘礼"转向"重嫁妆"呢？其实这跟唐朝社会的变化有着很大关系。

随着科举制在唐朝的兴起，政治资源逐渐不再掌握在士族手里，平民百姓也可以通过科举考试获取进入官僚阶层的机会。在这种情况下，高门大族的影响力和吸引力就大大减弱了。而那些才华出众的应试举子，成为大家结亲的新选择。

前面提到过，每年科举放榜后，新科进士都会在曲江举行饮宴。这也是王公大臣挑选女婿的好机会，以至于曲江旁边经常"堵车"。王公大臣这样做，就是因为看到了这些进士未来官运亨通所能带来的社会和政治地位，就是为了找个"潜力股"。

既然是潜力股，就得先做前期投资，高风险才有高回报。所以有时候公卿家族会把女儿嫁给一些看起来贫寒但是很有希望的举子，为此不惜奉上贵重的嫁妆。比如《太平广记》里有位吕翁"娶清河崔氏女，女容甚丽而产甚殷。由是衣裘服御，日已华侈，明年，举进士，登甲科"。这位吕翁娶了媳妇以后才能穿上好衣服，最后也没有辜负媳妇家对自己的投资，成功考上进士。

由于科举制所带来的唐朝门阀士族的衰落和官僚阶层的兴起，导致了在唐代整个社会发生了由"重聘礼"到"重嫁妆"的整体转向，从而导致嫁妆的地位在婚姻关系中的重要性开始上升。

4. 嫁妆是一种阶层平衡工具

唐朝嫁妆在婚姻中的重要性上升，反映了唐朝开放的社会文化，宽松的社会环境和女性家庭地位的上升。唐朝女性对于嫁妆，无论是直接的还是间接的可以自由处置，而不需要其他人的同意。女性对自己的嫁妆有充分的自主权。但是在唐朝嫁妆文化的背后，其实还有着社会变革的深层次原因。

由于唐朝科举制的兴起，导致门阀士族在政治话语权上大幅衰落，原来人们趋之若鹜的高门大族，也需要与新崛起的官僚阶层进行交流，所以在唐朝发生了从重聘礼到重嫁妆的整体转变，这也影响了唐朝以后一千多年的封建社会。

其实无论是聘礼还是嫁妆，归根结底，都是一种平衡阶层差距的工具。唐朝初年，门阀士族的政治地位和社会影响力比较高，造成了其在社会中的稀缺性。因此新兴阶层想要平衡自己与门阀士族之间巨大的门第差异，必须要付出高额的代价。这就是聘礼的作用。

但是到了唐朝中晚期，随着科举制度的兴起，大量的大众精英开始进入政治中心，他们手中掌握了大量的政治和社会资源。此时士族势力开始衰弱，他们原有的门第优势开始失去魅力。当门第失去了其在社会中的作用时，嫁妆就成为一种新的平衡差距的工具。

三、离婚：唐朝也有协议离婚？

现在离婚，大部分就是签一个离婚协议，双方规定一下财产分配、子女抚养等权利义务，然后拿到国家民政部门卡个戳就可以了，这就是所谓协议离婚。一般能协议解决的事，很少有人闹到法庭去。其实在古代，离婚也有相关的法律规定。协议离婚这种现象在古代叫作"和离"。"和离"这种现象在社会风气开放、妇女地位提高的唐朝最为突出。

1. 七出、义绝、和离——唐朝离婚

唐朝法定的离婚方式主要是三种：七出、义绝与和离。下面我们挨个说说。

七出——抓个错就休了你

七出，也叫"出妻"，也就是常说的"休妻"。所谓"七出"是指如果妻子犯了七种过错之一，丈夫就可以单方面解除婚姻关系。那么，到底是哪七种过错让丈夫要一纸休书休了妻子呢？

《唐律疏议》对七出的定义是这样的："七出者，依令：一无子，二淫佚，三不事舅姑，四口舌，五盗窃，六妒忌，七恶疾。"总结起来，大致可分为三类，即生理原因、性格原因、生活作风原因。

首先是生理原因：第一条无子和第七条恶疾。无子，在古代，"不孝有三，无后为大"。不过，唐朝对此有个补充说明，须等到女方五十岁以上还无子，那才能休。这也算是给女方一点微弱的保护。

恶疾，就是说妻子得了重病，没办法跟丈夫一起祭祀宗庙。这有点不太厚道。不过，唐律把恶疾放在七出的最后，可能也有弱化这个原因的意思。

其次是性格原因：第四条口舌、第六条妒忌。口舌就是好搬弄是非。这一点对家庭氛围破坏挺大的，也不利于家庭成员间的关系。妒忌是指妻子不许丈夫纳妾。古代"一妻多妾"是常有的。如果妻子不能生育，又生性妒忌，不许丈夫纳妾，丈夫有权利休了妻子。

最重要的就是生活作风原因：第二条淫佚，第三条不事舅姑和第五条盗窃。淫佚不用说了。不事舅姑，就是不孝顺公婆。古代对于妻子孝顺公婆要求很严格，必须做到无条件的顺从和无微不至的照顾。

至于第五条盗窃，这里要说明一下，古代没有家庭财产的概念。家庭财产是整个家族共有的，家族的尊长享有对家庭财产的绝对支配权。所以，只要是拿了家族的共同财产，都被视为盗窃，这也给了男方一个休妻的借口。

唐朝法律还有"三不去"作为对七出的约束。妻子如果有这三种行为，那么丈夫是不能休掉妻子的。《唐律疏议》中规定："虽犯七出，有三不去。三不去者，谓：一，经持舅姑之丧；二，娶时贱后贵；三，有所受无所归。"

第一，妻子与丈夫共同为公婆舅姑服过三年丧。这代表了妻子的孝顺。丈夫不

能休妻。第二，夫妻结婚时丈夫还处于穷困状态，结婚以后富贵了。丈夫不能休妻。人家跟你度过了苦日子，凭什么休人家。第三，妻子家人去世了，休妻等于让妻子无家可归，这时不能休。

七出制度其实是法律单方面赋予丈夫的权利。不过，丈夫也可以选择是否行使这个权利。虽然大部分丈夫都不一定这么干，但关键是只要他想干，就可以干。这对于女性无疑是一种极大的束缚。

义绝——国家强制离婚

出妻是由丈夫来决定是否离婚，相比之下，义绝就狠多了，这是由国家通过强制手段强迫夫妻离婚。国家都强制夫妻离婚了，肯定是他俩干了影响特别恶劣的事。对此《唐律疏议》是这样解释的："殴妻之祖父母、父母及杀妻之外祖父母、伯叔父母、兄弟、姑、姊妹，若夫妻祖父母、父母、外祖父母、伯叔父母、兄弟、姑、姊妹自相杀及妻殴詈夫之祖父母、父母，杀伤夫之外祖父母、伯叔父母、兄弟、姑、姊妹及与夫之缌麻以上亲、若妻母奸及欲害夫者，虽会赦，皆为义绝。"

简单来说，就是夫妻双方中有一方伤害了对方的家人，无论是伤害了人家的外祖父母、伯叔兄弟，等各路亲戚，以及夫妻双方互相想弄死对方的，这都属于义绝的范围。双方家人都动了手，出人命了，两家关系绝对就崩了。两口子还咋相处啊，自然就没法过下去了。这种情况下，国家判夫妻离婚，也是理所当然。

要是国家让你俩离，你俩还不想离，会有什么后果呢？那等同于违法。《唐律疏议》中说："夫妻义和，义绝则离；违而不离，合得一年徒罪。"如果国家让你俩义绝你俩不离，那就得流放你俩。可见，义绝这种制度还是比较严格的。

2. 和离——夫妻双方协议离婚

人们大都讲究面子，如果能够协商解决问题，尽量还是不用搞得满城风雨。比如离婚，大多数人还是选择协商的方式，这就催生了唐朝的"和离"制度。

和离，顾名思义，就是和平地离婚。在《唐律疏议》中对于和离是这样解释的："若夫妻不相安谐，谓彼此情不两得，两愿离者，不坐。"意思是，夫妻双方生活不协调，没有感情基础而自愿离婚。法律层面是允许的。

现代人协议离婚，财产、子女这两个问题是一定要说明白的。古人也是一样。

那么，在唐朝的和离中，关于这两个方面是怎么规定的呢？

首先说财产方面。在唐朝，没有家庭财产的概念。家庭财产都是作为整个家族共同财产的一部分，由家族中的尊长来负责管理家族共同财产。同样，唐朝也没有夫妻共同财产的概念。

如果财产都是家族的，那么离婚还分什么财产？其实，虽然夫妻没有共同财产可以供分割，但是妻子有自己的私人财产，那就是妻子带来的嫁妆，唐朝叫作"资装"。唐朝法律对于婚后女性的财产权益是有着明确的法律保护的。

既然嫁妆是属于妻子的，那么在和离的时候，妻子当然可以理直气壮地带走自己的财产。除此之外，根据敦煌出土的一些和离文书记载，妻子在和离时还可以得到一笔赡养费用。

其次说说子女抚养方面。夫妻离婚后，子女一般都是留在夫家抚养。这是由古代的男权社会所决定的。但是，父母子女之间的血缘关系，是不会因为离婚而消失的。在法律上也不会抹杀这一点。这主要体现在两个方面，就是称谓服制以及封赠荫庇。

再说一下称谓服制方面。婚姻关系解除只是针对夫妻之间的关系以及二人背后的宗族联姻关系解除，但是母子关系是不会解除的。所以在子女对母亲的称呼上，不会有任何变化。而且对于离婚母亲的孝顺，跟对没离婚母亲的孝顺程度是一样的。如果父母离婚后，母亲去世，子女也要为母亲服丧。如果子女做官时母亲去世，子女也要"待岗"回家守孝，这在古代称为"丁忧"。所以无论母亲是否和离，母亲一旦去世，子女该丁忧就得丁忧。

最后说一下封赠荫庇方面。由子女为母亲带来的封赠荫庇是不变的。父母和离以后，母亲就脱离了父亲的家族，之前因为父亲家族所受到的封赠荫庇就会一概取消。比如有的女性由于丈夫的地位尊贵，被封为"诰命夫人"。和离以后，"诰命夫人"的头衔和封赏就得收回去。但是，有的封赏是由子女带来的。所谓母凭子贵，儿子优秀，给母亲挣了封赏，这种封赠是不会因为父母和离而取消的。这很好理解，毕竟这不是靠夫家得来的，没必要还给夫家。此外，如果母亲在和离后有了违法行为，如果子女身份地位尊贵，也能够获得相应的优待。《唐律疏议》中规定："其妇人犯夫及义绝者，得以子荫。"说的就是这个意思。

3."和离"协议——放妻书

和离制度就是唐朝的协议离婚制度。那么这协议到底是啥样呢？唐朝的和离协议叫作"放妻书",就是放妻子回归本宗的意思。从名称来看,起草协议的人无疑是丈夫。要是妻子起草就该叫"放夫书"了。这说明,在和离协议起草上,还是以男方为主。

在敦煌曾经出土了大量的唐朝"放妻书"。这些放妻书,都是唐朝司法的民间实践产物。我们下面来看看,唐朝的放妻书都有哪些内容。比如下面这封放妻书是这样写的。

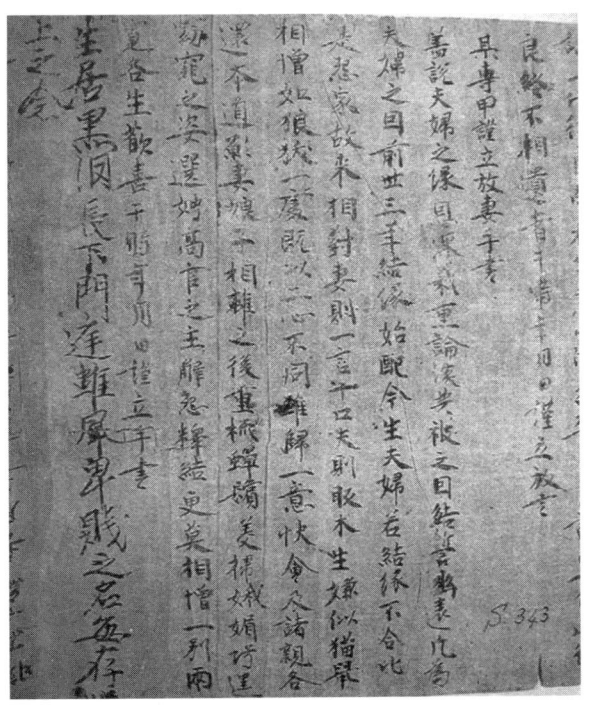

放妻书

"盖说夫妇之缘,恩深义重,论谈共背之因,结誓幽远。凡为夫妇之因,前世三年结缘,始配今生夫妇。若结缘不合,比是冤家,故来相对。妻则一言十口,夫则反目生嫌。似猫鼠相憎，如豺狼一处。既以二心不同，难归一意，快会及诸亲，各迁本道。愿妻娘子相离之后，重梳蝉鬓，美扫蛾眉，巧逞窈窕之姿，选娉高官之主，解怨释结，更莫相憎。一别两宽，各生欢喜。于时年月日谨立手书。"

这段文字，随着网络传播，大家已经很熟悉了。其实这段文字应该是一封官方制式的放妻书，也就是标准格式。从这段文字，能看出放妻书一般都包含了哪些内容。

首先是离婚的原因。在放妻书中有这样的语言："二心不同，难归一意"，意思是说，主要是夫妻感情不和，现在很多人离婚也是这个理由。其次是对对方的祝愿。这里主要是对妻子的祝愿："愿妻娘子相离之后，重梳蝉鬓，美扫蛾眉，巧逞窈窕之姿，选娉高官之主"，希望妻子能够重新选一门好亲事，嫁个好人家。这是分手时的祝愿。最后就是希望夫妻二人能够恩怨一笔勾销，从此各奔前程："解怨释结，更莫相憎。一别两宽，各生欢喜"，希望二人都能够开始新的生活。

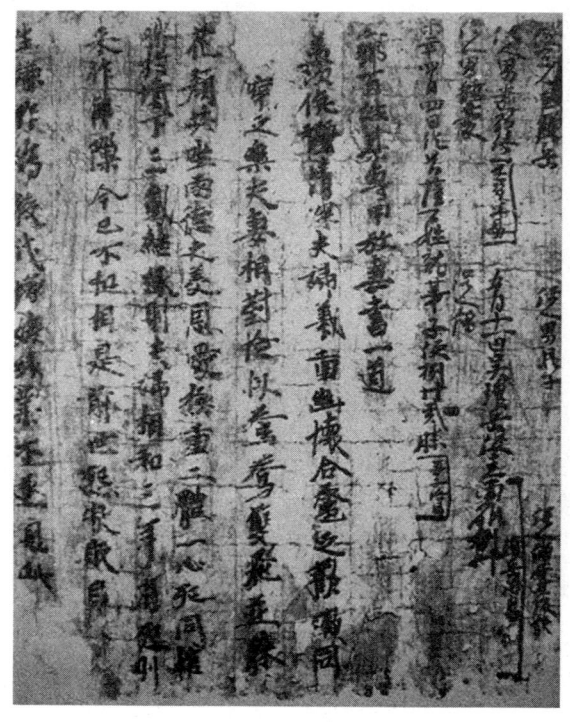

放妻书

总的来说，这封放妻书的遣词造句还是非常有风度的。夫妻双方都在这优美平和的语言中，说声再见，各自安好，其实也是一种修养的体现。其实这"一别两宽"到底宽不宽，"各生欢喜"到底喜不喜，都离婚了能有多喜，这些都被隐藏在了美好的文字之下，只有当事人才能够明白了。

敦煌出土的大部分放妻书都跟上面的文字一样，以丈夫的口吻写成，里面也会写丈夫对妻子的祝愿。可是也有的放妻书与众不同，是以妻子的口吻写成，与其说是放妻书，不如说是"放夫书"。

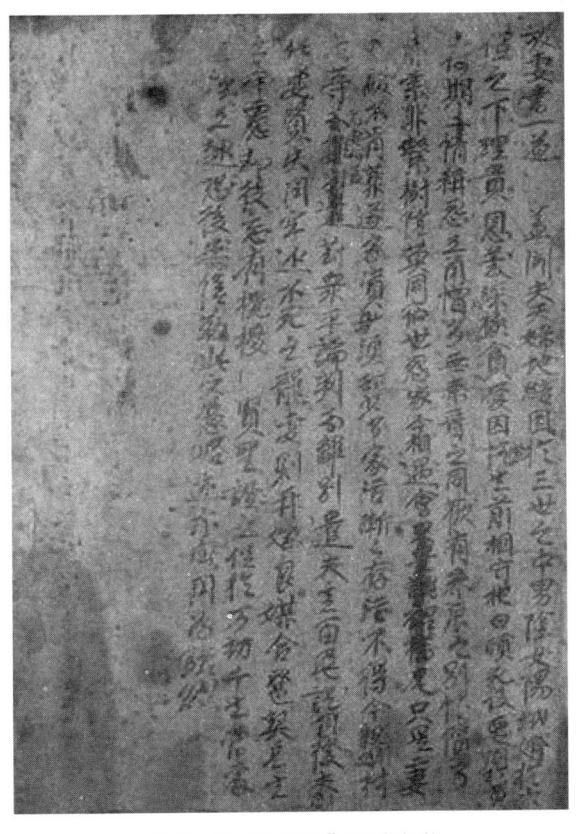

实际上是"放夫书"的放妻书

比如这封放妻书："遣夫主富盈讫，自后夫则任委贤央，同牢延不死之龙，妻则再嫁良媒合卺契长生□□虑却后忘有搅扰，圣贤证之……恐后无信，勒此文凭。昭迹示□，用为验约。"（□代表这里缺一个字）这里的"遣夫"，就是把丈夫给休

第九章　唐朝的婚丧嫁娶红白喜事　　231

了，后面说妻子好再嫁个好人家。这个口吻明显是妻子要放了丈夫的意思，这不就成了"放夫书"了。由此可见，在唐朝，除了丈夫放妻子之外，也有妻子放丈夫的情况发生。

4. 唐朝女性真的有自主权吗？

前面介绍了唐朝离婚的三种方式——七出、义绝与和离。七出，是以男方自我判断为主，单方面终结婚姻关系。义绝是国家强制离婚。和离则是更为和平一些，是夫妻双方协商离婚。首先从形式上，和离是以夫妻双方感情不和为原因，并不是由于妻子犯有过错或者夫妻双方伤害对方亲属长辈导致国家介入强制离婚。所以在和离过程中，夫妻双方处在相对较为平等的位置。

然而，"离婚协议"放妻书由男方起草，其文字也是体现了男方口吻。虽然和离是双方协议离婚，但是男方仍然有着相对较为主动的权利。如果男方不愿起草放妻书，妻子是很难和离的。

其实，夫妻双方走到离婚这一步，原因往往是十分复杂的。有时候是丈夫忍受不了妻子，有时候是妻子忍受不了丈夫。那么，作为一位唐朝妻子，如果想离婚，在这三种离婚方式中，能够选择哪一种呢？答案是唯一的，只有和离能让女性在离婚上选择权稍微大一点。另外两种选择权都不在妻子手中。

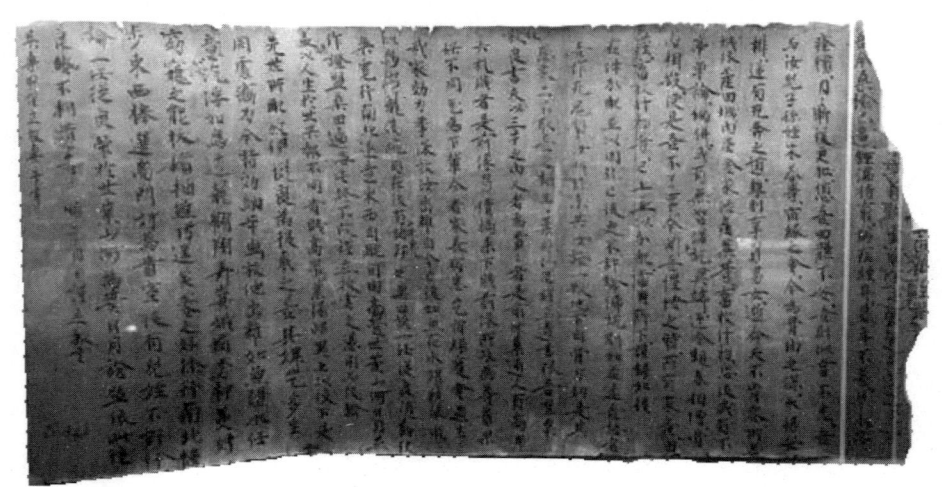

放妻书

比如大书法家颜真卿任抚州（今江西省抚州市）刺史时，曾经断过一件案子。杨志坚好学但是家穷，他媳妇实在受不了，要跟他离婚。杨志坚被迫写了一首诗，里面写道："此去便同行路客，相逢即是下山时。"意思是同意离婚。

杨志坚的妻子拿着这首诗到公堂上，要求改嫁。颜真卿判决，杨志坚妻子打二十板子，然后可以改嫁（妻可笞二十，任自改嫁）。妻子要求离婚，且已经得到丈夫文书许可，但是仍然挨了二十板子。由此可见，在唐朝，即使妇女地位有所提高，可以通过和离摆脱不幸的婚姻，但是所承受的社会压力仍然不小。

即使如此，相比唐朝以前的社会风气，妇女地位已经有了很大的提升，至少妇女已经可以提出离婚，虽然要付出一定代价，至少这个权利已经有了，这也是一种突破。

四、唐朝白事怎么办？

如果说"红事"代表的是人生的一个新阶段，代表着传宗接代，那么"白事"则代表死亡，人生的自然终结。死亡是我们无法回避的现实问题，是每个人都会面对的宿命。在传统文化中，丧葬也是一件大事。在"事死如事生"思想的影响下，丧葬逐渐增加了很多礼仪性的内容。唐朝作为中国古代社会发展的一个高峰，其丧葬文化也有着很多的时代特征。并且唐朝丧葬文化的很多元素也都被后世继承发扬，有些直到现在还经常见到。

1. 唐朝丧葬礼仪——丧礼、葬礼和祭礼

中国自古对丧葬礼仪都非常重视，比如《荀子》中写道："丧礼者，以生者饰死者也，大象其生以送其死也。故如死如生，如亡如存，终始一也。"就是说，要像对待活着一样对待死亡这件事。唐代继承了前人的一些丧葬礼仪，而且进行了完善和细化。据《大唐开元礼》记载，完整的唐代丧葬典礼总共包含六十多道仪式，比如：初终、复、设床、奠、沐浴、袭、含、铭明旌、重、小敛、大敛、庐次、成服、卜宅兆、卜葬日、葬、卒哭、小祥、大祥、禫、村庙等。

礼仪这么多，大致可以分为三类，即丧礼、葬礼和祭礼。丧礼就是从人去世到在下葬之前的礼仪，包括对遗体的清洁和相关人员的仪制准备等。葬礼就是与遗体下葬有关的礼节和内容。祭礼就是在遗体下葬后的一些祭奠礼仪。

当然，把这些仪式逐一说明白，都得单独写本书了。这里只能挑一些关键环节来说。

人刚去世，叫作"初终"。初终后要进行"复"这个仪式，也就是招魂。

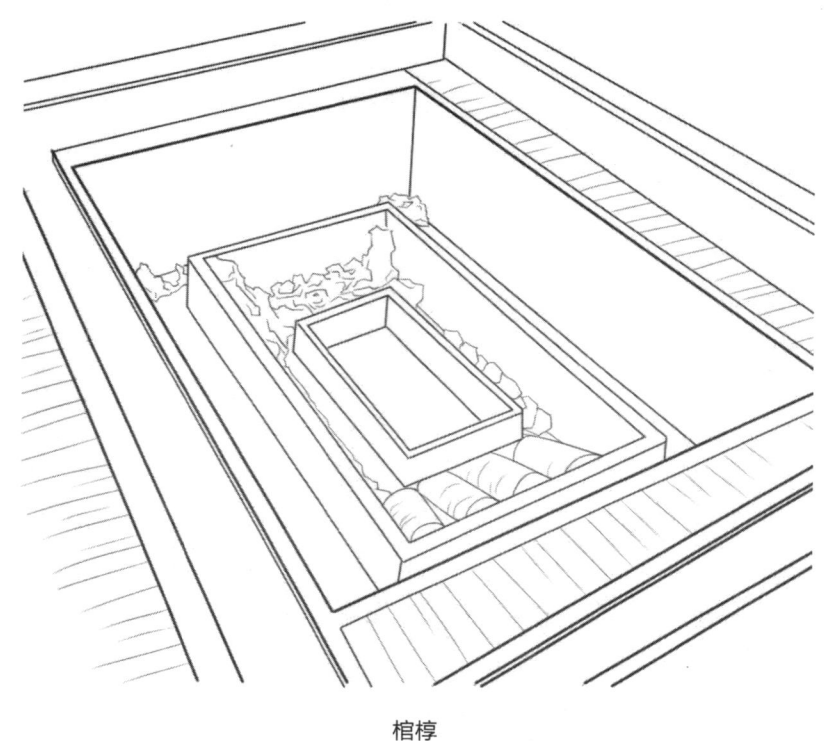

棺椁

招魂结束后才正式进入丧礼的流程，包括给遗体沐浴、穿丧服、给遗体嘴里含点东西等等。遗体整理完毕，就要放入棺椁。棺椁其实是两个词，棺是直接存放遗体的葬具，而椁是在棺外面的一层，起装饰作用的。《礼记》中记载："葬也者，藏也。藏也者，欲人之弗得见也。是故衣足以饰身，棺周于衣，椁周于棺，土周于椁，反壤树之哉。"也就是说，遗体外面包裹着衣服，衣服外面是棺，棺外面是椁，椁外面是土。椁可以用很多层，一般来说，层数越多代表逝者的社会地位等级越高。

古代的棺椁也称为"秘器"。汉朝时就已经有皇帝在臣子死后赏赐秘器的记载。到了唐朝，唐太宗时期又恢复了这个传统，作为君臣相和的一个表现。据《旧唐书·太宗纪》记载，唐太宗在贞观十一年（637年）下诏："又佐命功臣，义深舟楫……追念在昔，何日忘之！……汉氏使将相陪陵，又给以东园秘器，笃终之义，恩意深厚。古人岂异我哉！自今已后，功臣密戚及德业佐时者，如有薨亡，宜赐茔地一所，及以秘器，使窀穸（zhūn xī，逝世的意思）之时，丧事无阙。所司依此营备，称朕意焉。"就是说，功臣去世，皇家应该赐"东园秘器"和一块坟地，作为对功臣的褒奖。"东园秘器"，这个称呼是源于秦汉时期，当时负责皇家丧葬器物制作的是东园匠，所以皇家的秘器也叫东园秘器。

根据现有资料统计，唐朝的许多大臣都获赠了东园秘器。太宗朝的很多功臣，唐俭、房玄龄、尉迟恭、岑文本等，都获得了这个荣誉。

在遗体入殓下葬之后，还要进行虞祭。东汉郑玄在为《仪礼·士虞礼》做的注解中写道："虞，丧祭名。虞，安也。骨肉归于土，精气无所不之，孝子为其彷徨，三祭以安之。"虞祭要进行三次，在虞祭仪式完成后，整个葬礼就告一段落了。

2. 官员丧葬用具——卤簿、魌头方相、铭旌、明器

唐朝典籍中，记载了一些官员士大夫的丧葬礼仪，而对于老百姓的丧葬活动则记载很少。这可能是由古代"礼不下庶人"的传统导致的。所以，了解唐朝的丧葬制度，我们还是要从官员的相关丧葬记载入手。除了丧葬礼仪外，所用的丧葬器具也很重要。比如前面说的棺椁，就是丧葬中重要的器具。

唐朝对于官员的丧葬用品都有等级严格的明确规定。但是，如果官员生前政绩出色，在官员死后政府也会给予优待和物质资助。这些往往反映在丧葬用具和仪式上。

首先是卤簿。卤簿就是皇家仪仗队，后来引申为王公大臣、宗亲贵族的仪仗。据《封氏闻见记》记载："舆驾行幸，羽仪导从谓之卤簿，自秦汉以来始有其名。"按照古代习俗，"事死如事生"，活着有仪仗，死了也得有。所以丧葬礼仪中卤簿也成为显示逝者生前等级威严的一种手段。

有一些权臣及其家属，为了显示自己的地位，在葬礼上往往会用规模很大的卤

簿。据《旧唐书·李义府传》记载，唐高宗龙朔二年（662年），当时的宰相李义府改葬他的祖父，仪式就搞得无比盛大："王公已下，争致赠遗，其羽仪、导从、輀辀（ér yóu，载灵柩的车）、器服，并穷极奢侈。又会葬车马祖奠供帐，自灞桥属于三原，七十里间，相继不绝。武德已来，王公葬送之盛，未始有也。"迎送的车马从灞桥一直延伸到三原，有七十多里。可见李义府的穷奢极欲。

当然，有些臣子有自知之明，比较低调。比如魏徵，就没有用卤簿。《新唐书·魏徵传》记载，魏徵去世以后："帝临哭，为之恸，罢朝五日。太子举哀西华堂。诏内外百官朝集使皆赴丧，赠司空、相州都督，谥曰文贞，给羽葆、鼓吹、班剑四十人，陪葬昭陵。将葬，其妻裴辞曰：'徵素俭约，今假一品礼，仪物襃大，非徵志。'见许，乃用素车，白布幨帷，无涂车、刍灵。"唐太宗为之罢朝五天，太子亲自为之举哀，内外官员、各国使节都去魏府吊唁，官方给了四十个人的卤簿，陪葬在唐太宗的昭陵。但是魏徵的妻子说："魏徵一辈子俭朴，今天搞这么大的排场，他一定不会愿意的。"所以辞去了官方卤簿，只是用一辆没有花纹的车，扶灵下葬。

看看魏徵和李义府的葬礼荣宠，再看看史书对二人的评价和他们对国家所起到的作用，两相对比真是辛辣的讽刺。

其次说说魌头方相。"方相"这个词是出自《周礼》："方相氏，掌蒙熊皮，黄金四目，玄衣朱裳，执戈扬盾。帅百隶而时傩，以索室殴疫。大丧先柩，及墓入圹，以戈击四隅，殴方良。"也就是说，方相是一种开路神，为葬礼队伍开路。在葬礼的时候，一般是由专门的人带上方相的面具，用类似傩戏的表现方式，在送葬队伍前方扮演方相。

起初并不是什么人都可以用方相。因为只有"大丧"也就是皇家的丧事才会用到方相。后来民间也慢慢用了。到了北齐时期，为了区分官方和民间的丧葬礼制，朝廷下令，官员下葬用方相，民间下葬用"魌头"。这个魌头就是方相的简化版，人家方相是四个眼睛，魌头只有两个。到了唐朝，官员之间也进行了区分。《大唐开元礼》中记载："凡四品以上用方相，七品以上用魌头。"

下面说说铭旌。所谓"铭旌"指的是用一块布写上死者的信息，用竹竿穿起来。《仪礼·士丧礼》中记载："为铭旌各以其物亡则以缁长半幅……书铭于末曰，某氏之柩。竹杠长三尺，置于宇西阶上。"为了纪念逝者，人们往往将其生前所取得的成就写在铭旌上。这就是所谓"生荣死哀"。铭旌在葬礼中往往跟着卤簿一起走，比如唐朝诗人白居易奉唐文宗诏命所写的《赠悼怀太子挽歌辞》中就有"卤簿凌霜宿，铭旌向月翻"的诗句。卤簿与铭旌一起，迎着霜露晓月，在清晨的一片鼓乐声中，太子灵柩由百官宫人哭送出城。铭旌也是葬礼中的重要用具。

最后再说说明器。"明器"，也叫作"冥器"，就是给死者陪葬的一些器物。一般是用陶、竹木和石头制成，也有用金玉的。古代的明器主要是以死者生前所喜爱的器物为主，就是将死者之前使用的东西陪葬。如果是活物，就用俑来替代。比如常见的唐三彩陶俑，最早就是用作明器。《新唐书·李勣传》记载，唐朝名将李勣死前留遗言说："明器惟作五六寓马，下帐施幔，为皂顶白纱裙，中列十偶人，它不得以从。"英国公李勣，战功赫赫，画像两次进入凌烟阁，死后只要五六只陶马，十个偶人做明器，可见其俭朴之风。

唐朝对官员死后使用明器的等级有着严格的规定。《大唐开元礼》中记载："凡明器，三品以上不得过九十事，五品以上六十事，九品以上四十事，四神驼马及人不得过一尺，余音乐卤簿等不过七寸。"什么级别的官员用多少件明器，每件明器的尺寸有多高，都列出了详细标准。不过，随着唐朝生产力的发展，厚葬之风已经兴起。早在睿宗太极元年（712年），就有人上奏："王公百官，竞为厚葬，偶人象马，雕饰如生。徒以炫耀路人，本不因心致礼，更相扇动，破产倾资，风俗流行，下兼士庶，若无禁制，奢侈日增。望请王公以下送葬明器，皆依令式，并陈于墓所，不得衔路异行。"这也可以看出，当时的社会已经开始流行厚葬，虽然官方对于丧葬礼仪有着严格规定，但是厚葬之风并没有得以制止。法不责众，官方也只好睁一只眼闭一只眼了。

3. 老百姓办白事找凶肆

我们前面谈到，很多王公重臣都会受到皇室赏赐的"东园秘器"，但是这毕竟是少数。大部分臣子的丧葬用具还得自己去买。上哪去买呢？去凶肆。所谓凶肆，就是出售、租赁丧葬用品，提供丧葬服务的店铺。凶肆这个词最早出现在唐朝。

除了官员，老百姓办白事，也会去凶肆买一些丧葬用品，或者购买凶肆的丧葬一条龙服务。唐朝白行简的传奇《李娃传》里面有关凶肆的描写就非常细致。我们通过对这篇传奇的解读，来了解一下凶肆的运营。

《李娃传》的故事是这样的：常州刺史之子郑生进京赶考，路过平康坊，看到了一位妓女李娃。郑生沉迷美色，很快把赶考的盘缠全花光了。看郑生没钱了，美女自然也就跑了。旅店店主直接把郑生扔到了凶肆。凶肆的伙计看不下去救了郑生。郑生看到凶肆的伙计经常去给人唱挽歌，想到了自己的悲惨经历，于是也开始学唱挽歌。不久郑生就能唱得声情并茂，催人泪下。

郑生的挽歌越唱越好，引起了竞争对手的重视。当时长安城有两个凶肆，一个是东凶肆，一个是西凶肆，分别位于东市西市，救了郑生的是西凶肆。这两个凶肆有什么区别呢？我们前面讲过，东市周边住的人比较少，都是非富即贵。西市周边住的人比较多，大多数是平民百姓。所以，东市档次高，西市流量大。东西凶肆的分别与东西两市类似。"其东肆车舆皆奇丽，殆不敌，唯哀挽劣焉。"东凶肆无论是车马还是明器都比西凶肆华丽，但是在挽歌方面总是比不过西凶肆。可能是因为西凶肆附近人流多，订单多，所以挽歌的表演经验比较丰富。东凶肆听说西凶肆的郑生挽歌唱得挺好，于是花了两万钱把郑生挖了过来，专门请人教他新的挽歌曲目，在东西凶肆比赛的时候让他力挽狂澜。

东西凶肆约好在天门街（也就是朱雀大街）进行比赛。在比赛当天，天门大街上聚集了几万人。"四方之士，尽赴趋焉，巷无居人。"上午先比车马等丧葬用品的精致程度，东凶肆以绝对优势赢了比赛。随后举行挽歌比赛，只见西凶肆在天门街南边堆起了很多层榻，上面站着一位长髯歌手，张嘴来了一段《白马》，唱完了大家都觉得好。这时东凶肆在北边街角堆起了很多层榻，郑生戴着黑色幞头登台而歌，唱的是《薤露》："举声清越，响振林木。曲度未终，闻者歔欷掩泣。"声音洪亮，感情动人，很多观众听完后都哭了。这回西凶肆彻底输了，只好认输走人。

后来，郑生与李娃重逢，李娃资助他参加科考，最终中举。二人后来结为夫妻。从这个故事中，我们看到：唐朝的凶肆不是什么听起来不吉利，避之唯恐不及的行当，而是有着独特的商业竞争模式。就说这天门街比赛，虽然西凶肆输了，但是也因此提高了知名度。从比赛的盛况来说，西凶肆也起到了宣传自己品牌的目的。

虽然史籍中记载了很多官员丧葬的礼节，按照古代"礼不下庶人"的传统，普通老百姓可能也没法举办这么复杂的葬礼，也用不起那么多名贵的明器和棺椁。但是，老百姓依然可以通过自己的方式，寄托自己的情感，表达自己的哀思。而挽歌作为一种成本既不高昂，又可以表达哀思的手段，就成为平民百姓丧葬中的一个重要内容。这也是为什么东西凶肆都不约而同地把挽歌作为核心竞争力的重要原因。

古人将丧葬作为一种文化来进行传承，其用意也是让我们明白家族流传的源流，和家庭中传承的力量。我们通过这样的仪式，来寄托我们的哀思。无论是用多么华丽的仪仗，多么精美的明器，还是多么悲伤的挽歌，其实真正祭奠的，是我们对亲人的感情和记忆，是亲人曾经留下的那些痕迹。我们用这些来提醒自己，他们曾经来过，别忘记他们。

参考文献

[1] 钱易. 南部新书 [M] 北京：中华书局，2002

[2] 司马光. 资治通鉴 [M] 北京：中华书局，2011

[3] 李吉甫. 元和郡县图志 [M] 北京：中华书局，1983

[4] 王溥. 唐会要 [M] 上海：上海古籍出版社，2012

[5] 王仁裕等. 开元天宝遗事 [M] 上海：上海古籍出版社，2012

[6] 宋敏求、李好文. 长安志/长安志图 [M] 陕西：三秦出版社，2013

[7] 李昉等. 太平广记 [M] 北京：中华书局，2013

[8] 徐松. 唐两京城坊考 [M] 北京：中华书局，1985

[9] 李林甫. 唐会典 [M] 北京：中华书局，1992

[10] 长孙无忌等. 唐律疏议 [M] 上海：上海古籍出版社，2013

[11] 王定保. 唐摭言 [M] 上海：上海古籍出版社，1978

[12] 欧阳修、宋祁. 新唐书 [M] 北京：中华书局，1975

[13] 刘昫等. 旧唐书 [M] 北京：中华书局，1975

[14] 杜佑. 通典 [M] 北京：中华书局，1988

[15] 王谠. 唐语林 [M] 北京：中华书局，2007

[16] 舍人亲王. 日本书纪 [M] 四川：四川人民出版社，2019

[17] 金富轼. 三国史记 [M] 吉林：吉林大学出版社，2015

[18] 木宫泰彦. 日中文化交流史 [M] 北京：商务印书馆，1980

[19] 圆仁. 入唐求法巡礼行记 [M] 广西：广西师范大学出版社，2007

[20] 段成式. 酉阳杂俎 [M] 上海：上海古籍出版社，2012

[21] 马端临. 文献通考 [M] 北京：中华书局，2006

[22] 李肇. 唐国史补 [M] 上海：上海古籍出版社，1979

[23] 封演. 封氏闻见记[M]北京：学苑出版社，2001

[24] 王钦若等. 册府元龟[M]北京：中华书局，2003

[25] 辛文房. 唐才子传[M]辽宁：辽宁教育出版社，1998

[26] 李焘. 续资治通鉴长编[M]北京：中华书局，2004

[27] 薛居正. 旧五代史[M]北京：中华书局，1976

[28] 刘肃. 大唐新语[M]上海：上海古籍出版社，2012

[29] 贾思勰. 齐民要术[M]北京：中华书局，2015

[30] 陈扬. 唐代长安政治权力中枢位置的变迁与"三大内"机能的嬗变[J]. 西安文理学院学报（社会科学版），2010，(2)：9-13

[31] 芦蕊. 唐代长安两市研究[D]. 西安：陕西师范大学，2009

[32] 冯兵、黄俊棚. 隋唐五代坊市制与城市社会管理[J]. 上海师范大学学报（哲学社会科学版），2019，（1）：113-119

[33] 古丽娜·阿扎提. 浅议唐五代时期城市房产交易活动[J]. 黑龙江史志，2015，（24）：42-44

[34] 刘浩. 唐长安城夜禁制度施行的时空背景及内容研究[J]. 人文杂志，2017，（4）：108-113

[35] 戴均禄. 唐代前期南衙禁军研究[D]. 沈阳：辽宁大学，2012

[36] 王意乐. 隋唐长安城的城市水利系统初探[D]. 西安：西北大学，2008

[37] 吴永红. 论唐代气候的变化及其影响[D]. 福州：福建师范大学，2012

[38] 周宁. 唐朝涉外法律制度研究[D]. 济南：山东师范大学，2009

[39] 关贺. 入唐新罗留学生研究[D]. 延边：延边大学，2018

[40] 耿虎. 新罗、日本遣唐留学比较研究[J]. 厦门大学学报（哲学社会科学版），2010，（3）：114-144

[41] 高媛媛. 试论遣唐使与日本科技文化的发展[D]. 武汉：华中师范大学，2016

[42] 王伯超. 唐五代小说中的胡文化研究[D]. 乌鲁木齐：新疆师范大学，2015

[43] 程国赋. 唐代小说中昆仑奴现象考述[J]. 暨南学报（哲学与社会科学版），2002，（5）：79-84

[44] 田峰. 从唐诗看唐代胡姬酒肆及其文化[J]. 青海民族大学学报（社会科学版），2011，（4）：129-134

[45] 杜骞、赛力克布力. 论唐代行卷的社会风尚 [J]. 东莞理工学院学报, 2013, (6): 59-77.

[46] 俞钢. 唐代明经科试的体系、方式及其地位变化 [J]. 上海师范大学学报 (哲学社会科学版), 2010, (5): 65-72.

[47] 杜成宪. 唐代进士考试三场制度的形成与演变 [J]. 华东师范大学学报 (哲学社会科学版), 2001, (3): 74-79.

[48] 廖亚菱. 科举考试舞弊、防弊及对现代考试的启示 [D]. 重庆: 西南大学, 2006.

[49] 冯雁. 唐代假荫现象研究 [D]. 大连: 辽宁师范大学, 2019.

[50] 吕颖辉. 唐代进士宴会文化研究 [J]. 科技资讯, 2019, (18): 244-245.

[51] 王毅文. 唐代官制考述 [J]. 阜阳师院学报, 1992, (3): 65-72.

[52] 夏超伦. 唐代横刀研究 [D]. 上海: 上海师范大学, 2018.

[53] 李德辉. 唐陌刀源流与历史作用 [J]. 宁夏社会科学, 2002, (2): 92-95.

[54] 乔尹冰. 瑰丽壮美的鞍马艺术——唐代鞍马画的风格研究 [D]. 北京: 首都师范大学, 2008.

[55] 刘芃. 竹批双耳峻, 风入四蹄轻——陕西历史博物馆藏唐三彩马撷英 [J]. 文物鉴定与鉴赏, 2014, (1): 22-30.

[56] 冯雨晨. 古代武装对当代服装的启示——以明光铠为例 [D]. 天津: 天津工业大学, 2016.

[57] 孟可. 盛世华妆——唐代女性妆饰文化探究 [D]. 武汉: 华中师范大学, 2018.

[58] 马东. 唐代服饰专题研究——以胡汉服饰文化交融为中心 [D]. 西安: 陕西师范大学, 2006.

[59] 杨宏军. 西安地区唐墓壁画所见男性服饰研究——以幞头及袍服为中心 [D]. 西安: 西北大学, 2010.

[60] 王蓓蓓. 唐代果品业研究 [D]. 重庆: 西南大学, 2008.

[61] 范迎春. 唐代花卉饮食探微 [J]. 四川烹饪高等专科学校学报, 2008, (1): 7-8.

[62] 王赛时. 唐代长安的酒品供应与饮酒氛围 [J]. 扬州大学烹饪学报, 2009, (1): 1-10.

[63] 金珍淑. 关于陆羽《茶经》中饮茶观点的研究 [D]. 杭州：浙江大学，2005

[64] 高原. 唐代马球运动考——兼述敦煌文献马球资料 [D]. 兰州：兰州大学，2006

[65] 刘喜波. 唐代体育文化之探究——以都城长安为研究中心 [D]. 兰州：兰州理工大学，2013

[66] 张艳云. 漫话唐代的斗鸡之风 [J]. 文博，1996，（4）：46-48

[67] 王国华. 唐代散乐的研究 [D]. 太原：山西大学，2011

[68] 刘维维. 唐代参军戏探论 [D]. 兰州：兰州大学，2012

[69] 王伊韩. 中国传统婚俗文化中"六礼"的传承与应用研究 [D]. 呼和浩特：内蒙古师范大学，2014

[70] 申红涛. 唐宋婚礼演变研究 [D]. 郑州：河南大学，2012

[71] 赵梅秀. 唐代"和离"制度及启示研究 [D]. 沈阳：辽宁大学，2017

[72] 乐卓莹. 唐代丧葬典礼考述 [D]. 杭州：浙江大学，2010